文化法治体系建设研究

（项目批准号：14ZDC024）之子课题

徘徊的思想

谢晖 著

中国法制出版社
CHINA LEGAL PUBLISHING HOUSE

作者简介

谢晖　1964年生于甘肃省天水市甘谷县，法学学士、哲学博士。现任广州大学特聘教授、甘肃政法大学兼职教授。享受国务院政府特殊津贴，教育部首届高等学校优秀青年教师，山东省首届泰山学者，青海省首届创新创业人才。出版、发表个人学术、文学作品27部，发表学术论文230篇，学术随笔和散文220篇。主编“法理文库”“公法研究”“民间法文丛”“法意文丛”以及《民间法》《法律方法》等学术丛书和刊物，组织和主持系列学术会议“全国民间法·民族习惯法研讨会”“全国法律方法论坛”等学术活动。主持2016年国家社科重大招标项目“民间规范与地方立法研究”，担任首席专家。

零碎的思想

有人说，人生需要规划。我不反对这样的说法，但我更想说：人生的路，是一步步走出来的，而不是规划出来的——尽管同等条件下，有规划总比无规划好，毕竟机会是提供给有准备者的。可俗话说，计划不如变化快，与其斤斤于计划而准备各种条件，不如因任自然，根据其天性任意发挥其所好。所以，所谓因任自然，不仅指人们的选择和行动要符合自然和社会发展的规定性，而且要符合每个人的性情、感觉和爱好。如果只因任前者，而不顾后者，其结果不难想见：随波逐流，得过且过；反之，如果只因任后者，而不顾前者，其结果亦不难想见：不顾实际，意气用事。因之，一步步走出来的路，不过是人把其兴趣、爱好或者仅仅是穿衣吃饭的生理需求，搭架在符合自然或社会规定性之中的活动。

一开场就讲这种人生哲理的“心灵鸡汤”，是为了说明我的个体感受。自从大学毕业，根据自己的兴趣爱好，选择做一位教书人和读书人的事业以来，就一直把精神主体的追求置于一切物质追求之上，所有的物质产出，都只能是我探寻精神主体及其存在、交往方式的副产品。任何物质产出，一旦影响或阻挠了我对精神主体规定性的探索和追求时，就立马觉得索然无味。物质如果不能给人带来精神上的快慰和享验，而只能满足人们果腹蔽体、吃喝拉撒，就如同一只狮子在草原上逮着一匹斑马，饕餮大餐之后，除腹饱体胖之外，便觉空空荡荡，回味索然。所以，我的人生，也就顺着这样的“偏好惯行”而一路走来。它的实质部分，是一位思想者一般对周遭任何事情的不愿附和盲从，而其表现部分，则是“爱说话”——或言语、或文字的表达。

两千多年前的“轴心时代”，中西方思想家就开始对“言”给予格外关注。老子曰：“道可道，非常道；名可名，非常名”①。孔子云：“名不正，则言不顺；言不顺，则事不成；事不成，则礼乐不兴；礼乐不兴，则刑罚不中；刑罚不中，则民无所措手足。故君子名之必可言也，言之必可行也，君子于其言，无所苟而已矣。”② 西方哲学文化的主要奠基人柏拉图尽管不太迷信语言（特别是文字），但仍对语言以行动的礼赞——没有他以文字传诸后世的系列对话录，西方就可能只存在一个“思想的黑洞”。与此同时，他借别人之口，不断强调语言及命名的重要性：“必须按照自然过程用恰当的工具来给事物命名，而不能随心所欲；只有这样我们才能成功地命名，除此别无他途。”③ 而对西方后世法政思想影响最大的学者亚里士多德更是强调：“……在各种动物

---

① 《道德经》。

② 《论语·子路》。

③ ［古希腊］柏拉图：《克拉底鲁篇》，载《柏拉图全集》（第二卷），王晓朝译，人民出版社2003年版，第62页。

中，独有人类具有言语的机能……人类所不同于其它动物的特性就在于他对善恶和是否合乎正义以及其它类似观念的辨认（这些都由言语为之互相传达）……”①。

这种对言（说话和书写）的特别关注，在于言既是人类表达其精神存在的基本途径，也是人作为精神主体的外在象征，还是人交往行为的规范基础和言说工具。所以，“文章千古事，得失寸心知”（杜甫），“三年得两句，一吟双泪流”（贾岛），“一生空吟诗，不觉成白头”（孟郊），“为人性僻耽佳句，语不惊人死不休”（杜甫）……这种个人情怀，一旦系之于家国天下，就会“文章者，天下之公器也，非我之所能独私……”（李渔）了。

可见，对于一位学者，一位思想者而言，其表现存在的基本方式，就是言，言即精神，言即存在，尤其是通过书写（文字）而言。在精神存在者的眼里，文字就承担了意义最高、最深和最广的角色。我在一篇文章中曾这样说，对人类文明而言，“天不生文字，万古如长夜”。诚然，如果没有文字的出现及其表意功能、书记功能和保存功能，那么，人类历史不过是白雾茫茫、浑然一片，就像所有动物、植物的历史一样。但人类创造了文字！从此之后，人类之所以是人类，不仅在于其会运用言语而交流结社，合作共赢，而且他还能把这一切通过相对确定的表意符号——文字记载下来，从而符号成为联通“所指”和“能指”、主

① ［古希腊］亚里士多德：《政治学》，吴寿彭译，商务印书馆1965年版，第8页。

体和客体、意境和物境的意义系统。正因如此，文字符号在人类文明史上具有独特的决定意义——它不仅是定义文明的必备要素，而且是决定文明性质和程度的主要要素。在一定意义上，由于文字符号的创生，才使的人作为精神动物，更上层楼；才会“昔者仓颉作书，而天雨粟、鬼夜哭”①；才会让人是“符号的动物”②。

而这，也就是我在选择了教书的职业和读书的生活之后，必须面对的日常。这种日常，诚如杜甫所言，在别人看来是性格乖张孤僻、不近人情的，也诚如贾岛、孟郊等苦行僧般的诗人一样，是空吟一生、岛瘦郊寒的，还如叔本华、尼采……那样，是疯疯癫癫、昧于世事的。我在母校山东大学工作的那些年月，经常听历史文化学院的同仁们回忆我国著名历史学家童书业的故事：先生是如何一袭长衫，尽管不修边幅；先生是如何鼻涕长垂，简直毁形秽神；先生又是如何迷路街头、不辨东西，在警察帮助下，校长派车方把他接到学校。然而，就是这样的先生，却给后人留下煌煌七大卷，400余万字的《童书业著作集》（中华书局版），这些书，此刻就端立在我的书架上。要知道，这些作品，可是在一个堪称万马齐喑的时代写就的，同时也是其一笔一划写在纸上的。它足以昭示一位学者、一位“精神动物”对文字

① ［汉］刘安：《淮南子·本经训》，载《二十二子》，上海古籍出版社1986年版，第1239页。

② ［德］恩斯特·卡西尔：《人论》，甘阳译，上海译文出版社2004年版，第34页。

的格外青睐和钟爱。

和这些先贤们相较，我虽不能至，但心向往之。所以，日常生活、交往或工作，就主要行走在别人或自己书写的字里行间。在别人的文字里，发现思想，发现精神主体的存在方式，在自己的文字里，表述思想，体验精神主体的存在机理。在教学之中，每有思考或收获，形诸文字；在行旅之中，所指和能指相互交错，互向预设，最终化作文字的意指；居家静坐，最是有暇让文字泛滥于笔端或键盘的时节，一些“长篇大论”，常在这个时候产出；甚至夜梦有感，经常会起坐披衣，把杂乱的梦境输入为条理化的文章。春夏秋冬、天地江山，亲疏远近、家长里短，当所有的自然或人事涌入脑海，形诸笔端时，有时会会心一笑，孤芳自赏，有时会不由自主，牙关打颤，有时会情不自禁，泪流满面，还有时会搁笔长舒，或歌或舞——只有在这时，才能真正感受到自己是一位主体性和精神性的存在。

这些文字，自己写来，如果说有目的，则主要是为满足我作为一位精神主体的行止，所以，并不是太特别渴望得到别人的阅读，更不太苛求得到他人的理解。当然，一旦偶尔能收获他人的阅读、“理解”、甚至赞扬，还是令人默会、欣慰且知足的——毕竟精神主体也是在交互性或“主体间性”中更能彰显其存在的。这不，方才见新浪微博有“私信”来，下载并打开一看，就读到一位读者如下认真的来信：

“尊敬的谢老师：

我来暂时跟您告个别，告别是因为我省高三年级和初三年级已经开学，我校将于四月底开学，我们又要开始新一轮的繁忙了。说暂时，以后应该还有或长或短的闲暇，或者，如果顺其自然，我们还有机会再见。

那天看了您的序，想起了您的‘谢氏序文’，想起了我喜欢的您写的序：一篇是民间法集刊的总序，一篇是陇籍法学家自选集的序，后者我最早在网上看到，看到您的自选集，我本不想购买，因为那里的文章我基本都有了，因为特别喜欢序的原因，又买了。

非常钦佩您的勤奋，从数量到质量都是极好的。天赋也极高。行走坐卧皆为文，书写是您生命的存在方式，真是个好文人！写诗，文辞优美、意向生动、想象时而奇雄、时而柔媚，我许多许多次为之动容。写论文，思维缜密、逻辑严密、说理透彻、发人所未发，我受益多多。有一篇，大概在2016年上半年，我读罢豁然开朗，解释了我百思不得其解的问题，我感到了心灵最深处的感动，内心充斥着一种前所未有的高度和谐感，我好几分钟呆木不动。感性与理性、想象与逻辑，本来矛盾的特质，统一于您，了不起！是个不折不扣的大才子！

我随着身体的恢复，打算开始对回族在多种规范作用下的行为特点加以研究，这是我对我爱的回族和汉族同胞最好的报答，是我生命的意义。”

接着，又看到湖南一位干部的如下来信：

“【记梦】昨夜一整梦，却一主题：某师著书《实然与超然》，由世界图书出版公司发行，当年获评国家图书奖一等奖，共3名作者获此殊荣。领奖会上，‘南方姑娘’专为该著作词谱曲献唱，拟人化表达，时尚而不失温度和深度。颁奖后，该师为其学生批改作业，纸制版作业用幻灯片扫描后嵌入电脑专门批注修改软件，经投影，能够很清晰地看到作业问题所在，包括引文出处、错别字、地名讹误等信息。其中，一学生论文提及海南某县。梦中，批改软件竟图示该县已搭建成拉索桥至广东某市，已成广东省某市某县（跨琼州海峡搭索桥，怕只有作梦敢为之）。之后，该师已毕业爱徒，著有《权利占有的义务需要》一文，获用稿通知，拟在《中国法学》发表。批注软件显示该文甚为规范。其间，该生对该师说：‘老师，我已毕业，您还这么严格啊？8点20的高铁，还有一个小时，滴滴已到楼下，先别改了。’接着，梦醒！

诸位信友，该师是谁？学生是谁？

注：该师是您，学生中礼。”

品读这类的文字，作为一位教师，一位读书人，心湖不生涟漪有可能吗？

我的这些文字，有些是短小诗章，是韵体的、诗性的、修辞的。对它们，我已经做了总体上的安排和处理，将由某出版社和之前已经出版过的4部诗集一起，推出“谢晖山河行吟系列”，这样，就共收入我11部诗集。有些是“长篇大论”，是散体的、理性的、逻辑的。对它们，我也已经做了总体上的处理，由法律出版社出版共包含10部论著的“谢晖法学论著系列”。有些是演讲体的，它显示的是口语化、即兴性的学术思考，尽管已经出版了其中3部作品，但更多的内容，等待条件成熟时一次推出。还有些是专题性的，每个专题，大约在20万字左右，有些已经写就并出版，有些还在写作的路上……介于这些文字中间的，则是另一种散体的文字，它经常是那些短篇的、片段的、也随机的文字，不求系统地论证和表达某种思想，只是把日常生活中一闪念间的想法表述出来而已。这样的文字，有些是网络上与网友间的对话，有些是微信中阅文阅事的感悟，有些是微博里严格限定了字数的一时兴起，当然，有些还是应约或主动地形诸篇章的学术散论。

对后者，我之前已经在法律出版社、中国民主法制出版社以和山东大学出版社，整理出版过5个集子。但手头还有一些作品，一直未予整理。前些年，与中国法制出版社陈兴编辑谈及这些文字，他表示乐于帮助让这些文字以书籍的方式面世，于是，我编辑了这三部书稿，分别起名为《流浪的思想》《徘徊的思想》和《残缺的思想》，作为我的“思想三部曲”，以呼应已经出版的“法林三部曲”。可见，这些文字所表达的思想，是游移多变的，是摇摆不定的，也是有待论证的——尽管可以肯定，因为数十年来的学习和研究，业已形成的知识背景、学术“偏见”、研究偏好以及涉略范围，必然会使这些集子中收入的作品，无论如何流浪、徘徊或残缺，都大体上会“万变不离其宗”，遵循着我业已定型的思维方法和思想观念而零碎地展开。所以，和我出版的其它学术作品相较，这些作品，只能谓之“零碎的思想”。

这些作品的出版，端赖熊文钊教授的支持。因我参与并主持其国家社会科学基金重大攻关项目“文化法治体系建设研究”（项目批准号：14**ZDC**024）之子课题——“文化法治的基础理论”，且这三部书的内容，与该课题的不少内容相关，故作为该课题的关联成果出版（与此同时，这一子课题的最终成果也安排在该社出版）。没有这一机缘，这三部小书的问世，可能还要耽延时日。这三部作品的出版，幸赖中国法制出版社，特别是陈兴编辑和孙静编辑的鼎力支持和具体帮助。在其即将编辑付梓之际，对二位的帮助和辛劳深表谢忱！

是为序。

2020 年 4 月 8 日序于北京（是日，因“新冠肺炎”封城 76 天的武汉解封，意大利宣布伦巴第大区“封城”也整整历时一月，新冠肺炎疫情仍在肆虐）。

目录
Contents

上编　阅读手记

中编　序文与随感

下编　演讲与访谈

上编

阅读手记

野性、争鸣与学术成长

——“民间法文化专栏”主持人手记（十三）

近二十多年来，学术争鸣越来越成为吾国学界的稀罕现象！“知出乎争”的学术自然景象变成学者们各自坐拥围城、自说自话。即便学界偶尔的争论，也很少严肃地围绕学术本身的问题展开，反而被无限地蔓延为政治论争、意识形态论争和立场态度论争。晚辈学子只要师从某一学者，则只知跟随，鲜有挑刺儿、质疑。不同学术主张和观点的学者也仅仅停留于各自陈述观点，不善或不耻与人认真过招、激烈争鸣。凡此种种持之以恒，既失去学术聚焦，也丧失学术活力。

昔时阅读论著，也最喜欢学者们之间针尖对麦芒的学术论辩。记得上大学那会儿，无论哲学界有关真理问题、“异化”问题的论辩，经济学界有关劳动力商品问题、市场经济问题的论辩还是法学界有关人治与法治、法律本质属性问题的辩论等学术景观，都会抓住我心，必欲阅之而后快！其不但论辩激烈，而且对国家变革卓有建树。尽管回过头来看，哪怕在今天仍显“正确”的那些观点，论者所持的都是一些常识，但在当时却足以唤起初入茅庐的学子对学术的兴趣和乐趣——毕竟人类所有见识的成长，都是在寻求差别的过程中萌芽的。

学术争鸣的隐退，其实昭示着一种学术平庸的景象。最近於兴中强调世界法学已进入一个“无王”的时代。但在我看来，没有焦点、缺乏争鸣的学术时代，尽管可能存在各占领地、流派纷呈的情形，但其实质是虽然拓展了研究空间和范围，但是问题本身并没有深入聚焦，因此，学术平庸化在所难免。学术的野性和挑战意识、创造冲动势必被抹平。此情此景下，人们只能看到平面化的学术，而无法欣赏到立体性的思想、观念和学理；只能看到学术观点的花样翻新、层出不穷，很难看到学术高度的陡峭峻拔、层峦叠嶂。

一言以蔽之，此种四平八稳，不尚争鸣的学术新传统，过于钟情于斯文，之乎者也、谦谦君子。而忘记了学术的茁壮成长，也需要甚至更需要一种野性的力量。人尽皆知，越是野性的、天然的，越有营养，也越强壮。温棚的花朵一见风雨就会变形凋零；圈养的动物放归山林就会无所适从。我想，学术研究也是一样，习惯在不善于交流的学术圈子里养育的学术研究，由于学者对其野性能力的自我克制，社会对其野性能力的刻意制约等，都必然会遏制其学术水平和能力的不断提升，也影响人们对待学术的谨慎态度。

民间法研究自身根源于对野性的、原生态的制度文化探索，因此，更需要学术论辩的野性力量。尽管调研和白描是这一研究领域的基本学术训练，但只要相关的研究成果进入解释系统，就不可避免地需要关注不同学者“前见”的作用，就自然需要不同学术观点的碰撞、辩驳和交流。否则，白描只是一种事实陈列，难以升华为蔚为大观的学术建树。即使这里的学术白描，也隐存着当事实转化为学术概念后的不同理解以及由此产生的学术争论可能。所以民间法研究对学术争鸣的放逐，不但无法提升其学术理念和观点，同时也难以真正认识、梳理并提升民间法研究材料的白描效果。

本期刊出的两篇论文：孙健飞的《同姓不婚问题研究——兼评苏力〈语境论〉一文》和宋飞的《黄州商帮、帮会行规在民间法与国家法博弈中的作用——兼与梁治平先生商榷》，分别对当代中国法学界两位最有影响、且最有学术建树的学者——苏力和梁治平的一些学术观点提出商榷和挑战。苏、梁两位学者卓尔不凡的学术建树，来自其独特的学术研究方法和范式对我国既有法学学术研究套路的反思、挑战和批判。但遗憾的是，后之学者更多站在对其方法和观点亦步亦趋的立场，鲜见冷静理性的反思、争鸣和批判。这不但可能延缓对中国法学学术的整体推进，而且让两位以反思见长的学者也丧失敌手——只能自己做自己的敌手！因之，两位年轻学者的商榷之作，即使思想提升尚待补强，但争鸣本身值得推许。

本文刊于《原生态民族文化学刊》2015 年第 1 期

大国法治与地方性的普适性

——“民间法文化专栏”主持人手记（十四）

在多年前举行的一次“全国民间法/民族习惯法研讨会”的致辞上，我提出了“地方性的普适性”这一命题。今年3月12日，我在广西民族大学专门就这一命题和师生进行交流。该命题的提出，是要反思国家至上的国家主义法律观本身可能对法治精神的威胁甚至解构。众所周知，有法律未必有法治。只有能全方位制约国家权力，使其严格依法行使的法律，才可能构造法治。这样的法律，一定是基于“社会主义”的立场，而不是基于国家主义的立场所制定的。“社会主义”的立场所强调的是：法律必须基于社会主体的需要而制定，它不是国家因为某种理念而建构的结果，而是社会主体在日常交往的经验中所积累的结果。但国家主义的立场却与之相反：法律就是国家意志的规范表达——无论国家意志有无经验依凭。

民间法研究的基本路径，就是坚持这种“社会主义”的立场，自不同地方、不同族群、不同社团、不同法团的个性化的交往规范中，寻求建立于上述具体主体之上的法律得以生成的逻辑路线。这一立场，必然意味着对地方性的充分尊重，或者至少它不是以压抑、消灭地方性为条件来寻求国家统一的法律和法治，而毋宁是在地方性的竞争、商谈、交涉基础上制定法律、型构法治。古人尚且懂得“入国问禁、入乡随俗”，从而因俗施治！民治国家的治理方案，怎么能背离地方性的一般要求，把地方仅仅视为中央的派出机构，从而强行地把缺乏地方性的国家意志加诸地方呢？果真如此，则必然导致一方面，地方只能唯权唯上，不可能唯实唯民；另一方面，地方行为不可能根据地方实际，因地制宜，而只能因循上意、千篇一律；再一方面，所谓调动和发挥地方的积极性，就只能是一句中听不中用的空话，因国家主义的制度结构决定了地方积极性难以被真正调动。

民间法研究的“社会主义”进路，必然把地方性的普适性作为重要立场。所谓地方性的普适性，在法律领域是指只有经过地方性协商、交涉与博弈，并最终建立在地方性基础上的法律，才能既符合一个国家法律生成的一般逻辑，又具有在不同地方贯彻落实的经验基础和社会根据。地方性的普适性在大国法治中尤为重要。众所周知，所有大国，都是由文化差异、风俗各别的一个个地方所构成的。中央政权尊重地方，则自然容易获得地方拥戴；中央政权蔑视地方，对地方动辄颐指气使，就不可能获得地方的拥戴——除非地方成为中央政权“机械”的派出机构，而不是一个国家“有机”的构成部分。强调在大国法治中地方性的普适性，自然不是要主张地方的分裂与割据，只是说大国统一法律和法治的形成，只能是不同地方、不同族群、不同社群以及不同团体意见交涉的结果，而不是罔顾地方规定性，由国家统一命令的结果。可见，只有尊重地方性，才能为一个大国地方之间的有机协调、合作发展奠定规范前提；才能真正建立“社会主义”法治，克服“国家主义”法制。

正如马克思的“自由人的联合体”必须以“自由人”及其自由的普遍性作为逻辑前提一样，一个大国的法治建设，理应以各个地方、各个族群、各个社群以及各个团体的主体性为逻辑前提。只有如此，才能构造有机协作的大国规范体系，形成有效可行的大国法治体系。没有“自由人”，当然就不会有“自由人的联合体”；同样，没有地方性、民族性、团体性、个体性等，所谓“统一的国家”也就成了无矢之的。在近些年我国的法学界，人们对人类学家格尔茨的一个结论：“法律就是地方性知识”格外感兴趣，但在我看来，站在大国法治立场，这一结论可以略作更动：法律就是地方性知识的对话与合作。舍弃地方性知识的大国法治，所舍弃的不仅是地方性，而且是地方性的普适性，进而舍弃的是经由经验主义进路形塑一个国家法治的可能性。舍弃了这一属性和可能性，大国法治建设就只能瞄准所谓法律移植。法律移植固无不可，但法律移植如果不能深植于本邦土壤，就只能是耗时费工、收效甚微。

本期刊出的三篇论文分别是徐晓光等的《华寨的“自治合约”与“劝和惯习”》、李义辉的《民间法司法化之价值及其实践——从司法公信力切入》和欧文婷等的《苗族村寨防火制度研究——以贵州省黔东南州雷山县西江村为例》。前篇出自民间法—民族习惯法研究的大家之手，后两篇则出自正在大学就学的硕士生和本科生笔下。虽然作者们的学术履历不同，三篇文章的立意也相异，但作者们对地方性知识的关注和同情了解却无别。透过这些文章，读者不但可以了解特定的地方性知识，而且经由对这些地方性知识的体认，进一步发现以地方性的普适性为理念建设大国法治的必要和必然。

本文刊于《原生态民族文化学刊》2015 年第 2 期

契约传统与权利精神

——“民间法与法文化”主持人手记（十五）

自古以来，中华民族就善于运用契约进行交往。从杨国桢在《明清土地契约文书研究》一书中期待“中国契约学”研究以来，传统契约的论著、编著就源源不断。张传玺的煌煌三大册《中国历代契约粹编》，把中国的契约史追索到尚无无文字记载的时代；而他的《契约史买地券研究》，更系统地梳理了中国古代契约的源流关系和分类形式，从中可见，在周代就存在“万民约”与“邦国约”的分野。契约无论在官方，还是在民间，都获得过广泛的关注。至于王旭的《契纸千年——中国传统契约的形式与演变》，则把笔触落脚到近千年来我国丰富多样的契约之流变研究上。最近十年来，有关传统契约研究的论著可谓空前繁荣！

之所以如此，端在于中国传统中存在着发达的契约。予谓不信，可看看早年由福建师范大学内部印行的两册本《明清福建经济契约文书选集》，中国社会科学出版社出版的《自贡盐业契约档案选集》，花山文艺出版社出版的共二十册的《徽州千年契约文书》；再看看近些年由安徽师范大学出版社出版的十卷本的《千年徽州契约文书集萃》，广西师范大学出版社出版的四辑共四十册的《徽州文书》、三辑共三十册的《清水江文书》，民族出版社出版的多卷本《贵州清水江流域明清契约文书》，凤凰出版社出版的《敦煌契约文书辑校》，天津古籍出版社出版的《清代宁波契约文书辑校》，浙江大学出版社出版的《清代浙东契约文书辑选》……不难发现，中国传统契约文书的整理出版，完全可称为如雨后春笋般在迅速成长！

笔者出于个人兴趣，在关注这些已经整理出版的、卷帙浩繁的契约文献的同时，也游走各地，或亲自搜集各类契约文书，或到一些地方档案馆查看其业已编辑成册、内部印行的传统契约文书，如在我国台湾地区宜兰、高雄，大陆的山东青岛、威海，贵州锦屏、从江等地档案机构或民间都见到过相关契约文献。记忆尤深的一次，是我和几位学生共游山东浮来山。在一处值班室里，居然发现有人以清代契约文本粘糊墙壁！足见只要我们稍加留意，在这个文明发展历经数千年的国度，不时可以发现一些令人称心的古代契约文献。

指出我国传统契约之发达，是要借此解构一个流传已久的观念：传统中国是个缺乏权利精神的国度。这种人云亦云的先入之间，让读书人沉沦于预设的结论，而对如此发达的契约，以及这些契约文书中明显透出的与义务相对的权利主张和事实，或者视而不见、充耳不闻，或者纵有见闻，也囿于既有成见而嗤之以鼻、不屑一顾。这种对传统契约的傲慢态度，实际上反映了一些学人的“反智”情结（尽管自以为很智），其固执于某种所谓“先进”理念，而对一个国家的人民长期以来所形成的生活智慧、日用传统不但漠视，而且鄙弃。这里仍盛行的是某种“英雄史观”和精英传统，而不是现代国家所孜孜以求的民主史观和大众传统。

在我国，先前惹人注目的“权利本位论”，其着眼点就在于一种观念的历史。论述相关问题的学者，多以思想史及其思想家们的只言片语为依凭，偶尔对制度的关注，也多集中于引述制度规范，而并未关注规范的实践。这种依托思想家言说的权利学术研究，尽管贴近人类高级的精神生活史，但问题是我们的社会不仅是由高级精神生活史所构造的，在一定意义上，思想家及其高级精神生活史，只是社会构成性因素中极小的一个方面。虽然这种高级精神生活史，恰如暗夜中划破长空、耀眼四射的闪电，足以激荡人心，从而对“精神存在”的动物而言，是不可或缺的，但对于芸芸众生的日常生活而言，毕竟柴米油盐以及与此相关的日常精神生活才是其真正的需要，而那种高级的精神生活不过是日常生活的一种点缀。正是基于这种考量，包括法学在内的社会科学（而不是人文科学），才在日益世俗化的时代，把其目光投注到日常生活本身，投注到人们物质和精神的日用交往、洒扫应对。

以此来衡量，则关注传统契约，就是关注长期以来人民的日常生活方式，关注他们如何把日常生活的安排化成了一种精神产品——契约，关注在这种精神产品中所蕴含的权利和义务关系（如锦屏契约中不断出现的“地主”和“栽手”、卖主和买主之间的权利义务关系）。因此，权利义务关系之间有没有本位？如果有，究竟何者为本位？这些问题，绝非思想家高级精神生活中的苦思冥想；中国传统社会中的人民有没有权利精神和追求？这也绝非思想家高级精神生活中的指点江山。脱离开社会史和日常生活史、而专注于思想史的学术论调，终究属于精英、属于人文、属于高级精神生活，而不属于大众、不属于社科、不属于日常生活。

本期刊出的三篇论文，来自同一课题组的成员在不同视角对《清水江文书整理与研究》这一课题在不同视角的论述。其中李亚的论文透过清水江习惯法，关注林业生产管理关系、特别是林权关系问题的研究；郑姝的论文透过对某农家收藏的800余份契约的分析，关注清水江流域林权关系变动的研究；而简丽的论文透过清水江流域当代乡规民约的研究，关注当地当代社会秩序制度化运行的事实。这些文章，虽都说不上理论的创新和深奥，但通过这些文字，展示了和我国既有法理学论述完全有别的古人或今人的权利观念和权利精神。

本文刊于《原生态民族文化学刊》2015年第3期

法律，民间与官方的二元叙事

——“民间法与法文化专栏”主持人手记（十六）

一直以来，法律的叙事被官方所无可争辩地领有。无论在西方世界影响甚大的分析实证法学的所谓“主权者命令说”，还是在传统社会主义国家具有至高无上地位的维辛斯基的“国家意志”或“统治阶级意志论”，都把法律作为国家专有的外部装饰和统治工具，从而法律不过是作为外在于人们生活日用的来自国家或官方的必要强制。至于民间，则对于法律只能仆从和接受，而不能在任何意义上创生、支配甚至解释之，更不能自作主张，建立所谓脱离官方法的民间“法律秩序”。对法律的这种理解和界定，自然形成在法律叙事上的官方无限霸权和独断解释。民间有关法律的需要也罢，有关自发交往中的秩序构造方式也罢，都没有、也不可能被官方认真地纳入考察视野。尽管人们的日常生活、交往行为以及秩序构造，未必一定亦步亦趋于官方法的约定，甚至在更多时候，民间秩序的构造，主要是民间自发规范作用的结果，可在理念上，这些实践似乎无关紧要，人们宁可对之睁一只眼闭一只眼。这样，法律就只能被定位于官方的安排，至于官方安排的规范是否符合民间需要，是否符合生活日用，是否对社会秩序的构造必然起到促进作用，而不是因为此种规则，反而破坏了既有的民间秩序，搅乱了人们的日常生活，论者们却在所不问。

但是，人类秩序构建的实践却并非总是按照官方法律的秩序路线图而亦步亦趋、循规蹈矩。反之，我们常见的人间交往秩序，即便与当下法律完全合辙或者并不反对，但其直接规范来源并不总是依照官方法，更多时候所依赖的乃是一个地方、一个族群、一个组织一直以来所奉行的民间规则。因此，把民间规则及其秩序功能纳入社会治理——社会自治、公共互治和国家（政府）他治的范围，是现代治理体系必须关注的话题。官方法的使命，不是刻意去改造民间规则，而让其屈服于官方法的颐指气使，毋宁说官方法必须回应民间规则的内在要求，并在此基础上提升对民间规则的表达方式，即以更为正式的或符合法言法语的方式，升华民间规则的表现方式，磨搓民间规则的区域差异，推广民间规则的应用范围……这才预示着官方法生成的合乎逻辑的进路，也预示着官方法的合法性——尽管即使如此，仍会不可避免地存在或新生完全异于官方法要求的规范及社会秩序。

这事实上引出了有关法律的两种不同的视角或叙事方式，即法律的民间叙事和法律的官方叙事。法律的官方叙事前已述及，这里继续就法律的民间叙事略加管陈。所谓法律的民间叙事，乃是指以民间立场来理解和认识法律，处理人们交往行为和规范秩序的思维视角。这一思维所垂注的问题大致可作如下二分：其一，以人们在日常生活中缔造交往秩序的规则作为理解和认识法律的重要入口，从而寻找法律合法性与正当性的社会基础；其二，以人们日常对官方法的态度和选择为参照，发现民间视角的官方法究竟是什么。这两个方面，如果借用埃利希的“活法”概念，不妨将其共同称为民间“活的”法律思维或叙事。民间的法律叙事这一命题的提出，自然不是要否定官方法律叙事的价值，更不是否定在法治进程中官方法和法言法语对社会应有的，有时甚至是决定性的作用，而是强调经由对民间法律叙事的认真对待，修正或改进官方法可能存在的形式机械、内容呆板、对社会生活的涵摄能力有限以及其不可避免地借用官方的权势对社会带来的压制效果等。在这个意义上，强调法律的民间叙事，既有助于社会主体自治地参与、组织和维护合法秩序，以资官方法的实践因应；也有助于通过民间规则和民间需要而补充或矫正官方法可能存在的种种不足，实现民间与官方的法律沟通、秩序沟通和意义沟通。

本期刊出的三篇论文分别是谢晖的《法律的民间叙事（上）》、许娟的《傈僳族社会变迁中的非正式惩罚——以腊村为例》和麻勇恒、范生姣两位作者的《神判与“村治”——基于贵州J村共有资源开发利用权丧失的案例分析》。广义说来，这三篇论文都以法律的民间叙事作为探讨的基本方向。其中前者专门以《法律的民间叙事》为题，可以认为是作者对近些年民间法研究的范式进行总结的一种尝试和努力。本期刊出的是该文的第一部分，第二部分只能候明年择机刊出。十多年来，作者虽然分别在《山东大学学报》《甘肃政法学院学报》和《原生态民族文化学刊》主持了多个民间法、民族习惯法和法文化研究的栏目，但尽量坚持不刊发自己的文章，以便腾出版面，刊发更多同仁、特别是相关领域的青年学者的文章。此次应吴平教授邀约和催促，算是第二回破例，也可视为作者对其多年来关注的民间法这一领域相关问题的初步总结。另两篇论文更在实证视角诠释了法律的民间叙事，开阔了读者对法律的民间叙事之观察视野。

本文刊于《原生态民族文化学刊》2015 年第 4 期

权威、权力与秩序

——“民间法与法文化”专栏主持人手记（十七）

作为群体生活的动物，人类必须安家于一定的秩序体系之中。没有秩序的保障，人们只能苟且在弱肉强食的“丛林法则”，奔波于变幻莫测、又近乎宿命式的“三十年河东，三十年河西”。所以，尽管人的天性是自由的动物，但如果自由没有驿站，没有归宿，没有漂流疲惫时足以停靠的港湾，人类就不会有预期感、稳定感以及由此带来的安全感，故而自由也不能必然给人的幸福打包票。所以，只有被构建在社会秩序中的自由，才可能有安全幸福的预期。否则，自由与混乱差可比拟。对此，卢梭的名言在这里完全用得着：“人是生而自由的，但却无往不在枷锁之中。自以为是其他一切的主人的人，反而比其他一切更是奴隶。”

问题是，秩序是如何得来的？它来自人的自然天性吗？倘是那样，何以在前文明时代，人类生活在“物竞天择、适者生存”的境地？它来自上苍的恩赐吗？倘是那样，何以有些时代和地方总是战乱频仍，民不得休养生息，而有些时代和地方却能够长治久安，民能安居乐业？是社会契约的约定吗？倘是那样，又是谁来确保社会契约的贯彻落实？参与社会交往的主体能否全然自觉地、从心所欲不逾矩地遵循社会契约，使社会既生动活泼，又井然有序？

如上种种追问，既涉及人类交往秩序的起源，也涉及权威、权力在交往秩序的建设中有无必要以及为何必要。人类秩序起源于人的社会交往需要。只要人以群体的方式存在，交往就不可避免。任何交往，都是捎带了人们目的在其中的，这种目的，或许是物质利益的，或许是精神愉悦的。但问题是，只要交往存有目的之因，就可能因此而产生交往冲突——除非满足人们交往目的的资源、技术和方式是取之不尽，用之不竭的。那么，如何处理交往中的冲突？所谓博弈及其结果——社会契约能否自足地保障交往秩序？换言之，每个人的理性能否支持公平博弈，保障社会契约？倘若不能，要不要权威出面协调人们间的交往冲突？

人类交往秩序的实践证明，要形成社会秩序，不能没有主体间的博弈而形成的社会契约；而要保障社会契约，又不能没有一定的公共权威来恢复受损的社会秩序。因此，权威既可说是社会契约的应有之义，亦可说是公共秩序的必须内容。自古迄今，因为简单社会和复杂社会、小型社会和大型社会的分野，权威的表现也不同。在简单社会和小型社会，权威的来源往往要更复杂些，举凡超验神灵、宗教首领、社会贤达、望族领袖、村社头人等都可能成为权威，以保障社会契约和交往秩序。但在复杂社会和大型社会，权威的来源反倒要简单些。一般说来，法律以及法律授权的组织和个人，才堪当维系法律运行及其秩序的重任。

与此相关，另一个有趣的现象是，在简单社会和小型社会，特定的个人或组织每每因自然权威而生成权力，但在复杂社会和大型社会，却与之不同，特定的个人或组织常常因法律权威而获得权力。这种权威与权力关系的不同情形，都在有效地维系着人类交往的秩序，但它们分别反映着熟人社会和陌生人社会在秩序构造方式上的两种面向。

在熟人社会，自然权威是生成权力的前提和基础。自然权威不再，权力一般会式微。所以，自然权威决定权力，权力经由自然权威保障秩序。但在陌生人社会，权力的权威基础是法律。如果抛开法律规范，权力就失去其权威凭借。问题是法律这个社会契约的文本本身，自身又或者是权力命令的结果，或者是人们在交往行为中博弈的结果，其中主体博弈的结果本身也需权力者的命令才能生效。在此意义上，权威与权力间又具有一定的互生性和复杂性。这样，就不难得见权威、权力和秩序三者间在不同社会中的基本关系模型：在简单社会和小型社会，三者的关系是自然权威支配权力，而后权力借由自然权威保障秩序；而在复杂社会和大型社会，三者的关系是法律支配权力，权力则借由法律来保障秩序。

在笔者的阅读视野中，我国学界对复杂社会和大型社会权力问题的研究可谓汗牛充栋；对简单社会和小型社会民间权力的研究，虽也多见，但专事该话题的研究还很不够。本期刊出的吕廷君等的《论民间权力的概念》一文，基于对中国传统社会的分析，就该问题做出了专门探讨。徐晓光的《黔桂边区侗族火灾防范习惯法研究》一文，尽管重点着墨于习惯法，但在民间法及其秩序的贯彻维系中，寨老、“款师”们权威、权力的作用，也跃然纸上。谢晖的《法律的民间叙事（下）》一文，和该文（上）以及《再论法律的民间叙事》一起，尝试性地提出并论证了民间法研究可能开发的一种分析思路或理论范式。文章尽管没有涉及权威、权力与秩序的话题，但这一话题本身理应是该分析思路的题中应有之义。

本文刊于《原生态民族文化学刊》2016 年第 1 期

经验的法则

——“民间法与文化专栏”主持人手记（十八）

近世以还，人类建立法律、组织交往、构造秩序，不再一味执着于来自上帝的终极启示，或者寻求逻辑的永恒支点，反而求诸人们司空见惯的社会事实和洒扫应对的日常生活，即从人的立场出发，安排法律、协调交往、营建秩序。于是，经验这个向来并未受社会精英们特别关注的词汇走向前台，成为学术实践和制度安排的关键词、主题词、核心词。实证的科学思潮和精神，不仅是人们认识自然的独一无二的工具，而且渗透到对人类心理、社会、文化、法制诸领域的研究。具体折射到法律和法学领域，以人们的生活和交往经验为基础而立法、执法、司法，是法制建立和运行的不二之选；以经验（无论是生活经验还是逻辑经验）而不是以先天启示为基础所展开的法学论述，是包括历史法学、规范分析法学、法社会学、现实主义法学、经济分析法学、批判法学、法人类学等具有重大影响的不同学术流派所争相置喙的领域和话题。

显然，这和之前法制与法学的经院主义风格大异其趣。尽管法律必须是，而且只能是一个包括了事实、规范和价值的人类交往的逻辑体系，但要其纲举目张、统领袍袖，须首先解决纲领所在。因之，究竟是由价值结构规范与事实，还是由规范统领价值与事实，抑或寻求第三条道路：由事实推导价值与规范？这是当世法学三大流派的基本分歧所在。尽管规范分析法学和法社会学等都可以被包含进法律的经验研究和科学努力的范畴，但前者更关注逻辑经验，而后者更关注社会交往—生活经验，因此，两者分属两途，各自在其经验研究领域为法律和法学的“科学化”而努力。于是，法律和法学的经验之维尤为昭著。这样，自然法学和广义的法社会学尽管都以外在视角看待法律，但毕竟在研究内容上睽隔甚远，故反倒和基于内部视角看待法律的分析实证主义法学相比，关系更为疏远。

近四十年来，我国的法学前二十年取法经济基础决定上层建筑的终极论断，似乎格外关注法律得以立基的社会基础和经验依据——其凌空蹈虚、人云亦云，八股教条、抄袭照搬之况众所周知。它不但没有有力支持法律的成长，反而为法学遭遇种种劫难埋下伏笔，因为这是一种意识形态支持和权衡的结果，而不是学术自由探索的学理。近二十年来，随着经济—社会改革目标与法律须臾不可分离的关联被人们所广泛认知，法治化成为社会改革的目标取向也越来越被人们所接受，因之，在国家快速立法之外，法学研究也纷纷把精力投注到法律内部视角，笃力于法律内部的逻辑研究。于是，真正立基于学理视角而对法律的外部研究并未认真展开，法学在不同视域上的学术竞争尚未到来。所谓“社科法学”和“法教义学”之争，除了概念逻辑的混沌不清之外，所指向的理论对象也似是而非。在两种经验（日常生活经验和制度规范经验）研究尚没有形成概念明晰、逻辑自洽、蔚为体系的理论之前，所谓“学派”视角的任何论争，都很难深入堂奥，都有占山为王、抢杠大旗之嫌，终然陷入意气之争。

民间法本身是个经验的概念，因此，民间法研究可谓典型的经验研究。尽管其研究内容，既可能是出自规范交往的生活经验，也可能是出自经验积累的制度总结，因此，既可能偏向于人类学/社会学视角的经验实证，也可能偏向于规范分析视角的逻辑实证。关注人们在日常生活交往中如何决疑解纷的研究，就属于前者；而关注在国家司法中如何运用民间规则，并把其或者结构在裁判规范中，或者结构在案件裁判的事实论证和理由说明中，就属于后者。一直以来，我在倡导民间法研究时，强调对这两者的并重或不能偏废。前者是观察民间法实存样态的生活经验基础，用于发现日常生活交往中的经验法则；后者是提升民间法实用功能的逻辑经验基础，用于对国家法内部的模糊、冲突或空缺予以拾遗补缺，并基于社会生活经验的更新和发展，规划未来国家立法完善的努力方向。民间法研究在内容和对象视角的这两种路向，不但已是一种事实，且在此事实中预示着其各自向社会法学和法教义学裂解的可能。

本期刊出的三篇论文，分别是杨戴云的《法律的判决与习俗的无奈——采自黔东南台江、雷山苗区的几个实际案例》、张秋凝等六位中央民大本科学生的调研报告《唐卡传承人的法律保护研究——以西藏自治区拉萨市为例》和廖学川的《浅谈京族生活中的习惯法意蕴》。按照本文对民间法作为对经验法则研究的两种路向之分，前文虽然有向逻辑实证研究迈向的尝试，但又不自觉地把其视角挪移到国家通过司法判决对民间法的消极影响上来。后两文则纯属对民间法、民间文化进行经验实证、并提出法律保护建议的作品。我以为，三篇文章可能存在的视角和方法互补，或许比其内容更值得关注。

本文刊于《原生态民族文化学刊》2016 年第 2 期

习惯、半有机团结与人类秩序

众所周知，涂尔干曾提出了人类社会整合的两种类型以及与之相应的两种法的类型，即机械团结和有机团结。所谓机械团结是指在全社会共有的“要素决定了我们的行为的时候，我们决不能只为了自己的利益，而必须去追随集体的目标……这样，就产生了一种固有的团结，它来源于相似性，同时又把个人与社会直接联系起来……我们把它称作机械团结”“这就是压制性法所表现出来的团结，至少可以说这是它的活力所在。”而有机团结则是建立在恢复性法基础上的，它“以个人的相互差别为基础”；“每个人都拥有自己的行动范围，都能够自臻其境，都有自己的人格”；在那里，“个人之所以依赖于社会，是因为他依赖于构成社会的各个部分”；“当我们与社会发生连带关系时，社会是由一些特别而又不同的职能通过相互间的确定关系结合而成的系统”，从而“把我们的人格和特征表现出来，使我们变成了个人”①

① ［法］涂尔干：《社会分工论》，渠东译，三联书店2000年版，第68页、第89~91页。

涂尔干对社会团结的这种经典分类，尽管在一定程度上反映了从前资本社会到资本社会变迁中社会整合的基本样式及其背后的原因（主体特征）和外在的表现（法律特征），但这种对社会变迁的宏观把握仍不乏疏漏之处。例如，被称之为东亚模式的资本主义，无论在日本、韩国、新加坡还是我国台湾地区、香港特别行政区等，呈现出的并非完全的个人资本主义，而是明显具有家族社团或财团性质的资本主义。这种情形，与亚细亚社会的传统紧密勾连。因为在那里，家族对个人而言是团体的，但对更高级的社会组织，如国家、其他社会组织而言，又是个体的。此种情形，不仅存在于亚细亚东方世界，即便在西方国家，财团资本和法人制度的建立，让企业成为社会的基本单位，所有的个人都成为“组织的个人”，即人的单位化、组织化和群团化。这种单位、组织或群团，对个人而言高高在上，使个人机械团结在其中，但对国家而言，它又执行着个体的职能。企业与企业、组织与组织……间通过有机合作，实现团结。

此种情形，不唯存在于现代资本社会，而且也存在于前现代社会。以我国为例，虽然自古以来就存在一个“事无巨细皆决于上”的强大皇权国家，但在社会基层，在皇权力量尚不能控制到的地方，以“宗法社会”形式存在的相对的社会自治，使得家庭、族群具有双重的属性：它既是集体，在这个集体内部，所有隶属于它的个人都秉持集体相似性而活动、生活；它又是个体，以个体的名义争取其在更高层次的集体中的地位、权利和利益。这种情形，至今仍存在于我国的乡村社会和边远族群中。在那里，人们的交往行为笃守家族或族群的习惯，明显地沾染了某种“习惯相似性”，从而体现着家族或族群内的机械团结。但问题尚不止于此——一旦家族或族群的行为投射到其外部，则它们以个体的名义与其他家族或族群展开利益交往和利益竞争。从而明显体现着其家族和族群个性，其交往中也体现着某种有机团结的特征。无论其中的机械团结还是有机团结，都来自相同的规则，即家族内/外部或者族群内/外部的交往习惯。从而习惯对内，具有压制性功能；对外，则具有恢复性功能。

以之来对照个体被结构在组织中的现代社会，则会发现，现代社会中的个体，不仅在法律规制之下成为意志独立的主体，而且也无可奈何地成为“组织人”“单位人”或“集体人”，这令其不但没有克服机械团结时代人的结构和行为方式的相似性，反而通过现代技术更加强化了人的相似性。对此，在马尔库塞的笔下，被描述为“单向度的人”：“在这些情况下……社会的政治需要变成个人的需要和愿望，它们的满足刺激着商业和公共福利事业……”“……当代社会的力量（智力的和物质的）比以往大得无可估量——这意味着社会对个人统治的范围也比以往大得无可估量。我们社会的突出之处是，在压倒一切的效率和日益提高的生活水准这双重的基础上，利用技术而不是恐慌去压服那些离心的社会力量。”①

① ［美］赫伯特·马尔库塞：《单向度的人·导言》，刘继译，上海译文出版社1989年版，第1~2页。

在我看来，马尔库塞这一振聋发聩的论断，其实也可看成对机械团结和有机团结这种略显机械划分的提醒。事实上，迄今为止，人类社会并不存在一种完全的有机团结，最多只存在一种半有机团结。放眼当下，托夫勒当年预言的那种自治的“电子家庭”似乎成了我们生活的现实，但与此同时，我们的每一封电子邮件都可能被拆展在“电子大家庭”监管者的眼前。自由越来越被人们接受，但“社会帝国主义”监视自由个人的眼睛也越来越敏锐、越毒辣……我们仍无可奈何地生活在习惯或新习惯的半有机团结的社会秩序中。

本期刊出的论文，尽管不直接涉及这一话题，但又无不对这一话题以注脚。

本文刊于《原生态民族文化学刊》2016 年第 3 期

民间法与法律的社会认同（上）

——“民间法与法文化”专栏主持人手记（二十）

多年前，江苏省姜堰市人民法院[1]所依法处理的彩礼纠纷案件，经常遭遇双方当事人不满而上访闹访、讼累不断、收效奇差。如何找到能被当地民众认同的纠纷处理方案？在探索中法官发现，原来我国现行法律的一些规定，和当地流传已久的彩礼纠纷处理习惯或背道而驰，或差之甚远。因此，法院设法积极引入当地习俗调解类似纠纷，其效果居然是再没人因此而上访闹访。以此为例，2008 年我在英国威尔士举办的一次国际研讨会上发言，没想到该发言在小组中引起很大反响。会后来自不同国家、不同肤色的学者把我团团围住，甚至追到我返回宿处的路上，畅谈在亚非拉澳不同洲、不同国家所存在的类似问题。为此，闭幕式上，会议指定我为闭幕阶段唯一的大会发言人。这一经历，不但于我个人而言是十分独特的，而且也凸显了相关话题及问题的重要性：法律如何获得社会认同。

---

① 2012 年 12 月，经国务院以及省政府批准，撤销县级姜堰市，设立江苏省泰州市姜堰区。

任何法律，不是为了某种完美无缺的乌托邦理想而制定，而是为了让日常交往中的匹夫匹妇、贩夫走卒、文人士子、官宦达贵都有一个基本的行为预期：何种行为是许可的，何种行为是禁止的，何种行为是任意的……并且法定的预期和他的生活经验不会相去甚远。如果法定的预期过于远离生活经验，其结果不是、也不可能是人们认同法律。他们习以为常的生活经验、世代相传的交往方式、发自内心的认同准则不被法律所认同，反而要他们背弃其生活经验、交往方式和认同准则，去认同那种陌生的、与其交往行为和日常生活八竿子打不着的规范，这于情于理，都难圆其说。出自并高于人们生活经验的法律，才能给人以确定和确信的预期；背反人们生活经验的法律，不但不能给人们以预期，反倒使人们的预期错乱。

但曾几何时，法律背负了太多的人类理想：法律是以国家的名义来命令、推动并组织人间秩序的规范体系，至于国家在推动这一规范体系时所依凭的根据是什么，人们则往往或敷衍塞责，或彷徨莫论，或罔顾左右。结果是本来用以把那种乌托邦理想拉回到现实世界的法律，反倒担当起了乌托邦的大任：法律不再是稳定成熟的社会关系和社会交往秩序的技术工具，反而成了担当一切改革大任，并借此通往理想之境的目的指向。这样一来，法律就像悬于夜空中的月亮，虽然清澈晶莹，美妙绝伦，朗朗高挂，令人着迷向往，但毕竟又上不着天，下不着地，水天迷蒙，叫人无所适从。迄今为止，法律仍被视为推动社会变革的一种理想以及和此种理想勾连的技术工具，因此，法律不但无以担当基本社会预期，反而常常冲决既有社会预期。可见，在法律为改革服务、为开放护航，而不是法律服务社会、保障日常的意识形态中，虽然它获得了一个好听的名声，拥有了一种好看的镜像，但它无疑仍受权力支配，从而是权力的婢女；仍受政治决定，从而是政治的工具；仍受压力指使，从而是压制的机器。所以，它不是、也不可能是自治的或回应的规范预期，因而也难以获得社会认同。

法律的社会认同，自然是法律行之有效的基本前提，一旦其背离社会需要、乖违公共常识，一味追求创造，笃信拿来主义时，所谓法律的社会认同，不过是乌托邦的理性情境。在实际的公共交往中，无论民间，还是官方，无论法治的热情鼓吹者，还是法治的消极应对者，所做的日常工作，不但不是处处合乎法度，反而是处处违反法律。例如，当一些非常具有法治情怀的人为一例明显具有争议，正在审判程序中的案件当事人而奔走呼号时，另一些同样具有法治情怀的人则会鄙夷地说：口头强调法治，实则扰乱司法，蛊惑视听。反之，前者对后者的攻击，则是面对司法不公而麻木不仁，何以奢谈法治？为什么会如此？一言以蔽之，因为人们的法律和法治认同错乱。因此，法律要获得社会认同，理应清理那种鄙弃传统，一味革新，无视生活，崇尚日新的意识形态，在注重汲取人类一切有益的法律和法治经验的同时，一方面，也须重新打量既有社会规范、特别是民间法的现实有效性；另一方面，即使对拿来主义的法律和法治经验，也理所当然应置于既有的文化传统中加以考量斟酌，而不是企图以其取而代之。企图以拿来主义理想全然取代既有生活和交往规矩，又要求人们认同它的想法——这理想是崇高的，但其效果是有限的。反倒是把拿来成果搭架在既有生活和交往规矩基础上的举措，每每是法律获得社会认同的基本门径。

阅罢本期刊出的王林敏的《论藏区司法权威的认同困境及其消解——从赔命价的运作切入》，李义辉的《关于民间法对非物质文化遗产保护的思考——以非物质文化遗产传承人为契点》和郭茜倩、刘国新的《少数民族村庄"礼法结合"治理模式及其启示——以贵州毕节大方县兴隆苗族乡菱角村为例》三篇论文，这一收获愈益丰盈。

本文刊于《原生态民族文化学刊》2016 年第 4 期

民间法与法律的社会认同（下）

——“民间法与法文化”专栏主持人手记（二一）

法律之基础在社会，国家法律绕不开社会习惯，这似乎是众所周知的常识，也是长期以来我国主流学说之基本坚持。但在“法学圈”内部，那些从事习惯、习惯法、民间法，进而研究法人类学、法社会学的学者，不过是些边缘人物；他们的学术产品，对法学而言，也属于所谓“小众”之列。例如，一份对目下吾国法学院的调侃性评论中，在提及某著名大学某教授的习惯法研究时，直呼其“沉浸于小众的民族习惯法”。可见，在“正宗”的法律人心目中，这样的研究虽也是学问，但难入主流。其实，这种情形，不仅在我国法学界是如此，在国外、特别在西方法学界，也是一样。易言之，我国法学界同仁们的上述观点，不过是西方法学界传统观点的舶来品而已，也是现代社会分工、进而现代学问分工的副产品。

但即使如此，众所周知，以“活法”和“行动中的法”为研究路向的社会学法学（或法社会学）研究，仍是世所公认的法学研究之三大主流学派之一，并且正是它和价值法学的存在，在不断矫正着实在法的事实不足和价值缺陷，其功能至少不比在技术视角为修正和调整实在法提供方便的分析（规范）法学逊色。正因如此，在法治国家尽管规范法学主导着法学“专业槽”，可法学的其他研究领域并未退出法学格局，反之，这些领域的法学研究，不但强有力地支持或影响着法治，而且深刻地影响和启迪着规范法学本身的反思、修正和完善。

这正是在世界各国知名法学家的笔下，往往对习惯和习惯法予以格外关注的缘由。也因为如此，包括习惯法在内的民间法研究，如何敞开其研究视界，不把目光仅仅投注在国内的相关研究成果，而且以博大胸怀关注国外的相关研究动态，是这个研究领域的学者们尤应关注的话题。因为和法学的其他领域相比，我国的习惯法研究所缺的，正是相关理论的比较和提升，无论在实证方法上，还是在习惯法的学理上，都需借助比较研究而升华其学理内容。

在这方面，我国有些学者已开始关注国外的相关研究，特别是人类学家马林诺夫斯基、霍贝尔、格尔茨和法学家萨维尼、梅因、埃利希等人的相关作品迻译为中文以来，对我国习惯法研究的影响是明显的。这些年来，张晓辉、张冠梓有意识组织一些年轻学者研究、翻译西方法律人类学和习惯法研究的著作，后者还对国外知名的法人类学者进行访谈，已收获不少成果。但不足的是，上述译介及研究，皆集中于法人类学，专注于专门研究习惯和习惯法的学者及其作品，而对其他学者的相关论述关注尚不够，甚至缺乏自觉关注他们的意识。

可事实上，对习惯和习惯法的论述，远非法人类学、法社会学或社会学法学的学者们之专利。作为人类秩序构造的一种原生的、普遍的、重要的资源，习惯不仅被法学界所普遍关注，也被经济学界、社会学界、人类学界、历史学界所特别关注。其中“非正式制度”“小传统”“地方性知识”以及“野史”等人们耳熟能详的概念，就是这些学科的学者对习惯以及与习惯相关的社会事实之学理概括。法学家之于习惯的关注，实在是天经地义，哪怕是那些坚持国家法至上，轻视甚至否定习惯对法律的作用，进而否定习惯之社会作用的法学家，如规范法学的鼻祖奥斯丁、当代代表拉兹等，也对习惯和习惯法有过精彩论述。

所以，对国外学者有关习惯和习惯法研究的关注，不能仅注目于那些专门家的论述。对那些虽未以长篇大论论述过习惯和习惯法，但于其学术体系的建设而言有重要影响的有关习惯与习惯法的点滴论述，亦不应错过。这才是真正敞开习惯研究之视界、并全面审视习惯研究的应有态度和基本作为。否则，习惯研究的视界，依然是半开半闭的，而不是真正敞开的。

基于此，2016 年年底，在我的“法学学习与研究方法”这门课程结课后，我给中南大学法学院的博士生们布置了一份主题控制、内容自选的作业：每位学生分别就美、英、德、法、澳、加、日、韩、印及北欧、我国台湾地区学者关于法律与习惯或习惯法的论述做一综述。其中像英美、德法等相关文献资料较多的国家，还可以分段综述，也可以就某一法学流派，甚至某一法学家的相关论述做综述。2017 年年初，阅过学生们交来的作业，发现其中有几篇写得较为认真，便吩咐作者们继续修改、充实、完善资料，并拟借《原生态民族文化学刊》推出这几篇文章。

本期推出的，就是这些课业中的三篇论文，分别是余地的《日本法学家论习惯与法》、武暾的《20 世纪美国法学家法律与习惯观念初探》和姚锋的《德国的习惯法及我国法学学者的评述》。这些选题，都是些可长可短的项目，作者们要在万字左右的篇幅内完成这样的作业，必须去粗取精，其难度可想而知。故这组稿件，只是为相关研究抛出了引玉之砖。本专栏期待能有更为扎实的相关论文。

本文刊于《原生态民族文化学刊》2017 年第 1 期

地方立法的日常生活取向

——“民间法与法文化”专栏主持人手记（二三）

如果说“法律是公平正义之术”，从而是有关公平的理性设计和表达的话，那么，其必须立基于人们的日常生活而展开，因为所谓公平正义，不是出于人们闲情逸致的审美情趣，也不是远离人们现实需要的学术理想，而是出自人类交往中最原始、最朴素、也最基本的生活需要及其情感。说它最原始，是因为人与人的交往及其比较，实质上即“你”“我”权利、义务的交往和比较，哪怕“人比人，累死人”。在交往之比较中，自然萌醒了人的主体意识和公平要求。说它最朴素，是因为表现自我、张扬个性、不甘人下，寻求交往规则的公平，乃是人类自然本性的表现。一切当权者，都要竭尽全力或通过教化，或通过强制泯灭人的此种本性，但无论如何，都不能、也不可能完全泯灭。只要有比较，“王侯将相，宁有种乎”“无人不均平，无人不饱暖”“不分种族、肤色、语言、文化、信仰，所有公民在法律上一律平等”的朴素要求就会自然呈现。说其最基本，则在于一旦社会失去公平正义，人际交往势必变成权力压制，它不再呈现主体间性，反而是赤裸裸的压制、剥削和对人的客体化支配，它意味着人的主体性被遮蔽，意味着社会“交往”不但无助于人的伸张，反而使人矮化。

因此，立法乃至一切法律活动对于公平正义的关注，归根结底是关注人们日常交往的生活需要。取法生活，成规订制，乃是立法的题中应有之义。这种生活取向固然离不开吃喝拉撒、柴米油盐的物质生活，离不开苦思冥索、吹拉弹唱的精神生活，但有规矩、有秩序且能导向公平的日常生活，仅此还远远不够，还必须把物质和精神生活中的一般需要，即一般规定性加以升华，体系化为一视同仁、公平竞争的制度。这样，制度就不仅是一种理性设计，而且本身属于人们交往行为中须臾不可或缺的生活内容。否则，物质和精神生活的安全、安定、公正便无所预期、无所依托，并因而无以进一步形塑、创造和壮大公平正义的物质和精神生活。可见，一方面，立法为人们的交往行为和日常生活铺设运行“管道”，创造秩序框架；另一方面，立法必须关注人们物质和精神生活中的规定性、一般性，并从中发现立法的事实根据和社会基础。否则，立法一旦远离人们物质和精神生活的规定性，即使其行文再周备严谨，规范再条分缕析，于人们的日常交往而言，只是华而不实、无所裨益的物事。

如果说日常生活取向是立法的一般要求，是立法以生活中公平正义为旨趣的一般选择的话，那么，对于地方立法而言，这一结论就尤为适用。因为和国家立法相比较，后者在全球化进程中毕竟肩负着如何体现人类法律的普适性和一般性的问题，从而如何拿来、如何移植域外的法律是其不得不特别关注的问题。在此意义上，近、现代以来任何国家的法制现代化，很大程度上就是在保障国家主权的前提下，如何尽量和通行于世界的法律保持一致，以方便参与全球交流、参与全球化进程，从而尽量使其法律西方化、全球化的过程——尽管在这一过程中，保存民族法律文化的既有成果，绝非点缀。但前者——一个国家的地方立法却主要不是出自适应全球化要求的考量（尽管它必须贯彻国家法律全球化的基本意旨），反而出自对一国各地方人民生活和交往规范之地方性的关怀；出自对法律以及法律背后的日常生活规定性的关注；出自对各个地方的主体们交往中如何确保其交往生活的方便性、习惯性和有效性的关照。特别对于一个大国而言，既需要国家统一的法律以审时度势，以参与国际合作与交流，也需要各个地方的法律以照顾地情（地理环境、文化传统、交往方式、纠纷处理机制等），在我看来，这正是地方立法存在的最重要的理由，也是国家赋予地方立法的基本宗旨之所在。而恰恰是这一理由和宗旨，使得地方立法更具有日常生活取向（而不是迎合某种普适性的理想）的现实性，从而也使得习惯法、民间法等在地方立法中更具有现实参照性。

本期刊出的三篇文章，分别是严琼湘的《澳大利亚法学家论习惯与法律》（该文乃是本刊 2017 年第 1 期刊出的 3 篇专题文章的后续系列文章之一）、谢开键等的《习惯与国法的角力——以龙映姜、杨翠桃争产案为中心》和张阳阳的《清代黔东南契约习惯法与国家法的冲突与调适》。从题目可知，它们都不直接涉及上述话题，但作为以民间法和法文化为选题的研究成果，其在法制建设中的意义，除补充国家法本身的不足外，还在于为国家法，包括一国的地方立法提供源源不断的、已然存在的日常交往和生活——物质、精神交往和生活的规定性。对地方立法而言，对这些现成的规定性漠不关心、熟视无睹，只能让立法事倍功半；对这些现成的规定性倍加珍惜、援习为法，则会让立法事半功倍。

本文刊于《原生态民族文化学刊》2017 年第 3 期

革命思潮与渐进秩序

——“民间法与法文化专栏”主持人手记（二四）

近代以来，因异族文化的外向挑战，作为数千年来基本处于内生状态的吾族文化，再难以悠游从容地以不变应万变，以墨守对挑战。于是，竭尽心力、耗时费工地谋划形形色色的应对策略，就是仁人志士们为之奋斗的重要事业。在林林总总的各种应对策略中，借“文化—思想以解决一切问题”的“文化—思想中轴变革论”和借“革命暴力以解决一切问题”的“暴力革命论”，总是在每一次社会变革的紧要关头，都能俘获人心，且自表面看去，收获颇丰。这两种主张的结合，即所谓的“文化革命”。自“新文化运动”伊始，一直到当下，“文化革命”理念不但深入人心，而且替代古老的传统，形成一种“革命新传统”。这种“革命新传统”辅之以飞速发展的科学技术，更强化了“文化革命”的合法性。人们在交往行为中，生怕其行为举措或思想主张是落后的、不合时宜的、与“革命”是有距离的。

固然，这种积极入世的“文化革命”理念，致令人们总是想立于时代潮头浪尖，做革命的弄潮人或赶潮人，甚至因此不惜代价地参与破坏一切既存的文化秩序，在一张白纸上书写最新最美的文字，描摹最新最美的图画。然而，“文化革命”的情怀，在给人们树立了一种美妙的理想图景的同时，也诱致人们陷入文化虚无状态。回望过去，似乎除了空空荡荡的体验，就再无其他任何值得留恋的物事。既有的文化存留总是有碍观瞻和行为的，故必欲彻底荡涤而后快。在这方面，无论号称左派的激进主义者，还是号称右派的“自由主义者”，可谓是暗通曲款，无所暌隔。对此，从前有鲁迅的“汉字不灭，中国必亡”和钱玄同的“废孔学，不可不先废汉字；欲驱除一般人之幼稚的、野蛮的思想，尤不可不先废汉字”可作对比；如今，则照例有形形色色的“左”派教主的文化革命主张和右派清流的文化变革立场可作对比。一言以蔽之，在对待渐进的文化秩序问题上，吾国之主流是“左”派，右派则委实稀罕得很！

然而，这种罔顾生活实践、未经生活过滤的革命主张，在绘制了一幅美妙的文化秩序图景的同时，却浑然忘记了所有文化秩序，本是积累的产物，是人们生活经验的自然结果。暴力革命、打倒重来固然不失为实现美妙文化图景的方式，但如果把革命、打倒视为人们交往行为之常态，并刻意塑造一种“革命的传统”，则必然意味着现世秩序的呈现和维系，只能是美妙无比的乌托邦。因为革命的本性就是要摧毁现有的秩序，而当革命成为所谓传统时，则任何秩序都是革命锋芒所向的对象，于是，“革命，革革命，革革革命……”就往复无穷，乃为常态。可见，所谓秩序云云，在“革命传统”视野中，只能是一种奢侈的痴心妄想。这种情形，反证了秩序的真正面向，不是疾风暴雨的革命，更不是经由革命所形成的“革命传统”，而必须是渐积渐累的文化传承或继承。尽管这种传承或继承与文化开放并不必然冲突，但也绝不意味着在失却了自身文化根性的基础上，会建立起一种独立、自信的“主体性文化”。毋宁说，其不过是一种文化殖民，是种舶来的“继受性文化”。正因为此种传统是文化殖民的、丧失了自我文化根性的，因此，“文化革命”的理念就更容易借此而扎根成长。

曾几何时，在法学界有过法律有无继承性问题的论争，有些学者（如杨兆龙），就因为坚持法律的继承性而受尽磨难。如今，那种缺乏基本常识的否定法律继承性的说法已不复存在，但这并不意味着在“文化革命”传统下所形成的否定渐进秩序的思维定势便不存在，反之，在种种革命或其变相表达——改革思想的感染下，在只有革命—改革，才表现并表达着进步思想和进步行为的理念诱导下，需要渐进的秩序反倒被人们普遍忽略，人们更习惯于激进的、打破秩序框架的思想和举事方式。这对法治秩序的形成和维护而言，显然并不是什么福音，而对于民间法研究以及借此研究进而寻求在文化渐进基础上的秩序生活而言，其掣制之甚，更是可想而知。这或许正是民间法研究一直被我国法学界所忽视，甚至鄙视的原因。

但无论如何，“理想的事实”总是无法替代“实践的事实”，反而经常被“实践的事实”所修正。即便在这个盛行“文化革命”的时代，渐进的秩序仍在人们的日常交往生活和秩序中施展其无可替代的作用，并修补由革命所带来的后遗症。本期刊出的三篇论文：王斐弘的《敦煌雇工契约研究》、孙洋的《镜像中的初民社会——以法律人类学为视角》和余浩然的《习惯法生态价值的发展人类学研究——以建始县白云村土家族习惯法为例》，虽然与上述题旨并不直接关联，但都或多或少地诠释了本文之宗旨。透过这些文章，读者不难理解一种社会秩序的维系，与文化（乃至政治、经济）之渐进间的内生、互助关系。

本文刊于《原生态民族文化学刊》2017 年第 4 期

民间法研究的知识与智识

——“民间法与法文化”主持人手记（二五）

拙文《规范层次与秩序构成》（刊于《甘肃政法学院学报》2018年第2期）见诸网络后，牟利成博士和我有如下对话，有些意思，照录如下：

牟：谢老师好！您的《规范层次与秩序构成》一文读来深受启发。但同时总觉得您在规范和秩序构成的逻辑技术关系上处理“不顺”。仔细想来，您把功能目的关系当成了因果关系了。这种处理让规范与秩序构建的真实逻辑关系变得模糊不明了。也许不对，仅供谢老师参照！

谢：你说的很对！我是从事实角度出发探究该问题，尚未涉及功能——目的关系，仅仅涉及因果关系。特别对行动的规范和语言的规范这种“自发性”的东西而言，谈功能尚可，谈目的勉强，谈“功能——目的”也一样。

牟：老师，明白并受教了。但一种关系一旦被从万千事物中抽出后，是否还只是“事实”？行动和语言的“规范”也许可作为事实性描述，但把行动、语言与社会秩序构成之关系仍看作事实性问题加以处理是否妥当呢？

谢：这个你说的也很对，但这是另一个话题，主要基于“结构——功能”关系（当然，广义上讲，它也是一种事实，即“制度事实”）。论题及篇幅所限，该文无以展开。感谢你提醒了我，在下一个主持人手记中可把这个问题略微展开一下。

牟：民间法和民间秩序关注“自然”，但我感觉其目前最应对话的是“权力”。如何破除大小传统那一不可破除的困境应是理论核心，尽管此议题已经“陈旧”，但其所以“陈旧”不是因为其已经被跨越，而是因为被认为找不到出路而放弃了。直面实证主义法学的“命令”，不时以儒家精神戳其“痛”处，而不是以道家方法回归自身才是民间法之方向。另，民间法太关注自身的功能性是种作茧自缚，这致使其目前缺乏和主流观念对话的理论通路。很佩服您十几年一直专注于民间法，但看到它在狭处求生也很着急。对话的理论通路打不开，民间法一定会继续举步维艰。

谢：是，民间法及其秩序的研究不是倡导因任自然，而是强调社会主体，尤其是权力主体利用、运用、根据自然的命令设计人为的命令，从而以自发秩序为基础，迈向自觉秩序。当然，也关注这种规范及秩序能成长为对权力恣肆足以构成积极制约的社会力量。你用儒家和道家的隐喻来说明民间法研究的功用及路向，很有意思。相关研究其实在我国法学界已经得到了回响，在我国社会学界、人类学界，它本身就是主流之一，这就不错了。还有，当代中国学术都是相关好家们的“闭门造车”，也是我国当下学术之通病，非独民间法研究如此。

牟：老师：我的意思是如若民间法关注对权力的制约那也应将重点放到理论而不是现实功能发挥上，这样慢慢就会打开一个理论对话通道。民间法现在没找到理论对话点。我认为您占据了一个非常好的理论域，但目前这个域被隔绝了，原因是缺乏理论通道去和另外的域对话沟通。您完全有能力开此通路的。学生一直期待！

谢：你说的这个对话点确实很重要，需要严谨、系统地探究。我把近期的事情完成后，将会专门就此事做些系统梳理。你也可以就此发力，我们共同攻关。

读者不难发现，我们的如上对话涉及民间法研究两个向度的问题，其一，该研究如何从事实（然）到原因（所以然），这是对民间法之事实的知识化过程，它要求人们改变“百姓日用而不知”的情状，在知识层面审视民间法及多元社会规范如何结构、组织社会秩序的机理、过程和实践。其二，该研究如何从对其与社会秩序间因果律的知识性总结，深入人类如何运用此种知识，更好地安排社会交往秩序，制约权力膨胀与恣肆，保障以人权为目的的主体交往，进而使这种研究从知识转升为智识。因此，这是对民间法知识的智识化过程。至此，读者不难发现民间法知识和民间法智识的基本区别：前者是实然导向的，后者是应然导向的；前者是事实的探究，后者是价值的探究；前者是致学的，后者是致用的。两者的这些区别，已然昭示着这一问题不是这篇小文足够展开论述的。诚如我在对话中所言，这需要认真、严谨的系统性论述。本文只是引出相关话题，供感兴趣的同仁们朝相关方向努力。

本期刊出的三篇论文，分别是王勇等的《黄土高原、军民生产与“最优合约”——从“井田之谜”切入》、陈寒非的《乡村治理法治化的村规民约之路：历史、问题与方案》和高中意的《论民间法结构于司法过程的方式》。三篇论文尽管仍主要是对民间法安排和构造秩序的事实—知识性探究，但同时都自觉不自觉地涉及民间法如何缔结、约束、构造、协调秩序的知识—价值追求，因之也涉及相关研究迈向智识的话题。特别是王勇等的论文，把相关的事实——知识升华为一种宪制理念予以解读。无论这种研究是自觉的还是不自觉的，论者们的阐述，对本文所提出的问题而言，显然是一种逐渐的切近，而非疏离。

本文刊于《原生态民族文化学刊》2018 年第 1 期

经由民间法的公共重建

——“民间法/民族习惯法”专栏手记（五五）

一直以来，人们辄以集体或国家的名义强调中国特色。表面看去，这是一个公共性特色极为明朗的表述。但那种借用高压权力和意识形态教化所捆绑的公共，稍微遇到能够松动它的风吹草动，就会四面楚歌，公共不再——因为这种公共，只与当权者的利益攸关，而与普罗大众的利益脱钩。因而社会转型中我国所遇到的重大难题，就是公共缺失和公共重建。

公允地说，公共缺失，并不是共和以来出现的新问题，也不是改革开放以来产生的新情况，而是自从“五四”以来就日渐呈现的新危机。随着旧道统——孔家店的被打倒，维系国人公共精神的新思维、新道统迟迟未能建立。我们“善于破坏一个旧世界”，但并未如其所愿地“善于建设一个新世界”。反之，被滥用的自由追求带着自由主义的面具，颠覆自由的本来精神、推销一种伪自由——人人都想摆脱秩序制约、公共担负的自由。放眼当代中国的社会现实，权力阶层错把权力当自由，终致权力私化，导生大面积腐败；权利主体仅仅看重权利所得，对和权利同生共长的义务则要么无视、要么规避。因之，公共性荡然无存。

在一定意义上，公共性既是私人性成长的必然伴生，同时也是对私人性的基本节制方式。伴生关系表明：没有私人性的公共性缺乏基础，恍如空中楼阁，基础不牢，地动山摇，终成为权力吞噬社会的方式，命令俘虏自由的手段，伪公共支配和掠夺私人权利的技巧。所以，凡是私人性缺席的所在，必然也是公共性消失的地方。在私人性缺席的情况下如果还有所谓公共性，那一定是挂羊头卖狗肉的，一定是假借公共性名义，而对社会以无端的控制。所以，纯粹的私人性不存在，则纯粹的公共性也不可能。

公共性对私人性的节制方式表明：尽管建立在主体性和功利性基础上的私人性，是人类以个体方式存在的天然要求，也是人类寻求自由、建立权利体系的逻辑前提。只要世间有多样的主体存在，或者只要存有私人间的交往，就必然决定私人性不仅是自由放任，而且为了私人之间的有效合作，自由放任必须遵循公共接受和交往的限度，必须以人人的自由得以保障为目的，而不是以某个人或某些人的自由得以保障为宗旨。这正是公共性产生之所由。

公共性必然包含着自由，但不限于自由；公共性也必然以个体为基础，但又不限于个体。这就决定了公共的权威来源。公共性的成长逻辑是建立在经验进化基础上的人类需要，是“自由人”的联合方式，是通过社会契约方式所呈现的。所以，一切强权高压的社会秩序在本质上是以牺牲公共性来保障特权和专断。公共性的经验基础既可以是选民的投票和公决，也可以是对不同族群、不同地方既有的规范化公共交往方式——民间法的吸纳、借鉴和统筹。

作为地方性知识的民间法，是地方主体性、地方文化性的规范表达，也是在一个大国构建公共性时必须关注的规范资源。即公共性的建构，只有在寻求“地方性的普适性”基础上方有可能——因为“地方性的普适性”在本质上即自由的普适性。这也是多年以来，笔者笃力倡导和论证的观念，并以之为前提，寻求民间法的“旧规新命”“往俗新任”。对民间法的弃如敝履，只能是对公共性的恣意践踏。

本期刊出的张建的《民间法研究的理论反思——从公共性重构过程中民间法可能贡献切入》和李杰的《论民间法在社会治理中的作用及介入途径》两篇论文，大体上都围绕着民间法的公共职能展开。其中前文借民间法研究如何实现理论提升的话题，直接切入民间法在公共重建、法治重构中的功能，并强调这是民间法研究在学理上得以提升的重要路径。而后文则直接以社会治理这种公共行为中民间法的作用和介入途径为论题，强调民间法对社会秩序和公共伦理的整合功能，主张民间规范、民间组织和民间治理主体三方互动参与的社会治理和公共重建。可见，两篇文章都把经由民间法的公共重建作为中国公共性成长和社会治理的重要资源。

本文刊于《甘肃政法学院学报》2015 年第 1 期

“人以群分”与国家治理

——“民间法/民族习惯法专栏”主持人手记（五六）

常言云：“物以类聚，人以群分。”但“人以群分”的根据何在？却或者不求甚解，或者语焉不详。“群分”的根据或许很多，如性格、外貌、肤色、志趣、职业、语言、风俗，等等。在我国古代，常有华夏、四夷之辨，在文化教养意义上把“中国”和四夷做了分别。近代以来，世界贸易的渐兴和迅速发展，致族群之文化冲突不断搬演。族群或民族的划分也就成了国家治理合法性的重要来源。众所周知，在我国也进行了这样的民族划分，但大体所遵循的是斯大林那个广为人知的关于民族的定义：“民族是人们在历史上形成的有共同语言、共同地域、共同经济生活以及表现于共同的民族文化特点上的共同心理素质这四个基本特征的稳定的共同体。”尽管这个定义并非毫无是处，但它仍未揭示“群分”的最重要的根据。那么，“群分”的根据究竟是什么？在我看来，就是用来使不同人群生活方式模式化的规范。

人本身是规范的动物。在这一判定前提下，进一步的推论是：不同的规范类型是“人以群分”的关键准据。所谓人群自主，实质上就是一定的人群能够拥有自主的交往规范。丧失了交往规范自主化，在一定意义上也就不存在什么人群自主，甚至也销蚀了“人以群分”的事实。可见，即使人们在外形、体格、肤色等外在表现上有再大的区别，但只要不能自主地运用其本来拥有的、贯彻在其语言、书写、信仰、交往中的规范，那么，就不足以构成一个人群。所以，“人以群分”的判准，只能是支持人们交往行为的不同规范。无论这种规范是正式的、还是非正式的，是成文的、还是不成文的，是借助日积月累的习惯表达的、还是借助建构模式的立法所表达的，都可能为“人以群分”提供界定和交往的前提。

自然，不同的人群又往往依赖于一定的组织体而存在，无论是家族组织体、结社组织体、族群组织体还是自发的形形色色的其他组织体，都为稳定的“人以群分”创造着条件，但毫无疑问，组织体本身要以规范为基本前提。失却了必要的规范，组织只能表现为临时性的，进而这样的所谓人群只能是临时的啸聚啸散，而不能实现较为稳定的“群分”效应。

规范不仅是界定“人以群分”的重要前提，而且是国家治理中安排不同的人群生产、生活、交往的基本根据。国家的治理，不是追求整齐划一的美，而是追求有用性的真和被人们如何接受的善。虽然由国家设计的整齐划一的规范也可能会实现一定的有用性，并可能在外力作用下被人们所接受，但它一定是以消磨“人以群分”为前提的。这也是当下人们对现代性的重要反思之一：整齐的秩序如何衔接多样的人群？是在多样的“人群联合体”上建设整齐的秩序（自治性秩序），还是通过单一的权力强制建设整齐的秩序（压制性秩序）？这是如何对待“人以群分”中不可不关切的问题。现代性追求中的致命自负，就是忘却了“人以群分”的事实，其结果是要么压制人性，要么被人性所覆盘。置诸我国，这方面的经验教训可谓俯拾皆是。因此，如何根据“人以群分”的原理安排国家治理，并不是多余的话，反而是我们重新审视国家治理、并真正推进国家治理现代化的必要条件。可见，国家治理，毋宁是寻求某种“规范的联合体”，而不是以一种规范取代其他规范。

本期刊出的宋海彬等的《少数民族教育的民族性与少数民族受教育权保障的国家义务》一文，我以为就是对如上理念的一种具体阐释。“民族性”本身就是对“人以群分”的规范化阐释。国家治理中尊重民族性，也就是尊重“人以群分”的规范基础。本期刊出的另一篇文章是贾焕银的《“民间规范司法运用”辨析》。这是我国民间法研究中的一个重要话题，同时也是本栏目中讨论较为集中的问题。作者在本文中的用心所在，是对“民间规范司法运用”和“民间法司法运用”这两个看似几无区别的命题，在学理上给出了各自的意义空间。其结论是否完善，尚需继续研讨；其严格概念运用的出发点，则颇值推许。

本文刊于《甘肃政法学院学报》2015年第2期

负志以宏大，用心于微末

——民间法/民族习惯法主持人手记（五七）

对眼高手低这个词，人们一般在贬义上使用。在这里，针对民间法的研究，我愿意赋予其另一重意义：民间法研究就是要求有兴趣者负志以宏大，用心于微末的眼高手低的活动。所谓眼高，就是民间法研究理应和一个国家法治建设的整体规划相互呼应，从而民间法研究者理应把其研究看作支持法治建设的理论基础，因此，民间法研究者用不着妄自菲薄，以为自己所从事的志业不过是法学研究中微不足道的领域。借此，民间法研究理应以负志宏大的面目呈现于世人，因为民间法的立场本身是对国家主义立法观的一种纠偏和矫正。当不少怀抱天下之志的学者一方面反思国家主义的不当，另一方面对在立法和司法领域反思并设法矫正国家主义的民间法研究嗤之以鼻时，毋宁说这些学者仍陷入一种国家主义的集体无意识。以捍卫国家主义立法和司法的态度来反思和反对国家主义，即使不是说这些学者变着花样支持国家主义，但至少可以说其反对国家主义的“工具不能”。看不到民间法研究对国家主义立法和司法观的可能制约和矫正，就只能把立法和司法活动拱手让位于国家以强化其权力。

当然，民间法研究者的这种宏大抱负和志趣，不应仅仅停留在宣告性的口号和说教上，而应当通过穿针引线、丝丝入扣的功夫，经过深入扎实、细微严谨的实证，提供足以支持法治自国家主义立场向“社会主义”立场迈进的社会资源。一直以来，人们自觉不自觉地把国家主义视为社会主义，从而只要是国家的安排就当然地符合“社会主义”要求。但事实上，国家主义是“社会主义”的对立产物。国家主义强调对一切公共事务，按照自上而下的程序由国家予以安排，从而社会不过是贯彻国家意志的产物，但“社会主义”强调自由人的合作与联合，只有“自由人的联合体”，才堪称真正的“社会主义”。以此类推，只有充分尊重地方性的国家决策，才符合“社会主义”精神。民间法研究者基于社会实证的立场，对地方的、社团的、财团的以及其他社会组织的交往规范予以实证研究，其直接目的就是增惠于以社会协作为基础的“社会主义”法治建设。因此，只有相关研究者能够保持用心于微末的实证精神和微观研究，才可能增进个人协作、地方协作、社团协作以及法团协作，并进而营造“社会主义”法治基础。

毋庸讳言，在法学的国家主义视角下，法律学术界对民间法研究抱有非议情有可原，毕竟法律学术的出发点是立基于法律规范基础上的“规范性学问”，法学家所从事的事业，主要是以法律为前提的“独断性解释”。而民间法的学术视角，在国家法立场看来，恰恰是有损于“独断性解释”的自由解释。在一定意义上，民间法的研究和自然法的研究一样，是在外部视角提供反思国家法律是否妥当的方案，它们都不一定是国家法的否定者，但它们一定是国家法的反思者；他们的研究不可能取代国家法，但一定会在价值或社会立场上为寻求国家法的正当性提供可能的方案；他们并不必然反对法律的规范研究和“独断性解释”，但它们一定会繁荣对法律的解释从而增进法律学术的提升。甚至可以说，如果没有自然法研究和民间法研究在外部立场对国家法的制约和国家法研究局限的矫正，进言之，如果没有基于“社会主义”立场而对国家法的制约和支持，那么，国家法的合法性问题就必然面临危机；国家法如何因应社会的需要就必然会茫然不知所从，立法就一定是官方委托学者们做的“房间作业”。

本期刊出的姜世波的《私力惩罚的空间：基于国际足联诉马图扎伦（Fifa V. S Matuzalem）案的思考》和席婷的《甘肃民族地区多元纠纷解决机制及成因探析》两文，分别基于国际习惯法和民族习惯法的立场，对据此解决纠纷的活动或以个案分析方式、或以类型化分析方式予以阐释，让读者从中体味到纠纷解决的多元存在及国家法对此予以同情对待的必要。否则，国家法对之横眉冷对、移风易俗，其能否奏效不说，但国家法自身因此而走向“致命的自负”，是大体上可以肯定的。

本文刊于《甘肃政法学院学报》2015 年第 3 期

规范纠纷解决方式何以如此重要

——“民间法/民族习惯法专栏”主持人手记（五八）

作者按：此文写就于2015年7月17日并寄给《甘肃政法学院学报》。7月24日，文中提及的那位“一揽子解决方案”的鼓吹者就被调查了。诚然，他的被调查与这种鼓吹未必有直接关联，但作为主管“政法”的高官公然蔑视法治、糟蹋程序，为当局的非法举措公开招魂，其所依赖的行为路径决定了其迟早会、也必然会自食其果。

可以认为，人间的所有规范，无论是技术性规范还是制度性规范，都是因着防范纠纷的需要而产生的。而在这种防范的背后，却深嵌着人们利益的冲突。任人类如何布置严谨细密、包罗万象的规范，都无法避免因为利益所生之纠纷。所以，人间规范不但要防范纠纷，而且要直面纠纷：一旦纠纷产生，必须能得到既有规范的回应，或能借既有规范以救济。

可一直以来，“运动治国”的思维惯性、“革命逻辑”的斗争传统以及“说服教育”的“道德”经验，对借助规范以解决纠纷都抱有相当的排斥和戒备立场。此种情形加之“家丑不可外扬”

“争讼结怨”等传统观念的影响，导致借助规范以公开地解决问题，或者是对“组织”权威的怠忽和蔑视，或者是对纠纷影响的“放大”。这样一来，自表面看去，我国公开的社会纠纷似乎十分罕见，但实质上，既有的纠纷被“组织”软硬兼施地“解决”在非程序、非法律的作业中。其结果不但没有真正解决纠纷，反而在潜移默化地制造更大、更多的纠纷。

此种对待纠纷的态度，一直延续至今。在这个倡言法治的时代，一些主管法律工作的官员仍然对通过诉讼和法律来解决纠纷，抱着强烈的批判和否定态度。我就曾在一次全国学术会议上，亲聆某官员以三鹿奶粉案和汶川地震为例，由于不同的立场，对法学学者们、律师们鼓动受害人通过诉讼途径解决纠纷的方式颇有微辞。并以所谓“小技”来蔑视、抨击这种纠纷处理方式，是给政府找麻烦；与此同时，讴歌责任不分、是非不明、规范不清、党政大包大揽的所谓“一揽子解决方案”，并认为它才是纠纷解决的“大道”。这足以表明，有少数人还没有形成严格利用规范处理纠纷的基本习惯，仍然愿意把一切事无巨细的烦恼、痛苦“由自己扛”。

然而，如此对待纠纷解决方式的非规范态度，即使表达了一些人的担当精神，但在这种担当的背后未必一定是社会和民众的接受，也未必符合现代社会治理的一般精神。之所以如此，在于此种处理方式对是非的刻意模糊，对责任的人为剪裁，以及对款项支出的随意草率。在实质上，它不过是非规范地应对纠纷的暴力（所谓大批判）或软暴力（所谓思想教育）强制。匪夷所思的

“一揽子解决方案”，以牺牲纳税人利益、放纵责任人担当为代价来抹平是非曲直、平息纠葛争讼、维持表面稳定。对不明就里的人而言，这似乎表现了一个国家、一个社会的和谐，但实质上抛弃既有规范来处理纠纷，毋宁是对文明社会之基本原则的放弃。

规范交往是文明社会人际关系的基本方式。但即便是规范交往，也免不了人们之间会因利益、价值以及看问题视角的不同而产生纠纷。对此，逻辑一致的处理机制毫无疑问仍只能循着既定规范做处理。这样处理既省力省时，也收工收效。否则，就只能因为纠纷处理标准的多样性、易变性、过于弹性而被人们所诟病。特别是随着市场化、多元化和民主化的发展，随着个体主体性的日益成长，那种抛却规范、大包大揽的纠纷抹平方式，既不可能获得当事人的待见，也不可能获得社会其他公民的待见，其结果只能是出力不讨好、见工不见活。你不能坚持规范的、公开的、统一的、公平的标准，还要别人服从你，哪里有这样的便宜事？国内眼下层出不穷的拆迁纠纷、土地征用纠纷等，之所以往往从纠纷酿成“事件”，缘由恐怕就是在纠纷处理中规范的匮乏和纠纷处理结果的随意所导致的吧？

本期刊出的两篇论文都与纠纷解决相关。王丽慧的《结构转型：乡村调解的体系、困境与发展》一文，认为保护型调解（村社调解）、维控型调解（行政调解）和裁断型调解（司法调解）已然构成乡村调解之三角，并强调这种调解体系应有的规范—法律依赖。魏晓欣、李剑的《宗教权威型纠纷解决机制的运作实践——以西部少数民族地区为例》一文，透过对宗教权威在我国西部地区纠纷解决中作用的调研，主张“在多元化的权威或规范之间，引导、合作与对话始终是明智的选择。”我要说的是，即使调解作为一种司法之外的非正式纠纷解决机制，也理应有规则至上的基本操守。否则，人们何以会把其利害交由调解去决断？

本文刊于《甘肃政法学院学报》2015 年第 4 期

政府治理与社会治理

——“民间法/民族习惯法专栏”主持人手记（五九）

一个国家的治理，不是政府所能包办的，这是近代以来国家治理的常识。即使现代科技的发展及其提供的方便，足以让政府的管理更为便捷、更有效力、更棋无对手，但现代国家的政府仍然自觉地按照宪法的约定而谨守其权力边界，不越雷池一步，防止权力失约所导致的全能政府对社会事务的僭越和侵夺。这业已表明，政府治理不是国家治理的全部，仅是国家治理的一部分。如果政府不能完全放手把社会的事务交给社会，也不能着力将政府分内的事情认真办好，那么，由政府出面的治理，难免任性和恣肆，同时，也是对社会智慧的人为遏制。这或许正是改革开放以来，我国政府不断放权的缘由。

但政府放权之后该怎么办？是不是从政府分流出来的那些社会事务就应放任自流？这是一直以来困扰我国治理的头等问题。古有所谓“天下大势，合久必分、分久必合”的规训，今则有所谓“一统便死，一放便乱”的难题。这样，就势必形成我国治理中的基本问题：“分的恐惧”与“合的难题”。所谓“分的恐惧”，在于自古而今，吾国一旦遇到“分”之事实，必然遭遇

"白骨露于野、千里无鸡鸣"的悲惨境况。人们很难把由"分"所带来的活力转化为有力有效的自治与合作，结果是无序竞争、恶意排斥，人人自危、无不恐惧。而所谓"合的难题"，则在于在上述情形下，人们的合每每依赖于高度集权的政府，而不是自治主体的自觉自愿，其结果只是涂尔干笔下的"机械团结"，而非"有机团结"。

造成这一切的根本缘由，一方面在于社会合作和自治的匮乏。这源于政府曾经根深蒂固地渴望如保姆般对社会和公民事务无所不能的包办。它既让人们找到了一个温馨的港湾，找到了可以包办百事的"父爱"，进而养成了公民和其他"社会主体"的惰性：离开了保姆的喂养和打理，公民及其他"社会主体"则举手投足无所适从。它也让政府在行使"父爱"之温情的同时，渐趋于专横和暴力：对所有"社会主体"的自治不忍放手，生怕放了手这些主体就跌跤栽跟头。这两个方面的合力，导致即使政府放了权，社会合作与自治的自觉也迟迟难以形成——更何况不能让社会主体精神自治的政府放权，要实现社会的自治与合作，无异于你安排，我自治。

另一方面在于对社会合作和自治的规范保障不足。无论政府放权于社会也罢、政府直接管制也罢，都没有被上升为法律和法治的自觉，因此政府的放或者收就失去了法律的凭证。人们不能透过公开透明的法律对放权后的未来作出准确的预期。如此一来，即使放权之后，社会主体也不敢据以自治合作，而最多把它当作一种可以钻钻空子的"机会"。把握住了机会，算是捞到了一些好处，没把握住机会，只能归罪于自身的胆小运气差。因之，缺乏定于一律的法律，就不可能培育社会的合作与自治。而没有社会的合作与自治，政府治理与社会治理的区别，政府守则与民间规范的界限就始终模糊不清，政府运用强大的集聚性权力对社会的干预、控制和包办，就是一位习以为常地包办儿女事务的父亲所经常表现出来的那种心理态度和行为取向。民间法对社会治理的自治功能也就或者纸上谈兵，或者困难重重。

上述种种，都表明政府治理和社会治理是两码事。政府既然着力于放权，就必须通过国家的立法规定政府与社会各自的治理边界，使政府能够治得其所，使社会得以充分自治，把诸如言论之类的治理责任交由社会主体去自治，既让政府减负减压，也增强社会主体的应有责任感；既发挥国家法律的应有作用，也在体制上保障民间规范能真正有所用场。本期刊出的周俊光的《论法治进程中民间法与国家法的二元并立》和苏洁的《略论国民政府时期国家法与习惯法的冲突与融合——以西康司法改革为视角的考察》二文，皆着意于对社会治理中民间法与国家法关系的考察。两文所选取的时间维度分别为20世纪以来的两个时代，这对比较地理解上述理念，或不无助益。

本文刊于《甘肃政法学院学报》2015年第5期

自治的秩序

——“民间法/民族习惯法专栏”主持人手记（六十）

现今人们对社会秩序的达成，每每寄望或赋予一个强有力的国家政权组织。这诚然是大国治理的必要关怀和必须路径，也是“文明时代”以来，人类秩序构造的重要方式。但在另一方面，也必须面对的是：人类秩序自来就奠定在个体自治的原子基址上——它才是社会秩序构造的逻辑起点。因之，无视或鄙视个体自治，即对人类秩序形成方式的无视与鄙视。当然，个体本身是个相对的概念。它可以是原子化的个体自然人，可以是作为个体的家族和家庭，也可以是作为社会构成因子的社会自治组织体。因此，在社会秩序的构造上，当人们称“每个人的自由发展是一切人的自由发展的条件”时，该语境下的“每个人”，系指个体自然人；当人们讲“家者，国之本也”，或者“家庭是社会的细胞”时，该语境下的个体，则是家庭、家族；当人们说“社会组织是社会的构造基础”时，该语境下的个体，则是社会组织。事实上，这种个体的相对性也导致个人对家庭而言是需要强调自治的个体；家庭对社会而言是需要强调自治的个体；社会组织对国家而言也是需要强调自治的个体……

无论如何看待个体，自治的秩序总是以作为自然人的个体为逻辑起点的。对一个家庭而言，作为家庭成员的自然人不能得到自治，意味着家庭组织和秩序对个人而言并非自治秩序，而是外加的强制秩序；同理，对一个社会组织而言，如果它不是立基于“自由人的联合体”，反而是强迫个体不自由的组织体，则意味着其秩序也非自治秩序，而是外加的强制秩序。如果个人不能自治，不能像孟轲那样“吾善养吾浩然之气，其为气也，至大至刚，以直养而无害，则塞于天地之间”，不能像王阳明那样“你未看此花时，此花与汝同归于寂；你来看此花时，则此花颜色一时明白起来”，不能像笛卡尔那样“我思故我在”，不能像贝克莱那样“存在就是被感知”……那么，人之为精神现象的存在事实就无以展现，同样，人的精神自治和行为自治也就只能是镜花水月。

诚然，自治秩序并不拒绝必要的、外加的强制秩序，甚至对一个大型社会和复杂多族群国家的治理而言，一定的外加强制因素，是保持其有序运行的必要手段，也是实现其和谐繁荣的重要前提。然而，这一前提并非原初的、基本的逻辑前提，因为即使这种外加的秩序，其合法性来源并不是完全抛弃自治秩序的纯粹强制，反而必须是立基于个体自治、自觉和自愿基础上而建立的。即使在古典的中国，有作为的当政者也会强调“民贵君轻”“民水君舟”的这种初始逻辑。民虽是个抽象概括，但在其实践层面，一定是生动活泼的一个个自治体的联合体，是经由自治个体间冲突、博弈、协商和求同存异的结果。失却此种合法性基础，则意味着外加强制秩序效力的弱化，意味着公民和其他个体的不服从反而在逻辑上的合法。

我这里对自治的秩序之一般强调，是要引出在初民社会，在基层世界，社会秩序的形成每每是自治个体间有效博弈、严格考量、慎重选择的结果。尽管在这博弈、考量和选择中，因为现代国家无孔不入的外在力量，必然诱使或迫使自治主体的注意力对外加力量的妥协和接受，但人们接受的外加力量，一定是捎带了自治主体利益需要，或者至少和其利益需要不背道而驰的。否则，自治主体对这种外力强加机制或者“口是心非”、虚与应对；或者“耍奸溜滑”，不与合作；或者揭竿而起、公开反抗。这都说明自治的秩序在社会秩序建设中的基础地位与核心价值。在法律不健全时，自治秩序是国家构建法律的逻辑前提；在法律健全之后，法律的权利赋予，是保障自治主体维系自治秩序的基本法律根据。

本期所刊出的张斌的论文《村寨里的“国家”：基层治理视野下的村规民约——以贵州某地为切入》和赖华子等的论文《论民间继承与法定继承的融和与互动——以人民陪审制度为桥梁》，皆在不同视角阐释了人们自治的秩序需求，表达了自治的秩序与国家外加秩序间的勾连或紧张，故对读者理解自治的秩序不无帮助。另外，截至本期，这个专栏在《甘肃政法学院学报》已开办了整整十年。十年风雨，十年坚持；十年合作，十年学谊。感谢十年来给予本专栏以坚定支持的所有编者、作者和读者！2016 年起本栏目不再每期一编，但仍希望作者和读者们一如既往地支持本栏目！

本文刊于《甘肃政法学院学报》2015 年第 6 期

日常生活的法律构造

——“民间法/民族习惯法专栏”主持人手记（六一）

在一定意义上，目前我国所宣教的法律理论，是把日常生活开除于法律调整之外的理论，因为无论所谓法律的“统治阶级意志说”，还是法律的“阶级镇压工具说”，都不可能为人们日常生活之所尊，反而它只是人们日常生活的一种例外。即使在强调“阶级斗争、一抓就灵”，“阶级斗争必须年年讲、月月讲、天天讲”的时代，“阶级斗争”并未构成人们的日常生活，反之，人们的日常生活对此避之唯恐不及。尽管改革开放以来，无论我国的法治建设、法学理论还是法律意识形态，都有了长足的进步，“全面依法治国”已是其纲领性追求，但法律实践深受刑罚镇压观念的影响，至今依然，其中“刀把子”说法的长盛不衰便是明证。

但是，法治的基本宗旨，不仅是把那些需要受罚的行为纳入强制制裁调控的范畴，而且需要把那些主体在日常生活交往中的社会关系，纳入权利和义务的调整框架：该是主体权利范畴的事，就由个体主体自愿、自主、自由地安排；该是主体相互之间的事，就由交往主体按照权利义务相互性的一般原则去安排。如果这些看似家长里短的民间细事得不到法律的调整，或者被法律放逐于其调整之外，就必然在逻辑上意味着社会主体的日常生活交往关系，被开除于法律调整之外，从而，法律只是部分人的事，不是所有人的事。

此种情形，恐怕正是吾国长期以来法治理念匮乏的重要缘由所在。既然法律和人们的日常生活、日常交往并无关联，换言之，法律不过是一种事后处理机制，而不是事前防范机制和事中调整机制，则它与人们的日常生活有何干系？此种境况在公民心目中的投射，只能是“事不关己，高高挂起”；“我又没违法，法律和我有什么关系？”这样，法律就不是人们日常交往行为的结构性因素，反而游离于人们的日常生活和交往之外。说日常生活和交往受法律调整和节制，反而让人们以为法律干预了人们的表达自愿、生活自由和交往自主。

这一话题的探讨，和民间法研究有何关系？在我看来，在法律权利的结构下，把不同族群、社区、家族、村社、团体、行业组织以及企事业单位的内部规则，纳入法律权利自治的分析框架，对于重新认识法治的包容性理想，牢固树立法治的普遍性思想，并进而推进法治理念的深入人心、表于人行，自然不是多余的考量，反而是把人们的日常生活结构在法治框架，让法治在日常生活世界落地生根、开花结果的必要举措；也是让法治摆脱口惠而实不至、中看不中用，使其真正切入生活日用，从而经由法律来组织人间秩序的重要环节。

这同时也表明，虽然法治主要是由国家法律所组织、安排和构造的事业，但国家法律从来不是、也不可能是按照甲乙丙丁、子丑寅卯的序位安排，事无巨细、面面俱到地把一切社会关系制定为国家层面的文字规范，相反，众所周知，国家法律只能是一个宏观性的框架性安排，即便如“拿破仑法典”那样的代表性法律，也是一个权利和义务相共存的框架性规范体系，而不可能穷尽一切社会关系，囊括一切主体交往。只要在法律的框架性安排中有权利这个概念，就必然意味着主体依法有了可供自愿选择、自由交往和自主安排的空间。人们在生活和交往中选择运用民间法，完全可以被视为其在法律权利空间中的具体权利运用。或者说这种规范秩序乃是法律授权和“放任”的结果，而不是对法律的疏离、背反或破坏。

只是这种出自民间法的秩序，并不是对法律秩序的依样画瓢，反而它在微观层面以其固有的精神面貌，深拓和加固法治的规范堤坝，充实并扩展法律的调整内容，使法律从框架性的宏观安排深化为具体性的微观实践。既如之，则其中的法理，就自然不能仅仅拘泥于国家法，而必须关照被国家法律框架所能包容的民间法。本期刊出的两篇论文分别是李义辉的《民间法与司法中的法律续造》和周相卿等的《洛香村侗族习惯法田野调查民族志》。两文分别从官方（司法）行为对民间法的可能关照和民间（村落）行为对习惯（民间）法的直接遵从，阐述了官方和民间各自关注民间法的两种态度、两种路向和两种行动策略。比较着阅读两文，不难生发出对日常生活与法律构造的多重理解。

本文刊于《甘肃政法学院学报》2016 年第 2 期

法律的民间精神

——“民间法/民族习惯法专栏”主持人手记（六二）

人文——社科学者都熟悉克罗齐和科林伍德的两句名言，即“一切历史都是当代史”和“一切历史都是思想史”。两者各自在不同视角开放了活灵活现的历史书写者——他们不是被动的历史接受者、描述者或转述者，而是历史的思想者。此种见解，彰显了历史诠释学的深刻意蕴。当然，我们还可以对这种观点予以放大：不仅历史的书写者在以当下的、思想的方式写作历史，而且每一位社会主体都在以当下的、思想的方式书写生活。这样的理解，才衍生了所谓真正的主体和主体性概念。无论王侯将相史、才子佳人史还是平民风化史，既表达历史书写者对历史的理解和编排，也表现人作为精神现象的自然—历史逻辑。所以，历史不仅仅是一堆事件——时间、地点、故事，而且还是思想——历史进程中的思想以及历史书写者的思想。历史就是如此地充满了当下和思想的精神史。

因此，说一切历史都是当代史、思想史，无疑也是说一切历史都是精神史，是精神现象的发生、发展和壮大史。进而，如果说一切历史都是当代史、思想史，那么，也完全可以说一切学问皆为精神现象学。哪怕以物理世界作为研究对象的学问，也无不贯彻人是万物尺度的深刻影响。科学每每在满足人们需要的追求中得以产生并完善。不参照主体需要的研究，往往会失去科学界定的标准，即使其揭示了自然现象的规定性。至于人文—社会科学，本身皆以人这一精神存在为出发点，故讲这些学科在本质上是精神现象学应没多少异议，尽管这里的精神现象学与黑格尔的“精神现象学”并不是在同一个层面上讲的。

这种梳理，与民间法又有何种关联？无论民间法，还是官方法，都是立基于社会生活—交往基础上的一种行为规范机制，都是以模式化、规范化的思想来安顿当下人们的生活交往。因此，在本质上它们都是精神现象的规范外化。所以，不论透过官方法还是民间法，我们都能发现其中的精神脉络和需要基础。为什么在一些地方，依照国家法解决冲突不但不能提高维系秩序的效率，反而使秩序的维系成本更高？原因之一就在于统于一律的国家法未必符合这些地方人民的行为传统、内在需要以及精神结构。这正是有些学者强调法律是地方性知识的缘由所在。所谓地方性知识，毋宁也可称为地方性精神。在这方面，孟德斯鸠的《论法的精神》，萨维尼的“民族精神说”等都给人们提供了赖以分析的理论框架。

近代以来人类的精神现象，一方面，呈现为作为主体的个体精神的发扬光大；另一方面，也呈现出作为主体的国家精神、民族精神和社会精神的横空出世。如果社会和国家两分的学说能成立，如果市民社会就是一种主体自治的联合方式，而政治国家就是为了保障自由主体们自由联合的一只看得见的手，那么，把两者勾连起来的基本工具就是被称之为官方法的规范。无疑，这种规范中所呈现的精神现象，如果不能得到社会自治主体的支持，换言之，如果官方法一味以排斥、消除民间法为所任，从而法律的民间精神不能得到彰显，那么，官方法的合法性自成问题，法律的官方精神也就失却基本参照标准。

可见，法律作为精神现象的规范表达，所呈现的不仅是人们司空见惯的所谓国家意志，而且更呈现为人们日常生活中的交往需要和规范思想，是所有精神主体意愿的规范凝结——它既有作为国家意志、官方精神的一面，也有作为社会意志、民间精神的一面。本期刊出的两篇论文，分别是彭中礼的《交易习惯在民事司法中运用的调查报告——基于裁判文书的整理与分析》和马敬的《法人类学视角下当代中国伊斯兰教“口唤”制度研究——以甘宁青穆斯林民族地区为例》。前者是其先前发表在本刊的《习惯在民事司法中运用的调查报告——基于裁判文书的整理与分析》一文的姊妹篇，可结合阅读。其通过裁判文书揭示了司法如何将作为民间精神的交易习惯结构进裁判结果中，并获得官方法上的实际效力。后者则对我国穆斯林交往中广泛运用的“口唤”习惯予以系统梳理并做出初步的理论说明。从中可知，意行不悖、心口合一的“口唤”——无论其来自真主，还是信徒，作为一种精神存在，对安顿穆斯林生活和交往所具有的独特意义。

本文刊于《甘肃政法学院学报》2016 年第 4 期

法的可接受性与民间法

——“民间法/民族习惯法专栏”主持人手记（六三）

法律可以表达规律，可它并非总是规律的表达。但期待法律是规律的表达，一直是人们乌托邦般的憧憬。因此，要求法律科学（规律）化，并教人们科学、准确地把握法律的精神实质与内涵，既是某些意识形态教化强制的灌输，也是不少法学流派坚定固执的主张。问题是只要法律是人们意志的产物，即便它要尽量去迎合规律，也免不了立法者对规律的主观决断，那就是其根据主体的需要和接受来裁剪规律（如果那规律真被人们所认知了的话）的内容，作为法律的规定。如环境质量程度，在科学上乃是一个多指数的事实，但究竟在哪个指数上才最有利于人与环境的“友好相处”，并把其作为法定标准？却是一个必须根据人的需要所决断的活动。所有规律，诚所谓“天行有常，不为尧存，不为桀亡”。能为尧存桀亡的，只有人们对规律的裁剪和运用——运用得当，便为尧存，运用失当，便为桀亡。

所以，以“科学”标准来丈量法律和法学，总是一种不得要领的法学观念。尽管随着现代科学技术的发展，科学与法律间可谓息息相关：一方面，科学本身一旦要融入社会，就需受社会规范、特别是法律规范的约束。众所周知，人的同性繁殖（克隆人）从技术上讲对人类已不再是什么难题，但当今世界各国皆不因为它在科学上是成立的，在技术上是成熟的而赋予克隆人的行为以正当性，反之，通过法律性文件禁止克隆人，是当今各国的一般举措。另一方面，法律也须表达业已升华为学问的科学规律，并运用“科学的”立法方法、形成“科学的”法律体系、表述“科学的”社会内容。不过这种对法律“科学的”要求，出发点固无不可，但其结果最多是“取法乎上、仅得其中”，甚至往往连这一结果也无法收获。

曾几何时，对于无法证明某人是否构成犯罪的事实，我们奉行了一条颠扑不破、天衣无缝的“科学”原则：既不能对其“有罪推定”，也不能对其“无罪推定”。可问题是，这样的规定，于法律的“取效”要求而言毫无意义。不但如此，其客观效果，还必然导致对实际的无罪者而言，心存压力；对实际的有罪者而言，心存侥幸。据此裁判，法官不但无法客观公正、不枉不纵，反而每每患得患失、或枉或纵。这正是看似放纵罪犯的无罪推定一定优于上述“科学”原则的缘由，也是在这里，法律才获得其可接受性，也才能真正“取效”。

法律取效和法律的可接受之间相辅相成。一方面，法律必须是用来取效的规则体系，否则，其在人们的交往行为中不能取效时，就不但无法获得人们的接受，反而只能成为待清理的规范垃圾。另一方面，法律也必须获得人们的接受，否则，其一当不能为人们所接受，照例徒有其表，而无其实。这样的法律，不但无以规范社会交往，反而成为人们交往行为的累赘，会被人们弃之如敝履。其逻辑结果是人们对法律既失去耐心，也失去信心。可见，只有被人们所接受的法律，才会因人们对它的依赖和运用而取得实效。

法律可接受的来源固然是多方面的，但可以肯定的是：民间法作为法律秩序建立的重要事实基础和规范前提，其对法的主要作用，就是使其获得可接受性。立法者尊重民间法的程度，和法律获得可接受的程度成正比。尽管这并不意味着立法就会不分青红皂白地复制民间法的内容，反之，立法者总会根据此时此地的需要裁剪民间法，但裁剪毕竟不是抛弃。那种完全弃民间法于不顾的立法活动，其自身抛弃了社会，社会也自然会抛弃法律。这样的法律要获得社会的接受，事倍功半不说，更可能会适得其反。因之，关注民间法及其在立法、行政和司法中应有的作用，既是法律事功取效的要求，也是法律可接受的前提——在一定意义上讲，民间法所接续的，就是法的历史合法性，因之国家法律善待民间法，也就是善待其自身的历史合法性。

本期刊出的高中意的《论民间法在法律接受中的作用》和张斌的《诗性智慧、民族记忆与共同体秩序：作为社会控制工程的苗族贾理》两文，分别论述了法律接受的两个维度——民间法对法律接受的支持和民间法自身的接受问题，从而分别对法的可接受性与民间法的关系问题予以逻辑展开。

本文刊于《甘肃政法学院学报》2016 年第 6 期

民间法之于法治作用的三个向度

——“民间法/民族习惯法专栏”主持人手记（六四）

果然如亚里士多德所言，国家机能可一分为三，即议事机能、行政机能、审判机能的话，那么，社会或国家用来构造交往秩序的规则，无论是作为大传统的国家法律，还是一般说来，属于小传统的民间规范，都应在此三方向上供法治秩序的建立和维护。如果一种规范，不能在这三个方向上提供有效可靠的保障，则意味着规范经纬秩序的效力就值得怀疑。与此相应，对规范功能的研究，也应瞄准这三个向度，不能偏废，否则，就无以全面认识规范的社会价值。以民间法为例：

在立法上，它本身自发且自治地为一定时空范围内的交往主体立法，也为国家正式制度的建立提供可资借鉴、甚至直接予以国家化、正式化的规范资源。皆以为国家法的基础是社会，这一见解固然不差，但仅停留于此尚明显不够。并不是说国家立法就是对社会事实的复写，并且它也不可能复写社会事实。国家立法乃是社会事实的一般化、规范化和普遍化提升，是把社会事实中的规定性升华为国家所肯定并保护的规范性，因此，法律以社会为基础这一命题的进一步表达，可以是法律以社会规范为基础。

这意味着在法律调整、规范社会关系、社会事实之先，就存在着自生自发的秩序规范，这种规范即广义上的民间法。既有的行之有效的民间法，国家立法可斟酌选择：或者通过国家认可，径直把民间法升华为国家法；或者对民间法予以加工改造，作为国家创制法律的有机构成部分；或者根据国家价值观及时代需要，予以排除。一直以来，论者更为欣赏国家法的创造（或创制），但事实上，以雷霆万钧的革命手段，抛开人类生活的既有规则，而在立法上埋头创造，企图通过立法以改造社会的雄心，虽令人敬佩，但往往事与愿违、致命自负。与其如此，莫如基于生活交往事实，认真汲取生活原型，升华立法内容。

在行政上，虽然现代行政皆被纳入法治框架下，从而“行政法治”成为法治国家的题中应有之义，但是，一方面，行政法治本身需贯彻立法对民间法的认可；另一方面，由于行政行为直接关联公民的日常交往，渗透到人们日常生活的方方面面。无论如何，立法规定都不可能、也不应当对行政行为包办无遗，反之，立法必须给行政主体留有一定的斟酌空间。这一空间就是行政自由裁量权。在这一权力空间内，行政主体完全可以根据情势所需，把那些立法上虽未明令认可，但实践中行之有效的民间法运用到解决行政活动的事实中去。特别在基层的行政活动中，行政主体所面对的大都是吃喝拉撒、鸡毛蒜皮一类的小事，对此，反倒运用被人们喜闻乐见的民间法予以治理，更能获得公民接受的效果。这正是民间法在行政活动中的魅力所在。

和行政行为相比，司法行为更应彰显法律既定的原则和规范，因为司法所面对的，是社会主体之间的纠纷或争端，是对非常事件的法律应对，即把非常事件置于法律的既定框架内予以衡量并裁判。显然，司法对法律的循规蹈矩、亦步亦趋并不是苛刻要求，反而是司法理所当然的应尽义务。作为法律最后的“守护者”，作为两造纠纷的最终裁判者，司法一旦规矩失当、裁判一旦模棱两可，必然意味着法治大厦之坍塌。但要使司法在面对纠纷时，严格法度，毫厘不差，必须法律能够给司法提供全面的规范供给，否则，一旦立法并不能提供此种供给，法官不可能不把其能动性代入当下案件的解决中。

特别在疑难案件和复杂案件中，法律往往提供了一个案件解决的规范框架，无以包办这类案件的解决方案。其解决方案每每是法官主观能动地“构造”规范的结果。因此，在法律供给不足时，法官近水楼台地在民间法中发现并选择其裁判准据，自是理所当然。本期刊出的两篇文章分别是李向玉、吴忠奇的《由国家社科基金立项资助看民间法研究发展现状及问题（1991—2015）》和陈文华的《论民间规则进入民事司法渠道的一般条款——以“凶宅”案为例》，分别从不同方向拓展民间法研究的视界。期待我国民间法研究视界的进一步拓展。

本文刊于《甘肃政法学院学报》2017 年第 2 期

习惯的力量

——“民间法/民族习惯法专栏”主持人手记（六五）

人类作为群体生活的动物，规范是其交往行为之必须。但规范并非必然是人们有意安排的结果，反之，实践中其往往是人们在交往行为的过程中自然长成的。自然长成不是说这种规范没有凝结人类的智虑，事实上，只要是能够在一定社群中流传久远、行之有效的规范，就一定凝结了社群全体成员的智虑。自然长成也并不是说这样的规范只适合于传统社会、简单社会、封闭社会或者所谓小型社会。是否传统、简单、封闭或者小型，乃是一个和人们整体的认知能力与技术工具相关的话题。在人们整体认知能力有限、技术工具落后的背景下，今之所谓传统社会，或许是昨之现代社会；今之所谓简单社会，或许是昨之复杂社会；今之所谓封闭社会，或许是昨之开放社会；今之所谓小型社会，或许是昨之大型社会。因此，不去勾连不同时代的主体之认识能力及其技术工具，纯以今人观点看待往昔，或许有助于给“一切历史都是当代史”做注脚，但并不能说明自然长成之规则的适用领域。上述想当然，不过是用语言工具对人类行程的类型化、切片化，它并不能开显、呈现人类行程之全貌。更何况自然长成的不少规范，即便在今人眼中的现代社会、复杂社会、开放社会和大型社会中，仍行之有效。譬如孝道规范，春节规范、端午规范等。这种自然长成的规范，或以行为表达，或以语言表达，或以文字表达。无论其采用何种表达工具，人们对它的命名，盖称之为习惯。

曾几何时，习惯因其按部就班、雷池无越的守成品性而广受人们訾议，甚至不止訾议，它还是一切社会改革和革命的对象，因为它是与改革、革命相抵触的规范事实。不革除这样的规范事实，社会改革和革命似乎就失却其对象。此种情形，在近代以来的中国一幕幕上演，考论经济革命、政治革命、社会革命还是文化革命，其中对象和目的，都是为了革除相关领域的习惯。于是，无论破旧立新，还是移风易俗，都以形形色色的习惯为靶子。耐人寻味的是，随着国家现代化事业、特别是经济领域现代化的蓬勃发展，在一个今人看来的现代社会、复杂社会、开放社会和大型社会不但初步建立，而且愈加完善的情形下，昔日被改革和革命所唾弃、砸烂、消灭的习惯，却在不少民族、不少地方卷土重来、兴风作浪、掣制国法！遥想当年，“腊月三十不停工，正月初一照样干”，几乎把中华民族传统的春节习惯打砸殆尽，而如今，它却比以往任何时代都有过之而无不及地成为华人世界普天同庆的盛大节日；遥想当年，人们对一切民间信仰，无论祖先信仰，还是神灵信仰，都视为社会迷信而大加挞伐，而如今，放眼华夏大地，除了新的信仰形式之外，传统信仰在几乎所有人家、所有村落都焕发出勃勃生机，活跃而强健地成长着……这十足地说明，自发生成的习惯，本身具有一种文化的力量，或者习惯的力量。

本期刊出的两篇论文就以反思习惯的力量为特征。岳书光的论文：《论民族地区法治建设之路径——基于民族地区法律规避现象的展开》，就从个案中一些民族地区的当事人和基层组织，如何借助其地方习惯来规避国家法律入手，说明习惯在民族地区的强大力量，强调民族地区的法治建设，应走习惯与国法的规则合作之路，而不是国法对习惯单向度的压制、甚至取缔之路。否则，国法即便堂皇其外，在习惯惯性的力量面前，也会变形走样，容貌丑陋。后宏伟的论文《藏族习惯法回潮及其原因探析》，就专门探讨了一个饶有兴趣的法文化现象：何以在民主改革数十年之后，传统习惯法在彼时的政策法律上被大体取缔的情形下，在政治、法律和社会三种条件“没有多大变化”的情形下，“藏族习惯法却不同程度地有所回潮”的原因。作者在众多的原因中，强调了“藏族习惯法的历史惯性”——习惯的力量这一因素。我以为，在一个正常的社会里，即使国家法再有作为，习惯法的回潮或新生皆是不可避免的。面对此，国家法唯一能做的是：区分当认可的、应取缔的和须放任的。否则，就不可能由国家法去消灭习惯的力量，反而迟早会由习惯的力量型变国家法的状貌。

本文刊于《甘肃政法学院学报》2017 年第 4 期

作为秩序的传统

——“民间法/民族习惯法”主持人手记（六六）

何谓传统？或许人们对之有许多不同的解释，但传统作为构织人们交往行为秩序的重要方式，大概并无什么疑义，反倒是传统一旦失去对人们交往秩序的构造作用，也就自然在人们交往行为中失去其作用——它便不再是活动的、流动的、当下的传统，而只能是僵死的、作为遗产的、曾经存在的传统。固然，后者具有某种秩序考古、心理感怀和行动追念的意义，但对人们日常交往的现实秩序而言，它或许能提供镜鉴，但并不能提供根据。

但前者却不同。当一种传统，不仅长存于人们的记忆，而且或无形、或有形地直接支配、规范人们的行为时，这种传统，就是现实秩序构造的最为坚固，持久，且深入人心、约定成俗的规范内容。因此，这样的传统，绝不只是提供给人们发思古之幽情的怀念价值，更是日常生活中最为方便、实用、有效的秩序规范。人们的交往行为因为合乎此种规范而受到肯定、保护、甚至奖励；与之相反，人们的交往行为也会因为违背此种规范而受到否定、指责、甚至制裁。这样，传统本身就作为秩序构造的规范，发挥着组织人们日常交往行为的作用。

众所周知，民间法研究的对象，既有随社会发展和现实社会关系更迭而生成的新兴规范体系，如在互联网社会自发地形成的各种社会关系及其“公约”；在信息社会产生的各种权利义务要求及其规范；在未来智能社会必然产生的完全不同的社会关系及其自发规范等。但与此同时，新兴规范体系的生成，不能、也不可能替代既有传统。人类自然具有瞻望前路、规划蓝图，从而向前看的美好憧憬，但也有回味过往、缅怀历程，从而向后看的思古幽情。只要人类无可避免地行进在由过去、现在和未来所构成的路途上，就不可能、也不需要“彻底砸烂一个旧世界，建立一个新世界”。即便如今智能社会的发展，对人类以往的一切文化传统都可能形成颠覆性挑战，但仍无法断然割断当下与传统的内在关联。反之，只有在此种内在关联中，当下的发展、超越、甚至颠覆才能真正彰显其超越的意义。没有这一关联，或失去先后参照，则意味着颠覆、挑战云云，就失却了比较的基础。

自然，失却了比较基础，并不意味着之前的传统就一定能担当构建当下社会秩序的使命，兴许新兴的社会关系及其规范是对既有传统的一种彻底荡涤。但问题在于，即便调整新兴社会关系、构建新型社会秩序的规范，如果要长久地调整人们的交往行为，规范主体的有效交往，构造社会的集体秩序，也需要形成不同于既有传统的“新传统”才有可能。否则，规范的朝令夕改，只能意味着其效力的日渐式微。人们不能据此形成对其行为的基本预期，也就不可能叫人们深信不疑地遵循它而预设交往，依据它来规划行动。可见，作为秩序的传统，虽然意指某种古老规范的持久流传，但也意味着要使新生的规范能够长久运行，成为新兴秩序构造的一种“新传统”。在这个意义上，一方面，作为秩序的传统是和人类交往行为的秩序须臾不可分离的；另一方面，人类秩序建设的重要前提，就是能够在不同时期适时地建立一套传之久远的传统体系，实现人们梦寐以求的、长治久安的“自由秩序”。

本期所刊出的两篇论文，分别是淡乐蓉的《青海藏区民间调解法律问题研究——寺院僧人参与人身伤亡案件调解的思考》和王林敏的《中国民族国家建设与藏区赔命价的现代化：历史的视角》。在论述的对象上，两篇论文不约而同地把视角置于藏族地区处理人身伤亡案件的一种古老的传统——赔命价上。曾几何时，这是一个一度禁止谈论的话题。如今，随着民间法研究的广泛展开以及人们对传统价值认识的进一步深化，该问题的研究已经明显“脱敏”，国内学者的相关研究成果也日渐增多。其中前述两位作者就是积极投身其中的探求者。与此同时，在藏族地区运用赔命价处理案件纠纷的个案也不时呈现。在笔者看来，这种轻车熟路地运用传统裁判纠纷的选择，本身是人们对比不同规范，权衡其利弊得失而处理纠纷的一种规范选择和“利益衡量”机制。它意味着，在传统和“新”之间，人们更相信秩序的构造者是传统，而不是“新”——因为传统已然被结构在人们的心理和行为中。

本文刊于《甘肃政法学院学报》2017 年第 6 期

规范层次与秩序构成

——“民间法/民族习惯法”主持人手记（六七）

一种社会秩序的形成，在大传统视野中每每被视为由国法一统地缔造和结构的，但事实上，凡规范存在之处，就必然存在着与规范相应的秩序。可以说，人类的所有规范，都是为有效地安排人们的交往行为所准备的，或者是为了给人们有序地交往所准备的。

规范自类型学上讲，可大体上一分为三：

其一是行动的规范，即通过人们之间相互模仿、世代沿袭所形成的规范。在此种规范面前，行为与规范之间大体是合二为一的，规范、行为、秩序也大体是三位一体的，规范的理想模式和实践模式是不分彼此的。可以说，这是一种原生的规范类型，也是一种原生的秩序类型。在语言文字不甚发达的时代，此种规范一直是人类交往秩序的基础和根据。因之，行动的规范与社会秩序之间的关系，是直接的——只要人们普遍地遵循相沿成习的行动规范，即意味着表现在人们行动中的规范在直接地构造着社会秩序。

其二是语言（声音）的规范。广义而言，声音是行动的一个类型，很多时候人们声音的表达即“行事”过程。但语言的广泛运用，使得语言和行动分为两种不同的规范。行动规范和交往秩序是合二为一的，但语言规范未必一定直接导向交往秩序。语言规范只有在人们交往行为中重现，即以人们的行动为中介时，才能构造为现实秩序。在我国苗族的一些地方，至今仍存在着的“议榔词”“理词”等，就是以歌唱这种声音方式把严明的交往规范传递给所有乡民的，但乡民是否按照这种规范实际行动、缔造秩序，则另当别论。可见，语言的规范和社会秩序间的关系，显然不像行动的规范和社会秩序间的关系那么直接。语言的规范只有转化为人们普遍的交往行为之后，才对社会秩序产生“构成性”的实际力量。

其三是文字的规范。文字是文明时代以来人类最伟大的创造，也是人类独有的创造。不少动物、甚至植物都可以通过其规整统一的行为或声音制造秩序，但它们都不会创造一种文字符号、文字规范来安排和制造秩序。在这个意义上，人类秩序最重要、最独特之处，就在于其通过文字规范创造和安排交往秩序。事实上，所有文字，都是其所命名对象的规范，都规范了其所命名的对象。在此意义上，文字就是人类创造的用来命名对象的规范。文字和行动、语言相较的表意明确性、意义稳定性、一定时空范围内的普遍接受性，使其更具有缔造交往秩序的天然优势。这正是文明时代以来社会交往规范大多以文字表达的缘由。和语言规范类似，文字规范尽管可以直接“行事”，直接缔造交往秩序，但在更多时候，它只是规定人们交往行为的蓝图。它要付诸实际的秩序，需要人们根据文字规范去交往行为，即文字的规范只有转化为人们普遍的交往行为之后，才对社会秩序产生“构成性”的实际力量。

如果说在规范类型或规范的表达工具上，规范可分为如上三种类型、三个层次的话，那么，就规范通过上述工具的具体表现而言，可以继续细化为私契、族规、村规、行规、会规、地方规范、国家法律等。所以，在现代社会里，社会秩序的缔造，尽管和作为大传统的国家法律息息相关，但在其细节处，绝不是国家法律可以包打所有社会秩序的。反之，往往是仍然表现为或行动的规范、或语言的规范、或文字的规范的那些私人约定、家法族规、乡规民约、社区公约、行规会章等，才在社会各层面构造着日常交往的社会秩序。因此，对这些规范及其秩序构造功能的研究，不能悉由社会学、人类学包办之，同时也理应是法学者、法学界所关注的研究领域和对象。或许这样的研究，才能让国家法不仅顶天，而且立地。

本期所刊的两篇论文分别是高中意的《实现社会转型正义的民间法路径》和姚澍的《一起清代百年坟山案件的背后：观念、制度与技术的分析》。两文分别用不同的方法对民间法在宏观的社会转型和微观的案件裁判中之于秩序的缔造作出了值得回味的论述。尽管前者阐述的是当下我国社会转型中民间法对“转型正义”的功用，而后者阐述的是古代司法裁判中民间法（情理）对平衡两造利益、取得社会接受的价值，但通过对两文的连贯阅读，或许更能收到对民间法在古今秩序缔造中一般价值的体会，也不难理解不同层次的规范对社会秩序缔造的各自贡献。

本文刊于《甘肃政法学院学报》2018 年第 2 期

中编 序文与随感

医患纠纷的解决之道

——邵华《医患纠纷调解的正义之路》序

一直以来，国人都生活在一个“医者父母心”的医患关系之道德秩序中，无论这种道德秩序是否属于社会现实，人们、特别是作为此种关系中弱者的患者仍然醉心于此种温情脉脉、疗伤疗心的医患关系。可以认为，此种医患关系乃是建立在熟人社会基础上的一种独特的道德秩序，其基本特征是医生和患者之间在道德供给和施舍上的单向性，即在此种关系中，医者始终是道德供给方，患者始终是道德需求方。怀有“父母心”的医者，自然也会以父爱精神或母爱情怀，像对待嗷嗷待哺的子女般来对待处于道德需求方的患者。这样，医患之间的道德秩序基本上是一种具有“等差”特征的秩序：医者处于道德的高位阶，而患者处于道德的低位阶。有了医患之间的此种温情道德秩序，医患纠纷也自然就极为罕见。笔者少时生活在乡村，彼时乡村赤脚医生虽然已被纳入官方体制，但与市场体制以及同陌生人交往的社会形态显得格格不入。因此，在我彼时的个人经历中，医患纠纷可谓闻所未闻。

时光荏苒、时过境迁。近三十年来国家在笃力推进市场化的同时，也把传统的医患道德秩序带入陌生人之间的医患“市场秩序”中。从而医患关系从道德需求与道德供给关系转型为市场需求与市场供给关系。当然，后者这种关系需要且必须具有其道德基础，但这种道德基础已经不是先前医患关系中的那种单向度的道德需求和道德供给，不是医者对患者单向度的道德施舍，不是父母对子女般的宅心仁厚，而是以市场为中心，以天生平等的货币为中介，建立新型的医患关系，即建立在交换基础上的医患关系。如果非要以父母子女这种温情道德作比，则宁可说患者是医者的衣食父母，而医者是患者的健康再造者。两者关系建立在平等的交换基础上——医术和货币的交换关系基础上。医者提供医术，获得患者的货币报酬天经地义；患者提供货币，获得医者的医疗救护和服务也理所当然。这样，医患关系就从一种纯粹的熟人社会的道德秩序迈向了交换的陌生人社会的契约关系和契约秩序。

契约关系理应是法律关系，理应接受法律的规范、规制与调整。因此，既然要将医患关系引入市场，就必须同时把该种关系引入市场法律调整体系，缔造医患关系的法律秩序——一种更合乎市场要求的、主体平等的“道德”——法律秩序，而不是单向度恩赐或照顾性的纯粹道德秩序。不是追求“医者父母心”，而是依法实现医患双方契约约定的权利义务。只有如此，才能较好地防范医患关系迈向市场调节后必然出现的医患纠纷，或者即使出现了医患纠纷，也能规范地、平等地、可预期地解决医患纠纷。可遗憾的是，和我国其他领域的改革一样，我国医疗体制的市场化改革也是在“摸着石头过河”的所谓经验理念中进行的，和医疗体制市场化相对应的法律规范要么没有制定，要么一些业已制定了的法律规范，并不能得到很好的贯彻落实，从规范转化为体制（制度）。如此一来，所谓医疗体制市场化的改革就只见医疗市场，而不见医疗市场体制。相应地，医患纠纷就不但日益复杂突出，而且一旦发生，也没有规范的、平等的、可预期的解决机制。这正是导致我国医疗体制改革以来，医疗市场混乱、医患纠纷不断，规范要么不存、要么失灵的缘由所在。

在本质上讲，体制化的市场经济一定是法治化的，法律和法治就是市场行为体制化的规范根据、观念形态、组织保障和行为基础。法治与市场是体制化市场经济之一体两面：法治构成其规范形式面，而市场构成其交易事实面。两者之合二为一，即为体制化的市场经济。可见，倘若没有法律和法治作保障的市场行为，就只见市场，而不见市场体制。例如，上述市场经济体制的基本原理，之于市场化取向的医疗体制改革而言也当然适用，否则，就只能使市场的牟利动机和恶意竞争，取代秩序化、体制化、可预期化的市场基本要求，从而使医疗市场体制化的努力破产，反而助长了医疗市场的无序化、自利化和单向化——医疗机构对患者的单项利益索取和敲诈，甚至把既往的医患道德秩序——医生和医院对患者的父爱精神，转型为医生和医院借助道德优势而对患者的利益榨取和掠夺行为。在此意义上讲，规范的、法治化的医疗市场是医疗体制市场化改革中预防并处理医患纠纷的关键所系、前提所在。

然而，即便有了和医疗市场化改革相关的法制和法治，即便一个国家建立了完备的医患关系之间应遵循的法律和法治，也并不意味着法律和法治就能当然地阻却医患纠纷。因此，一旦有了医患纠纷，制度就理应供给医患纠纷的解决方案。在医疗体制市场化之后，即在医疗体制的法律和法治健全之后，面对医患纠纷，究竟偏重于采取何种方式解决？在法律上，无论国内还是国外，能够供应的制度资源既有司法裁判，也有法律调解。司法裁判固然是现代法治体系中用以解决纠纷的权威机制，但在我国特定的文化环境中，司法裁判的高昂成本给当事人带来的讼累，过分的刚性特征对固有的关系资源的可能破坏，对既定的人情关系的无形颠覆以及司法程序的固化、拖沓等，都可能是人们并不情愿选择借助诉讼来解决医患纠纷的重要因由。反之，依法调解既暗通中国固有的纠纷解决经验，也能照顾到中国人情社会对关系资源的格外珍惜，同时还能节约纠纷处理的成本，缩减纠纷处理的时间和程序。这或许正是本书作者强调纠纷调解更具有比较优势之缘由所在。

在作者看来，运用调解解决医患纠纷，其优势所在，既有助于解决和医患纠纷相关的社会结构性矛盾；也有助于节约成本，提高纠纷解决效益；还有助于恢复医患关系，并进而维护必要的关系资源；甚至借此可进一步促进包括医患关系纠纷处理、医疗体制等在内的医患关系管理水平的提高。既然如此，则何乐而不为？无论如何，制度设计和选择要以获取实效为目的，要以被管理者的接受为基础，否则，只见规范，不见制度规制下的有效秩序。在此意义上，我与作者在我国医患纠纷处理模式的选择重心上，可谓心有戚戚焉。

作者的用心，不仅在于探明为何运用调解解决医患纠纷比运用司法裁判解决之更有比较优势，而且借此展开了对医患纠纷调解解决的类型划分和经验总结。在前一问题上，作者区分了医患纠纷调解解决的两种类型：即外部调解和内部调解。在后一问题上，作者归纳总结了我国目前行之有效的医患纠纷调解解决的五种模式，即上海模式、北京模式、山西模式、南平模式和安徽模式、山东模式。难能可贵的是，作者并未仅仅停留在对这些模式的经验介绍上，而且透过相关介绍，反思上述模式普遍存在的问题，即判断型调解的合意困境，调解组织的中立困境，人民调解与专业调解之界限不明，调解员选任标准的模糊不定，可以纳入调解之案件范围的失范，不同医疗机构的调解方式、标准以及结果方面的明显差异，调解法定化程度的不足等，都是妨碍经由这些模式，进一步把医患纠纷调解制度化的原因。基于此种检讨，作者把探索的视角最后投向我国医患纠纷调解的制度完善对策上。

可见，作者的“医患纠纷调解的正义之路”，既是一条现实之路，也是一条理想之路。其论述基础，既出自她作为一位法学者对法律权威的尊重，也出自其作为一位社会学博士对我国社会现实的深入观察和省思，更出自一位负责任的公民，对我国医患纠纷解决现状的深入调研和严谨剖析。或许作者有关医患纠纷何以运用调解解决的理论基础还需要加强；其有关医患纠纷调解类型的论述还有待继续深化；其有关医患纠纷调解制度的完善对策还具有挖深、拓宽的空间；其有关理论设计和叙述的一般意义，还可以透过中外比较加以阐明；其对医患纠纷调解问题的强调，应不废司法救济的价值，尤其当调解不能或调解不成时……但其既有的论述，已足以让读者领略医患纠纷调解解决的独特价值和功用，以及这种解决方式在我国医患关系法治化改革、实现医患纠纷解决迈向正义之途上的意义。因之，我愿意向读者推荐这部书，也期望该著的出版能在我国医患纠纷解决机制的制度化改革上有所贡献。

是为序。

陇右天水学士　谢晖

2015 年 10 月 28 日于长沙

文化的执念

——才让塔《少数民族非物质文化遗产法律保护研究——以青海热贡为例》序

我与青海是有缘的，我与藏族是有缘的，我与非物质文化遗产，也是有缘的。

1988 年，我因静心写作之需，首次来到青海，在同窗好友刘晓阳的帮助下，在清澈见底、美丽如画的贵德黄河岸边，初步领略了青海这个藏传文化精彩纷呈、多民族文化多元共存的雪域高原。恢弘的塔尔寺、庄重的东关清真寺、巍峨的北山寺，虔诚的佛教徒、严谨的穆斯林、飘逸的道教徒，婉转的藏歌、多情的“花儿”、还有令人陶醉的《在那遥远的地方》……这种多族群同舟共济、多宗教和谐共处、多文化交相辉映的情形，一直深嵌我心头，久久难以释怀。彼时，每当夜幕将临、华灯初上，我都要和晓阳漫步黄河岸边，讨论汉藏文化，交流司法与藏俗的关系……从而对青海有了概要的认识和了解。

2004 年，青海民族大学法学院马文孝书记、王佐龙教授专程到威海，在和山东大学法学院多年合作的基础上，进一步深化与山东大学威海分校法学院的合作。此后，该校的多届硕士生不但被送到山东大学法学院、山东大学威海分校法学院学习、深造，而且借此机会，我们商定“全国第一届民间法/民族习惯法学术研讨会”在西宁启幕——正是这次启幕之作，让我持续地保持着对民间法/民族习惯法的兴趣，竭力使民间法/民族习惯法论坛坚持到现在。并试图在此基础上，在民间法研究和法律方法研究间作可能的勾连，于是和几位学界友好发起“全国法律方法论坛”。此后，我又多次深入青海，或开会、或调研、或游玩，这让我进一步领略了青海各民族独特的文化，感受其卓绝的智慧，深入其独特的生活。

2012 年 5 月，我有幸被青海省委、省政府聘为其首批五位“创新、创业人才”之一。此后的三年间，我先后深入西宁及青海各地凡 20 余次，并用心感受、陶醉在执念于多元文化的族群、同好和学生间。无论卡力岗的山形水色、人文话语，还是结古寺的虔诚谨守、盛大场面；无论三江源的幽深奥秘、淡远绰约，还是祁连山的雄伟壮观、鸟语花香；无论夏琼寺的攀崖求道、面壁向善，还是鹞子沟的开怀畅饮、把话纳凉；无论南山寺的晨咏丁香、夜听梵音，还是老爷山的登顶四望、花如海洋，无论马卿山的经幡猎猎、白雪皑皑，还是青海湖的恣肆雄浑、婉约沉静……都让我永挂心底，不能释怀！

而在这背后，更让我时常萦念的是和一些藏族朋友们的亲切交往。和他们的交往，虽让很多人感受到其粗犷、爽朗、明快、执着，但于我而言，感受更多的是这些朋友们对自然的虔敬、对文化的执念，以及对真理的明辨。在本书作者重点论及的隆务寺、吾屯寺及黄南一带，我不但充分欣赏过唐卡艺术的精妙绝伦，而且更加加深了对藏传佛教里僧人们辩经的理解。无论艺术家们在艺术中所表达的开放精神（如有位唐卡大师提供给大雁塔的唐卡，把盛世皇帝李世民栩栩如生的形象制作其上，从而突破了传统唐卡的表现内容），还是僧人们在追求真知中表现出的平等精神（辩经过程不论资历，唯真知、真理是从），都深俘我心。

当然，我对青海藏族及其文化气质的深切感受，不仅体现在上述特殊场合，更体现在和藏民族师生及其他民众日常的友好交往中。在青海每次餐叙会聚，除了美酒佳肴，更常会发现朋友们之间，为一件在汉人看来稀松平常的事而辩得面红耳赤，甚至让“外人”略感难堪的情形。但对长期置身其中、耳濡目染的藏族朋友们而言，此种论辩不过是其寻求真知、探索真理的一种习惯。特别对涉及民族文化传统的问题，一旦论辩起来，更是激情四溢、真情毕现，锱铢必较、绝不相让。虽然，他们的论辩往往激烈纷呈、面红耳赤、唇枪舌剑，但这不但不影响其以后继续友好、团结地相处，反而朋友们之间会因此更加情深意笃、永续交往。此种论辩精神、执着意识、文化情怀，或许是孕育藏民族及青海地区诸多非物质文化遗产的重要原因。

谈到非物质文化遗产，特别是少数民族非物质文化遗产，近年来因为调研民间法之故，我曾履步南北、奔走东西，对国内各地，特别是少数民族地区非物质文化遗产多所领略。除前文提及的藏传寺院之经辩文化、藏族、土族地区之唐卡文化外，举凡流传于陕甘宁青四省交界带的“花儿”（私以为，“陕北道情”亦属“花儿”之一种），云贵高原一带的民族歌舞，节庆文化，口承传统，蜡染、扎染工艺，湘黔鄂一带的侗族大歌、土家族音乐舞蹈，新疆维吾尔族、哈萨克族的民族歌舞，内蒙古蒙古族独特的体育演艺、歌唱艺术，东北长白山地区、大兴安岭及三江流域的朝鲜族歌舞，鄂伦春族狩猎文化，赫哲族渔猎文化、说唱艺术、鱼皮缝制技术，以及更多为人们所熟知的国内其他地方也存在的剪纸艺术、雕漆技巧、刺绣手艺、古建工艺、编织文化、书画传统等，只要有机会观看或参观，我都不但会认真用眼观摩、用耳倾听，而且还会用心用脑去思考这些文化背后的规范基础，以及对这些文化的规范保护方式，请教执念于这些文化的学者、艺人、官员对如何保护它们的态度。

对非物质文化遗产的法律保护，不仅是内国法上的重要内容，而且也是国际法所关注的重要对象。在 2003 年联合国教科文组织第 32 届大会上通过的《保护非物质文化遗产公约》中，将“非物质文化遗产”定义为：“指被各社区、群体，有时是个人，视为其文化遗产组成部分的各种社会实践、观念表述、表现形式、知识、技能以及相关的工具、实物、手工艺品和文化场所。这种非物质文化遗产世代相传，在各社区和群体适应周围环境以及与自然和历史的互动中，被不断地再创造，为这些社区和群体提供认同感和持续感，从而增强对文化多样性和人类创造力的尊重。”根据这一定义，该“公约”在外延上将非物质文化遗产分为五大类，即“1. 口头传统和表现形式，包括作为非物质文化遗产媒介的语言；2. 表演艺术；3. 社会实践、仪式、节庆活动；4. 有关自然界和宇宙的知识和实践；5. 传统手工艺”。

2011 年，中华人民共和国第十一届全国人民代表大会常务委员会第十九次会议通过的《中华人民共和国非物质文化遗产法》则规定：“本法所称非物质文化遗产，是指各族人民世代相传并视为其文化遗产组成部分的各种传统文化表现形式，以及与传统文化表现形式相关的实物和场所。包括：（一）传统口头文学以及作为其载体的语言；（二）传统美术、书法、音乐、舞蹈、戏剧、曲艺和杂技；（三）传统技艺、医药和历法；（四）传统礼仪、节庆等民俗；（五）传统体育和游艺；（六）其他非物质文化遗产。”

那么，为何在内国法和国际法上要专门规定对非物质文化遗产的保护？我以为，这或许既取决于人类自身的文化存在和文化属性，也取决于人类文化面临的严峻挑战和窘境，更取决于人类文化的不断追求和永续发展。

人类不同于一切动物的生存方式，在于其文化性生存。文化性生存决定了人类生存的本质，唯其如此，人类的生存才是一种“诗意的栖居”，是告别了动物生存的自觉性生存。作为文化的生存，人类对待文化的态度，不能像熊瞎子掰包谷一样，掰一穗丢一穗，反而必须关注文化的日积月累、珍重文化的传统建制、爱惜文化的生活日用、强调文化的规范保护。只有如此，文化才能得以传承积累、发扬光大，助人们在更高层次上“诗意地栖居”、文化地生存。在一定意义上，人类的一切法律设施和制度建构，归根结底既是文化的产物，同时也是进一步保障、弘扬和发展文化的重要前提。非物质文化遗产作为人类文化的重要表现形式、实物和场所，和人类既有的意识、德性、科学及思想等一起，构成人类文化在行径途中的全部内容。它是人类文化的外观表现或物化表达。它栩栩如生、多姿多彩地表现着人类作为文化动物、文化生存的客观风貌。只有它，才能真正地表现或印证人之所以为人的真谛。因此，对其依法加以保护，就是保护人的生存方式和生活内容。

尽管文化如此重要，尽管非物质文化遗产与人类文化生活的多样性间关联如此密切，但众所周知，随着工业化、全球化和现代化的迅速发展，在给人们带来实在的物质利得的同时，也带来了非物质文化遗产的迅速消逝。对此，作者在书中多处提及。例如，仅仅在语言方面，“有专家测算，今天人类语言种类的消亡速度是哺乳动物濒临灭绝速度的两倍，是鸟类濒临灭绝速度的四倍。据专家估计，目前世界尚存的语言，超过一半在21世纪将会消亡；200年后，90%以上的语言将不复存在”。非物质文化遗产的迅速消逝，既有人类社会进程中“物竞天择、适者生存”的影响，也有诸如“破四旧、立四新”之类人类有意识、有预设的刻意破坏。这种情形，对于人类文化性生存的多样性而言，可谓是灾难性预兆。因之，经由导生于文化的法律制度进行强制保护，既是挽救非物质文化遗产迅速消亡的需要，也是人类在快速变迁中能够稍微刹车而停歇思考、静心回首、反顾往事，进而对人类发展的过往发思古之幽情的基础，还是人类在多样性文化生活中保障不同族群之主体性和不同文化之个性的关键所在，更是避免人类文化生活千人一面、千篇一律，呆板机械、压抑个性的核心所在。在此意义上，透过严格法律的保护，即使不能完全挽救非物质文化遗产迅速消逝的情形，但至少能够延缓非物质文化遗产的衰减，从而为人类文化生存的多样性创新提供可能条件。

人类既是文化性生存的动物，自然，其继续发展，仍要沿着文化的方向而前行。人类前行的路，大抵不是乍然呈现于人间的，而往往是前后相续、古今相随、后浪推前浪的过程，只有如此，人类的行路才可一往无前，才有康庄大道。在一定意义上，路与规范可谓同义。路即规范，规范即路。人类的文化生活及其前行的方向，必须沿着文化的路、或者文化的规范。这再次在逻辑上证明了作为规范的法律之文化本质，也证明了包括非物质文化遗产在内的所有文化的发展，离不开法律的有效规范、严格保障和持续引导。非物质文化遗产，不仅是传统的遗留、昔人的馈赠，不仅是发人们思古之幽情、念往之悠悠，而且是当下人类的多元文化生活之必要的、不可或缺的组成部分，是当下人类多元文化生活的客观样式。它不但内含人类往昔和现在多元文化生活的信息和密码，而且是人类借此继往开来、披荆斩棘，开拓、丰富和发展人类多元的文化性生存之基础。所以，对它的法律保护，就不只是保护人类的文化记忆，而且是保护并开拓人类的文化生活和文化生活前景。

有赖于此，我愿意向读者诸君推荐才让塔教授的《少数民族非物质文化遗产法律保护研究——以青海热贡为例》这部书。我与才让塔教授相识多年，虽没有就相关学术问题和他做过认真讨论，但对其学术志趣、性格特征、文化执念还是有些了解。他外表谦和，内心坚强，对中华文化有深刻体悟，对藏族传统文化有相当造诣。其在本书中所研究的热贡地区，更是我国非物质文化遗产非常富集的所在。书中对非物质文化遗产法律保护的系统论述，对热贡文化及其法律保护的描述和阐释，对完善我国的相关法制建设，自有裨益。尽管在全书的结构上，对非物质文化遗产法律保护的阐述和对热贡文化的描述之间，张力有些大，故还可作适当调整，使其结构更为妥当，逻辑更显清晰。但目前的结构并不影响作者的表意，也不影响读者对少数民族非物质文化遗产法律保护问题的认知。期待才让塔教授在此基础上，坚守其文化执念精神，能再接再厉，更上层楼，在少数民族非物质文化遗产法律保护问题的研究上，贡献更多更深的智思，写出更精更美的文字。

是为序。

陇右天水学士　谢晖

2015 年 12 月 7 日序于长沙

司法法源，还是事实参考

——《公司章程司法适用研究》序

在工业革命时代，人类在经济领域中的最大进步，或许体现为二：其一是经济技术的跨越发展，其二是管理技术的长足进步。这其中，蒸汽机的发明（科技）和法人制度（法律）的创生尤为重要。可以这样认为：它们分别是推动近代西方经济滚滚向前发展的两大车轮，同时也全方位地影响了世界经济发展的格局和局面——告别第一产业——农牧业宰制经济的时代，而进入第二产业——工商业对经济的宰制。就两者对人类经济发展的建制性影响而言，“西方法学家们认为，法人制度的发明远远大于蒸汽机发明的历史作用。”①

法人制度和自然人制度一样，在制度上安排了主体独立的、自治的存在，在理念上树立了个体崇高的、神圣的地位，在实践上引导了个人行动和参与的合法性。就法人制度而言，一方面，“股份公司成为无可更改的历史事实后，法学家们通过国家立法

① 孙皓晖：《法制在改革开放中的历史地位》，载《西北政法学院学报》1984年第4期。

对股份公司进行了创造性规定，确立了三项基本原则：财产独立、责任有限、诉讼中的拟制人格。”① 另一方面，既然公司是独立的、自治的，则只要在其权利范围之内，它便是一个拥有“主权”自决的主体，其便是“风能进，雨能进，国王不能进”的自治地带。赖此，法人和自然人均取得了所谓“个体主权”的资格、地位和角色。

作为拟制主体的法人，其自治的重要表现之一，就是被人称为“公司宪章”的公司章程。它不但是公司内部成员之间共识和凝聚的公共约定与规范基础，而且是公司外部之间相互区别、相互信任和相互交往的规范凭证。自然，对于因此发生的纠纷，一旦诉诸司法解决时，也是法院或者在规范层面，或者在事实层面理应关注，并力求助益于裁判的内容。但问题在于：公司章程在司法中的具体适用，究竟是作为司法法源被运用，还是作为社会事实被参考？这既决定着公司章程在司法中的地位，也会在一定程度上影响司法的裁判结果。但对这一问题的解答，需要深入至对公司章程实质的认知中。

作为法人的公司，既是现代法治结构中的重要内容，也是法治之内的自治存在，其所作所为，既表达着自身作为权利主体的存在事实，也实现着法律赋予它的自治使命。因此，其一切行为，举凡内部规范、生产（交易）流程、产品质量、服务方式

① 孙皓晖：《法制在改革开放中的历史地位》，载《西北政法学院学报》1984年第4期。

等，都应被纳入制度事实①的范畴，并且其理应是种正式制度事实。特别是其内部规范，它不但是法律制度实践运用的结果，而且其自身还在具体地安排和结构企业的内部交往行为。因此，能否这样界定公司章程等企业内部规范的性质：对外，它是国家制度的实践运用，因此，是国家制度实现中的行为表达；对内，它是公司内部的制度规范，因此，是公司内部制度展开的前提。

在我看来，任何制度，都是如下五个要素的有机结构，即作为制度前提的规范要素、作为社会评价的理念要素、作为行动者的主体要素、作为实践方式的行为要素和作为效果反馈的监督要素。无论是宏观的国家制度，还是微观的公司内部制度，皆由这五要素所结构。可见，上述有关公司章程的两种界定，在国家制度层面，它属于实践方式——行为要素的范畴，在公司内部制度的层面，它则属于制度前提——规范要素的范畴。这样一来，一样的公司章程，就会因作用场域的不同，发挥两样的社会功能：对外，它是国家制度的实现方式，可以看作一种社会事实；对内，它是内部制度的规范前提，可以认为是一种制度根据（事实）。

与公司章程相关的纠纷，既可能发生在公司外部，也可能发生在公司内部。无论纠纷发生在公司外部还是内部，只要其和公司章程相关，且一旦起诉到法院，则法院如何对待公司章程就是

---

① 我把人类面临的事实一分为三，即物质事实、精神事实和制度事实。其中制度事实是超迈于物质事实和精神事实之上的一种社会事实（参见谢晖：《流浪权初探——几类不同文明视角下的比较》，载《学术交流》2015年第7期）。

摆在其面前的必须考虑的问题。这时，如果法院仅仅把公司章程当作事实看待，则其在裁判中的作用，就只能是事实参考；倘若法院把公司章程作为规范看待，则其在裁判中的作用，就不仅起着事实的作用，而且还会辅助法律，作为司法裁判的参照性法源。那么，何种情形下法院应把公司章程视为事实，何种情形下应把其视为法源或辅助裁判规范呢？我的基本观点是：在因公司章程而引起公司外部的纠纷时，法官应取向于前者；在因公司章程而引起公司内部的纠纷时，法官则应取向于后者。

摆在各位读者面前的这部《公司章程的司法适用研究》一书，强调公司章程的规范（法源）属性，并在对公司章程的此种性质辨析的基础上，紧扣法律方法理论，试图把作为具有民间规范性质的公司章程代入法律（司法）方法中，为司法裁判在法律出现意义模糊、冲突或空缺（漏洞）时，提供必要的救济方案。可见，尽管作者的行文及其对公司章程与司法关系的清理，并未符合我的上述思路，但作为一种探索，这种独辟蹊径的研究取向，自然值得肯定。至于结论是否合理，能否自圆其说，还既需要逻辑检验，也需要实践证成。

作者唐英，现为贵州民族大学教授，也是我在中南大学所指导毕业的首位博士。求学期间，她与丈夫、孩子分隔两地，独自一人坚持在长沙攻读，其刻苦程度，实为多数在职博士研究生所不及。为著此文，其试图竭力打通民法理论与民间法、法律方法以及司法理论之间的关系，其不畏艰难的刻苦探索精神，也反映在其博士论文中。只是这部书也仅仅是作者在此一领域的初步探索，是非对错，还有赖读者们、特别是法官读者们据实践所示予以评判。在本书即将付梓之际，作者期望我为其作序。尽管我近期冗务缠身，自身的作业成批成堆，但接到其来信，仍放下手中事务，为该书的出版匆匆赘添如上数言，但愿其对作者就此课题的后续研究有所裨益。

是为序。

陇右天水学士　谢晖

2016 年 11 月 18 日序于长沙寓所

西部学界的忧思与欣喜

——《西北法律文化资源研究》集刊序

前些日子，在微信朋友圈里，我发了一条帖子，就西部学术的现状和发展问题，表达了我个人的一些忧思。虽然有些观点可能因激愤而难免偏激，但其也确实是我长期观察西部学界后的肺腑之言。不妨借这个序言，把该段留言照录如下：

“昨晚有些失眠，才起床。原因多样，其中之一是一位长期工作在西部学界、且工作极努力、成果极显著的朋友，说他准备辞去所担任的职务，认为西部某些高校只重权术，不重学术。我回之曰：‘西部高校的确存在这样的情况。与东中部相比，学术的落后可能还会继续扩大并延续下去。’他回应说‘很精辟’。尽管在西部不乏雄心勃勃、踏实肯干的学界中人，但不能不说的是：在那里，总体思维方式仍深深地陷于‘你死我活’的斗争哲学。所以，在人际交往中，炫耀自己如何扳倒‘敌人’，如何让‘敌人’难受了一下子，就是人们在耳边常能听到、并且被大话特话的话题，无论某些‘大’领导，还是不少普通工作人员，皆有此弊。同事们之间听到或看到某人因有成绩而被奖励、被赞许时，立马会招来相互告发、相互揭短、相互排斥的一封封信件：

比对不同人的来信，似乎那里人人都很烂似的！这自然导致其相互间的协作精神、欣赏意识、怜悯情怀、团结技术即使不是说荡然无存，也确实是很稀缺的资源。

于是，顺昌逆亡、任人唯亲；打压英才、笃信蠢才；勾心斗角、唯权是尚，就司空见惯——虽然东中部地区在某些领域，此弊亦存，甚至也很严重，但在需要硬指标的经济、学术等领域，明显要好很多。特别令人痛心的是：此种情形，甚至体现在某些貌似很有才华的学者身上，一旦为‘官’，便横行霸道，便嫉贤妒能，便自划‘势力’，便排斥异己，便培植‘特务’。这些观念因素再加之西部在财力上的捉襟见肘，我才与朋友在如上交流中得出这样的结论：东（中）、西部的差距，特别是学术上和思想意识上的差距，还会持续下去。不少朋友知道，我的热爱西部，是渗透于骨子里的；我对西部的寄望，是源自内心深处的。或许因此，我对西部目前的失望，也是发乎肺腑的。

当然，我这样说，并不会、也不可能会全盘否定西部学术界的巨大努力。事实上，在当代中国的学术格局中，西部地区和中、东部地区一样，都是我国学术整体结构中的有机组成部分（由于学术事业作为文化事业的一部分，其也理所当然应被置于国家文化结构体系中）。这正如中国的政治结构体系、经济结构体系一样。无论在哪种结构中，西部在该结构中的缺席，皆意味着相关结构存在的破损。一种破损的结构，事实上也是无效的或者低效的。因为结构毕竟是一个整体，其效果既须从整体性中获得，也需要各要素、各部分互动地拱卫结构的整体性。只有这样，我们才不仅生活在一个统一的政治结构和经济结构体系中，而且也生活在一个统一的文化结构和社会结构体系中。

当代西部的学术事业，面向多元、内容驳杂，既涉及全国学界探究的一般话题，更涉及西部学人对西部问题的专门研究，而且后一研究内容本身直接涉及西部学人以结构要素之身份，对全国性问题的参与。这应是关注西部学术的重要锚点。其中在法学领域，对西部法律文化资源的搜集、整理与研究，是特别令人向往和期待的关键课题。因为就历史言，西部尽管曾长期是统一国家领土的构成部分，但与此同时，也曾不断存在地方自治、甚至分裂割据的局面。自古以来，西部是我国各族群成员杂居之所，文化多元明显，规范交往独特，法律文化遗存丰富。就现实言，西部地区历史遗存的特征不但仍然存在，而且更兼之一方面，我国东西部经济发展的明显不平衡，在一定意义上凸显了这种历史遗存；另一方面，我们时代的治理方式，不可避免地要赋予西部以一定的自主权和自治权，这自然也会在那里导生新的、进化了的社会规范、交往方式和秩序理念。

谈到进化，我们知道：尽管近、现代以来，人类不断地被某种进化的理念所撼动、所裹挟、所牵引，但事实上我们所面对的任何进化，都只是我们历史和经验的一部分，是文明进化中历史和经验的当代表达。我们不可能因为进化而抛弃经验、逃脱历史。无论社会如何进化，如何变革，我们仍处在悠远的历史中，仍处于既有的经验世界中。这正如汤因比所言：

“未来在真正降临之前一直是看不见摸不着的，因此，我们只有观察过去才能找到未来的智慧之光。过去的经验是我们得到关于未来智慧的唯一途径。经验是历史的别名……经验可以帮助我们作出判断，使我们能够作出更好的选择和决断。无论在顺境还是在逆境中，我们在处理社会事务时总要未雨绸缪。在规划未来的时候，我们竭尽所能地控制、塑造它，以便使之符合自己的期望。这种试图控制、塑造未来的自觉努力似乎是人类所特有的行为。它是令我们有别于共同居住于这个星球上的其他生物的特征之一。”①

这一历史观，清楚地表明人类进化中文化的规范性和逻辑制约性。今日之我尽管并非昨日之我，但也距昨日之我不太遥远。昨日之我的文化密码一定会在今日之我中存留并持续作用、代代相传。所以，一切旨在刻意革除既有传统的努力，其结果不但不会革除传统，反而会被传统所革除。因为种种革除传统的努力，一方面，都把其用力方向置于自身的理念逻辑中；另一方面，却把历史经验的逻辑置于其理念逻辑的对立面，这必然会造成某种“理性的狂妄”，并因此戕害人类文明的进化。对此，林毓生曾剀切地指出：

“我们批评某一个价值，必须根据另外的价值，这些价值不是能够由自己创造出来的……理性的批判精神只能在文化演变过程之中发挥正面的效果，而不能脱离文化用本身的力量创新一切

---

① ［英］阿诺德·汤因比：《变革与习俗：我们时代面临的挑战》，吕厚重译，上海人民出版社2016年版，第1~2页。

的价值。假若一个人认为他的‘理性’比所有的人都高、都多，所以他要用他的‘理性’创造一个全新的价值系统，这个人将是毁灭文明的暴君。”①

所以，面对历史经验的基本态度、有效方法，是尊重历史经验本身，把理念的逻辑置于实践的安排之下。这大概所反映的正是实践与理性间的一般关系和要求。在这个意义上，恰恰是当代中国西部的学者，在认真挖掘、整理、阐述西部的文化学术资源，并进而勾连起两种关系：一是西部的历史经验与当代西部现实之间的文化勾连；二是作为国家政治、经济、文化结构要素（部分）的西部与国家（整体）之间的勾连，从而担当着纵向沟通和横向整合的基本使命。尤其当国家在市场经济、民治政治以及多元文化之背景下，强调通过法治来结构复杂社会的交往关系，并作为秩序构造之基本方式的时候，既以包罗万象的开放心态引进海外舶来的现代法律文化资源，也以丝丝入扣的守成姿态保护故国既有的传统法律文化资源，自是这一时代法律学人勾连汇通、兼容并包的应有作为。

但在当今时代，究竟如何勾连汇通、兼容并包？我以为，这已经和百多年前我国有人喊出类似口号时的情形大相径庭。众所周知，百多年前，作为“媒介中西一‘冰人’”的沈家本先生，就特别强调媒介中西、汇通中外对彼时法制建设的必要性和迫切性。但其当时所面临的媒介、汇通任务，主要是如何克服固有观

① 林毓生：《中国传统的创造性转化》，三联书店1988年版，第51页。

念，理直气壮、大刀阔斧地引进西方法律观念和制度，以与中国固有的法律传统互通有无、取长补短，胸怀国家、放眼世界地笃行改革、订立法律、建设法制的问题。所以他强调说：

“我法之不善者当去之，当去而不去，是为之悖。彼法之善者当取之，当取而不取，是为之愚。夫必熟审乎政教风俗之故，而又能通乎法理之原，虚其心，达其聪，损益而会通焉，庶几不为悖且愚乎。”①

经过百多年持续不断的中西汇通，当然包括积极结合国情，取其法律精华的大胆尝试，在法律和法治领域，一方面，我们不能停下如何继续全方位地引进、吸收、借鉴世界各国先进法治经验，以为我用的思考；另一方面，还要注意倘若断裂式的文化改造可能导致固有传统在显性层面的凋落，特别是在人们的行为习惯和心理倾向方面的影响。这不得不令人重新审视、打量当下中西法律文化汇通的内容——如何在固有的法制传统和秩序经验的基础上，更好地与西方法律智慧进行有益融合。

在这方面，以王勇教授为代表的西北师范大学法学学术团队，完全克服了西部有些法学学术团队每每内部不睦、相互拆台的痼疾，精诚团结，群策群力，业已从文献资料、研究方法、社会调研、理论阐释等方面，做出了一系列有意义的学术尝试。其中王勇的《有场景的法律和社会科学研究》、牛绿花的《藏

---

① （清）沈家本：《裁判访问录序》，载氏撰：《历代刑法考》（四），中华书局1985年版，第2236~2237页。

族盟誓研究》、田庆锋的《清代中国西部宗教立法研究》等，都把研究的视角直接切入相关领域。与此同时，这个学术团队在杜睿哲院长的带领下，团结了李玉璧、吴国喆、曹明、苏婉儿等既有学术见识，也有鲜明个性的法律学者，在法学的其他领域精耕细作，成为陇上诸校法学院和法学学术团队中的“潜力股”与佼佼者。

该法学学术团队如果能够和陇上其他法学学术团队紧密合作，特别是在商贸法文化、农耕法文化、游牧法文化的关系研究领域，在藏族法文化研究领域（以牛绿花、吕志祥、常丽霞、韩雪梅、刘军君等为代表），在回族及穆斯林法文化研究领域（以马明贤、哈宝玉、马玉祥、虎有泽、拜荣静、陈其斌、巴于茜等为代表），以及在敦煌契书及法律文献研究领域（以李功国、陈永胜、韩雪梅、侯文昌等为代表）能精诚合作、集体攻关，形成陇上法学之特色，自然也就有了陇上法学之优势，有了陇上法学家与国内其他区域的法学家交流对话之基础，也有了陇上法学界和陇上其他人文—社科学术界团结协作之前提。

为此目的，西北师范大学法学院及法学学术团队，经长期酝酿，用心筹划，拟创办《西北法律文化资源研究》集刊。在该刊首卷即将印行之际，王勇教授、睿哲院长嘱我写几句话。一直以来，我虽有强烈的深入西北、研究其法律文化资源之渴望，但或限于精力不济、或困于能力不逮，未能很好地将这一夙愿付诸行动！尽管如此，我也很乐见家乡法学界的同仁们此种独辟蹊径、别开生面、锲而不舍的努力。故面对邀约叮嘱，却之不恭不敬，受之也只能匆匆赘如上言。期该刊能尽早面世，承西北秩序传统，开陇上法学新风，并进一步接受读者诸君之检验点评矫正。

是为序。

陇右天水学士　谢晖

2017年元月2日序于北京

《雪域法律人类学读书报告》序

2012年5月，我接受青海省人民政府之聘请，作为青海省首批5位“创新创业人才”（其中我是唯一的所谓“创新”人才，其余4位皆为携带技术或项目的“创业”人才）之一，在青海民族大学兼职工作三年。其间，几乎每个月或从北京、或自长沙赴西宁一趟。虽几多辛苦，但所获良多。除了和淡乐蓉、王刚、张连宸等师生在化隆县德恒隆乡等地调研“藏回”及其成员—族群结构、文化—信仰形态、生活—交往方式、务工—合作模式、纠纷—裁判机制之外，还到包括海东、黄南、果洛、玉树、海北及西宁等地的多个地方展开学术调研。可以说，其间除格尔木市和海西地区涉足不多外，其他地区都留下了我们调研的足迹。

这些活动之外，我在此期间倾注心力最多的，是倡议、组织并引导该校法理学以及选择法理学导师的法硕学生定期进行人类学名著的阅读。对研究生教学而言，虽然读书是一项最基本的作业，但我在全国各地做学术交流时深深感到，受法学教育过于“司考化”“就业化”的影响，绝大多数大学，特别是那些知名度不高、师生学术自觉性也不强的高校，无论是硕士生教育，还是博士生教育，都不太关注学生们自觉的读书训练以及在读书中发现问题、分析问题和解决问题的能力之培养。当然，我也或通过亲自交流，或通过学生们传递的消息，得知近30年来，在我国有些高校、学术研究机构、甚至学者私人的组织下，法科学生的读书事业在这些学术机构或者个人“门下”，开展得有声有色，也培养了不少很出色的读书苗子和学术英才！无疑，这些学术机构和学者的努力，是研究生培养应加效仿的对象。

例如，据我所知，早些年在北京，邓正来先生带领一批颇有学术志向的法学、政治学学子建立“六郎庄读书小组”，其进入“体制内”工作后，又在吉林大学成立了“小南湖读书小组”，这给法学界所带来的精神洗礼，众所周知。在我国法学名府西南政法大学，先是在赵明教授的带领下，法理学科、乃至其他学科的青年学子们，集其门下笃力阅读、研讨古希腊、特别是柏拉图的学说，深刻地影响了学生们对学术、经典的基本态度。接着，在西南政法大学至今仍是讲师的周力博士，赓续赵明的事业，在没有任何从业“任务”的前提下，自己组织喜欢读书的学生，仔细阅读从古希腊，一直到当代的西方经典哲学、法哲学著作，为上海交通大学、山东大学、中国政法大学、中南大学、重庆大学等高校输送了一批优秀的博士研究生。在山东大学威海分校，陈金钊教授曾带领青年教师和学生，每周一期，或研习法律方法名著，或讨论青年学者习作，使该校在法律方法研究领域，人才迭出。在中国政法大学，沈浪博士带领一批青年教师和博士、硕士研究生，对当代世界法学前沿理论展开系统阅读，培养了一批立志于法学研究的学子。在湖南大学和中南大学，蒋海松博士以其非凡的精力、心力，义务组织两校的法学学子广泛阅读中外名著，收到了极好的学术和社会效果。在西北政法大学，由常安教授带领并指导的读书活动，不但认真引导学生进行阅读，而且把阅读成果化为文字，著作文章，精挑细选，在学生刊物或微信公号予以刊发。在华中师范大学，齐海滨教授团结、带领一批志同道合的青年朋友，不为名利，只为求知，相互砥砺切磋，深钻细研学术名著或前沿问题，使青年学子们获益良多。

或许是一直以来对学生学习的此种认识，或许是受上述学者们带领学生读书的激励，我建议在青海组织同学们就某一专题，展开系统的名著阅读活动。青海省虽是一个地域广大、人口稀少的省份，但同时也是族群多元、信仰复杂、生活方式独特的地方。故其地域的广大和人口的稀少，丝毫未曾影响它作为富藏人类学和法律人类学资源宝地的地位。鉴于此，我决定在该校法理学专业研究生中展开每月一期的“法律人类学读书会”。经过与乐蓉、王刚以及硕士研究生们的商议、筹备，在我于该校兼职接近一年时，于 2014 年 3 月，读书报告会的第一期得以展开。此后几乎每个月进行一期。迄今为止共举办过 29 期。其中我兼职期间举办过 16 期，相应地，我也大约参加了前 16 期。既然是学生的读书报告会，自然，除书目的选择外，每次报告会的其他内容，皆由学生们自己组织，并举荐主持人、主报告人和评议人。在程序上分主报告人报告、评议人评议和听众自由讨论三个阶段。

常言道，万事开头难。该读书报告会刚开始的几期，从主持人、报告人到评论人，都缺乏十足的自信。但经过几期读书会的努力后，各位积极参与者对读书会的套路和规则、对于主持人、报告人、评议人、自由发言人的角色和职能，对于何谓提问、何谓回应、何谓辩驳、何谓论证以及如何提问、如何回应、如何辩驳、如何论证等有了初步的认识。到了第4、5期的读书会，无论主持人、报告人、评议人，还是自由提问人和自由讨论，不但多了一份自信，而且多了一定的知识和见识。学生们之间能够相互就其观点开诚布公、对对方观点质疑辩难，收到所谓百花齐放、百家争鸣，相互切磋、共同提高的效果。

这样的读书活动，对老师而言，不是挣工资的教学任务，对学生而言，不是挣学分的学习任务，而是一批好事者自得其乐，为读书而读书的“趣味”活动。参与者乘兴而来，乘兴而学、乘兴而辩，当然，也因其兴趣不浓而退出。但无论如何，只要参与，就需要每个人都表现出参与的积极性、主动性，否则，就是与授课相去不远的课堂教学行为，而不是饶有兴味的学术参与行为。这意味着在研讨中如何调动学生的自觉参与热情？如何激发学生们在参与中发表见解，以不断充实其自信，增进其读书的自觉性？这是主持人和组织者的一项重要任务，也是我每次参加相关活动时经常刻意关注的问题。

尽管法科学生的任务是学习法律知识、掌握法律技术、领会法学理论，但学生对学术活动的参与，绝不会像其参加文娱活动那样主动积极。有些学生的参与，是出自对学术的浓厚兴趣和自觉自愿；有些学生的参与则是出于对学术研讨的某种好奇；还有些学生的参与，是出于“友情赞助”、随大流。前一类学生不需要刻意去培养其学术兴趣，他们自身就是带着兴趣来的，只需在相互砥砺中加深其对相关学术问题的挖掘理解即可；第二类学生则需要花费些心思予以引导，把其从对学术的好奇提升一步，培养成真正的学术爱好者；而第三类学生，则需要从点滴做起，慢慢培养其学术兴趣，至少不能使其远离学术活动，使他们一谈起学术研究来，就做挠头皱眉状——一脸无声的抗拒！当然，这也是在组织学术性的读书活动时，最需要关注，也最需要劳心劳力的，自然，应是我所努力的方向。

读书会的模式，常有多种。有老师领读的读书模式。它需要领读的老师对所阅读的书籍及其理论脉络、写作背景、作者概况、学术影响、理论流变等都有深入的了解。即其他读者对领读的老师之权威性要能认可并遵从。有老师布置，学生在规定期限内交读书笔记（作业）的读书模式。这需要参与读书的学生在领悟力和学术水平上大致齐平，至少其水平不能相差太大，以利于老师针对读书笔记，进行综合评判、总结并指导。这种读书模式，大致可以认为就是约聚三五同好，为了某种共同兴趣而读书。还有一种读书模式，我称之为学术报告模式，即针对一部书，安排其中一位学生在读书汇报会上做主讲，两位同学针对主讲内容，进行系统评议，最后进入参与者的互动和自由讨论。

对于指导一个学科、或者一位老师所带的学生们集体参与读书活动而言，第一、二种模式显然不太合适，因为一个学科、一位导师所面对的学生，不是、也不可能是十个指头一般长，对某个具体领域或书籍的兴趣爱好一般浓的。相比较而言，对于聚集一个学科的学生们集体读书而言，合适的模式只有第三种。我个人认为，这种模式的特点是能够导致强者更强、弱者趋强。所以，此种读书模式，大致可以适用于对某部书的内容了解参差不齐的学生——它不需要参与者对该书都有很深的理解，只需要借此能培养学生们的读书和学问兴趣即可。基于全面培养学生的需要，我才在青海民族大学法理学学科的学生中采取了这后一种读书模式。

就这样，在前 4、5 期读书会的基础上，再经过 5、6 期的读书报告活动后，虽不能说在学生中产生了立竿见影的效果，但至少能让所有积极参与者进一步对于所指定的图书之阅读范围、阅读方式，梳理和该书相关的学术脉络，有针对性地进行学术评议，以及对报告人、评议人有“杀伤力”地进行发问、提问并追问，有礼有节地展开学术论辩等问题有了相当程度的认识。这导致即使那些对读书会兴趣不浓，在读书上进度较慢的学生，也对研究生期间如何学习，有了一定的认识。也因为这种持之以恒的集体读书活动，产生了一些很有培养前途的读书苗子，如多杰昂秀、胡勇、赵康仪、孟德旺、朱未、肖娜等。这一举措的衍生效应是该校法学院宪法行政法学科也跟着举办了相关系列读书活动。其后青海教育厅聘请到该校任职的“昆仑学者”、中山大学马作武教授也主持了几期有关中国古典法学名著的读书活动。到我聘期届满之际，这种读书模式在青海民族大学的多个学院（如民族 — 社会学院、藏学院）推开。或许，这也是我在青海陆续工作三年所留下的一份“财富”吧。

2015 年夏天，当我聘期结束离开青海时，读书会先后进行了 16 期。其后，在淡乐蓉教授继续主持下，这一活动到 2016 年年底时，总共举办了26期。一个月前，乐蓉来信说：青海民族大学副校长、著名人类学家马成俊教授期望能把读书会已经整理出来的内容公开出版，并给我寄来了已经整理出来的部分读书会之录音录像的文字整理稿。我翻看了一下，正好整理了26期读书会的一半。其中我所参与的前16期读书会或许是没有录音录像的缘故，只整理了其中3期。尽管这部书只记载了该系列读书会之一半的内容，但相信借此书，完全能够勾起参与者对这个系列读书会的深刻印象和美好回忆，并对该校未来的读书活动有所裨益。因此，我同意并支持该书的出版，并应乐蓉要求，为该书策划书名，初步约定出版机构。

曾几何时，“活到老、学到老”是国人十分信奉的一句格言。之于读书活动，这句格言也照例适用。读书活动，不仅要读有字之书，以把握某种理论的逻辑体系、发展脉络、社会影响；也要读无字之书（特别对法律人类学而言），它更是要把书本上所获得的知识运用于实践，既在实践中检验书本知识的可靠程度，又在实践中继续发现、总结和提升书本的理论知识。诚所谓“纸上得来终觉浅，绝知此事要躬行”！但愿此书的出版，能够作为一面镜子，既通过其发现这些读书活动所存在的不足，也为在更深、更广的层面展开读书活动提供一份可资借鉴的参照。

是为序。

陇右天水学士　谢晖

2017年5月25日序于广州

2017年5月30日（端午节）改定于北京

我国习惯法研究的现状及方法自觉

——李可《习惯法：理论与方法论》序

受革命主义法律观和国家主义法律观的双重影响，我国法学界对习惯和习惯法的研究，一直持消极态度，似乎它只是社会学、人类学与民俗学的研究对象，于法学而言，纵不能说是旁门左道，但也实在难登大雅之堂。

革命主义法律观对习惯及习惯法研究的影响，在于其坚持它们都是老旧的、陈腐的、消极的、衰朽的、没落的事物。它与人们所孜孜以求的新鲜的、蓬勃的、积极的、成长的、向上的事物凿枘不投、榫卯不合。它们不但不是人们认真善待的事物，而且是革命的对象，尤其是文化革命的对象。只有善于破坏一个陈腐的旧世界，才能建设一个崭新的新世界。只有破旧，才能立新；破字当头，立在其中。只有把传统的、陈旧的习惯和习惯法批倒批臭、推翻砸烂、扫地出门，根绝其生长的条件，才能建成符合革命需要的新法律。故一切对习惯和习惯法之温情的敬意，不过是一些人怀旧情结、小资情调、食古不化、胸怀不够的自觉流露，是所谓高尚革命事业的对立面。可见，在此一视角下，任何习惯和习惯法研究，不可能有什么地位，其唯一的意义，或许如过来人所熟知的那样，“供批判用”。

国家主义法律观对习惯及习惯法研究的影响，在于其固执地坚持认为人们的交往行为，是国家法律可以包办替代的。其信奉法律是主权者的命令，而这一命令又可以全能地经纬国家、规范交往。显然，法律的这种全能作用，乃是基于对国家全能作用的“认知”和自信。在本质上，此种国家主义法律观，以全方位地吸纳、包办社会事务为使命。一旦国家“蓄水池”无以接纳社会的洪流，则其基本做法是强力泄洪外溢，确保堤内安全。习惯及习惯法，自来属于社会的范畴，即便不能说其全部因自生自发而生成，但其生成路径和建构原理下的国家法，特别是议会制定法可谓相映成趣，脉理显别。因此，在国家主义法律观面前，习惯要么被国家法所吸纳，要么被国家法所否认；它是任国家法裁剪、宰制、取缔的对象。它不但无以让社会自治，其自身也难以自治。此种情形，势必让习惯和习惯法研究，不仅不能侧身法学研究之中心，而且连有限的边缘地位也岌岌可危。

但所谓物极必反。这种对习惯和习惯法研究的极端排斥、抗拒、破坏，经由改革开放的洗礼，基于人们社会交往的客观事实、国家法制建设的迫切需要，不仅在社会学界、民俗学界、人类学界和民族学界，而且在法学界、政治学界、历史学界等，都有了极大的转圜。习惯和习惯法研究成为我国众多学术领域学术增量的一个重要方面。揆诸近 30 年来法学界之习惯和习惯法研究，大体表现为如下九点：

其一，历史的研究。最近 30 多年来，我国不少法律史学家在探究中国法律史上的规范内容时，以文献资料和现实传承的两重证据法，印证习惯和习惯法在古典中国法律和社会中的作用，以及在当下现实生活中的存留和运用，如俞荣根、黄宗智、曾代伟、杨一凡、田涛、柏华、陈金全、梁治平、徐晓光、徐忠民、陈景良、苏亦工、李雪梅、李鸣、杜文忠、汪世荣、龙大轩、赵晓耕、马晓红、苏钦、多杰、那仁朝克图、俞江、杨强、程泽时等专研法律史的一些学者，及海峡对岸的一些法律史学者，都不约而同地对法律史上习惯和习惯法的事实和作用，以及我国当下现实生活中不同民族、不同地方习惯及习惯法的事实和作用，在各自所重的切面都予以较为深刻、全面的调研、揭示和阐释，从而成为目前我国习惯和习惯法研究重要的一支。

其二，民族的研究。我国不仅是人口大国，而且是民族多元、文化多元和习惯多元的大国。习惯的多元，体现在多个方面，其中在民族这一层面，体现得尤为明显。不同民族不仅没有因为革命主义和国家主义两重思潮的影响，废弃其固有的生活习惯、交易习惯和纠纷解决习惯，而且在此种形艰势危的情形下，顽强地坚守了其相关习惯。此种状况，一遇改革所带来的多元活力，使既有的习惯和习惯法便很快被重新激活，并且成为人们进而研究习惯和习惯法的富矿。几乎我国各大少数民族地区的习惯和习惯法都被学者们予以深入挖掘细究。其中回族、藏族、蒙古族、苗族、侗族、瑶族、畲族、土家族、彝族、羌族、景颇族、布依族、傣族、维吾尔、哈萨克等民族的习惯法研究成果尤为显著，也涌现出了吴大华、吴金宗、吴云贵、张晓辉、周世中、张冠梓、方慧、马明贤、李鸣、高其才、王允武、周相卿、王佐龙、牛绿花、淡乐蓉、蓝寿荣、田艳、张殿军、雷伟红、吕志祥、常丽霞、韩雪梅、苏永生、拜荣静、龚卫东、李向玉、刘军君、赵天宝、郑毅、思娜、阿迪力·阿尤甫、昆波拉提等一批研究相关领域的专家。

其三，地方的研究。习惯及习惯法，既有全国性的，也有地方性的。特别在一个大国里，地方性习惯是构成其文化—规范多样性的结构性要素。地方性习惯不存在，就意味着文化—规范多样性是一种虚构。对全国性的习惯，如春节、端午等，一般会通过国家法的形式予以规范和保护，而那些纯粹地方性的习惯，则不具有全国性法律保护的必要和可能。另外，民族和地方每每具有交叉性，并且常常交叉面很大，因此，我把这里的地方，主要界定为汉族各地方。汉族人口众多，分布广泛，其所生活的各地方风俗习惯多有差别，甚至大相径庭。这也为习惯和习惯法研究提供了肥沃的土壤，因此产生了一批研究地方习惯和习惯法的学者，如田涛、于语和、李瑜青、眭鸿明、张雷、瞿琨、刘志松、尚海涛、李学兰、谈萧、吕廷君、朱政、陈文华等。随着我国地方立法主体的扩大，地方立法在国家法律体系中的地位日显，相信这一研究还会有更大的发展空间。

其四，规范的研究。习惯及习惯法本身是一种社会规范，当这种社会规范并未通过正式立法机关的立法升华为国家法时，如何让其在实践中、特别是司法实践中发挥应有作用，从而把习惯和习惯法的研究，像研究国家法一样纳入规范分析的框架呢？这是近15年来，我和我的一些学生刻意研究的领域和问题。我把它称之为民间法与法律方法的关联研究。法律的“病症”，有时因其内部因素引起，如法律内部的逻辑矛盾、法律词义的意义模糊等，但也每每因为其外部因素引起，这主要体现为法律规定要么与它所要调整的具体社会事实脱节，要么与相关社会事实的规定性背反等。这时，对法律之司法救济及司法方法，主要是一种社会学的方法。把习惯和习惯法置于规范研究之中，其意义恰在于此。在这方面，魏治勋、厉尽国、贾焕银、王林敏、张晓萍等的研究，具有代表性。此外，徐昕和桑本谦在研究私力救济和私人之间的监控与惩罚时，尽管不是基于此视角的研究，但对这一研究，具有支持效果。

其五，决纷的研究。前述规范的研究在实质上也是针对借助习惯和习惯法来解决纠纷的研究。但这里把其单列为一类，是要说明纠纷解决，除了国家正式司法之外，尚有更多或原生的、或替代（司法）性的纠纷解决方式。就习惯的实践运用而言，其在这一层面的决纷活动中，有更为广阔的适用空间，且事实上在不同民族、不同乡村村社、不同城市社区的纠纷解决中经常被运用。这是决纷的研究在习惯法研究中之所以凸显的缘由所在。它在主体、运用方式、运行效力等不同视角提供了习惯法研究的现实土壤和广阔空间。这也是这方面的作品不断产出的缘由。如陈柏峰、唐峰、李剑、杨勇、杨平、虎有泽等学者，或就某个领域做系统研究，或在相关领域做多样研究。至于相关硕士、博士学位论文以及相关的其他论著，则更多见。

其六，个案的研究。在司法裁判中，习惯是如何被运用到个案中的？这是个法律方法的话题，因此，相关学理研究属于前述第四点的内容。但是，习惯运用于个案的社会背景、个案原因、引用后果、法律效力、社会接受等，不完全属于法律方法、从而也不完全属于规范研究的话题。显然，这些内容，更属于纯粹法社会学的话题。这样，对习惯运用于个案的研究，有些是从法律方法论的规范视角出发的，但也有大量研究是从法社会学视角展开的。例如，在国内学术界引起较大反响的青岛“顶盆过继案”的裁决，就催生了一系列相关学术论文的产出。其中有些站在法律方法视角（如姜福东的系列论文、王彬、陈光的论文等）研究，有些则站在纯粹法律社会学视角（这一类论文更多）研究。随着习惯在司法个案中的运用日渐增多，可以预料，相关的学术研究将会进一步成为我国习惯和习惯法研究的一个增长地带。

其七，国际的研究。无论在国家间交往，还是国际民事商事交往中，习惯都是其不能回避的重要内容。如果说习惯在内国法上是其重要渊源的话，那么，在国际法，特别是国际民商事领域，就更是其重要的法律渊源。在一定意义上，国际民商事法律，就奠定在既有的国际交往习惯基础上，甚至形成了一种“习惯国际法”。在这一领域，也出现了一些研究论著。其中有代表性的是姜世波、王彬等的研究成果。他们不仅研究“习惯国际法”的一般问题，而且立于司法视角对“习惯国际法”的形成机制、查明方式以及司法运用等作出了系统研究。尽管这一领域的研究成果也不少，但直到目前为止，仍是一些学者们自选的课题，既没有形成不约而同的研究形势，也没有形成有意为之的研究团队。故是需要继续强化的领域。与此同时，还有一些人在从事国别习惯和习惯法的比较研究，这也可以归于国际的研究这一大项下。

其八，文书的研究。文书，特别是契约文书，乃是人们规范化交往的凭证。我国的传统文书，尤其契约文书存量很多。据我所知，卷帙浩繁的敦煌契书、江浙契约、徽州契约、清水江契约、自贡盐井契约以及台湾地区宜兰契约等，是我国契约文书存量很多的典型表现。其中法学界对这些契约文书和其他文书给予较多关注的，主要是敦煌契书和清水江契约。由于古代社会的契约，除根据官法要求制定者外，“民有私约如律令”，它自身就是民间自治的重要规范，其间浸透了习惯的作用。因此，它也成为我国当代习惯法研究的一个重要领域。对它的研究，历史学界、人类学界多有展开，法学界也多有染指。例如，霍存福、王斐弘、孟宪实、韩伟、陈永胜、韩雪梅等对敦煌契约文书的研究。再如，徐晓光、罗洪洋、邓建鹏、潘志成、程泽时、瞿见、朱晋一等对清水江契约文书的研究等。除此之外，对其他各地的契约文书，法学界也有自习惯法视角所做的零星研究，但都没有上述两类契约研究得那么集中。值得一提的是董建辉、张明新等对乡约的研究，李雪梅、孙丽娟等对碑刻法律文献的研究，大体上也可以归入此类。

其九，学理的研究。习惯法是法吗？习惯与习惯法究竟是何种关系？如何理解习惯的规范性质？习惯法与国家法之间又是何种关系？如何调适习惯法与国家法之间的冲突？习惯进入国家法需要什么条件？国家法能否转变为习惯和习惯法？习惯与习惯法在何种意义上是规范，何种意义上是文化？存在一种刑事习惯法吗？这些问题和追问表明：随着学界对习惯与习惯法研究的日渐深入，有关习惯和习惯法的学理问题，在法学界也颇受关注，特别是其在法治现代化进程中的作用，屡屡成为近二三十年来我国法学研究的焦点话题之一。其中“法律文化论”“本土资源说”“法治理想图景说”“民间法理论”“法律人类学理论”“私力救济论”“习惯法理论”“新道统论”“习惯——法律起源论”“乡土秩序论”“习惯大的历史视野”“习惯法源论”“刑事习惯法理论”“环境习惯法论”“民事习惯法论”等学理，不但与习惯、传统问题息息相关，而且都在某一层面或涉及、或专门探究习惯与习惯法的学理问题。梁治平、朱苏力、邓正来、严存生、刘作翔、谢晖、赵旭东、朱晓阳、田成有、于语和、胡平仁、王启梁、侯猛、杜宇、徐昕、桑本谦、魏敦友、王学辉、喻中、王勇、魏治勋、张洪涛、彭中礼、李可、刘顺峰、许娟、郭武、王新生、张建、陈寒非等学者，都在这方面作出了相当可贵的探索。

从如上梳理不难发现最近30多年来，我国习惯和习惯法研究业已取得的成绩。不过尽管如此，有关习惯和习惯法研究方法和方法论的专门论述仍属凤毛麟角。大量的习惯与习惯法研究作品，并没有研究方法论上的自觉。众所周知，无论是一门成熟的学科，还是一个成熟的研究方向，方法论的建立以及研究方法的自觉，都是不可或缺的，否则，就难谓之成熟。那么，如何才能使我国的习惯和习惯法研究升华到方法论层面，并令人们在研究中形成贯彻此种方法论的自觉？这也是我和国内不少学者在“全国民间法/民族习惯法学术研讨会”以及其他场合经常探寻的话题。这一问题，尽管归根结底要在学术研究的过程中“自然生成”，但学者们有意识地强化对习惯法研究方法论的思考和探究，自然会催发此种“自然生成”的速度——这正如发酵素可以催发面团发酵的速度一样。

在这方面，李可博士的新著《习惯法：理论与方法论》就作出了相当自觉且有成效的探索。该著既是他继《习惯法——一个正在发生的制度性事实》之后，专门探究习惯法理论的又一著作，也是我国习惯法基本理论研究的最新成果。全书贯彻其“从事实上升至理论，进而又从理论跃迁至方法论”的自觉意识，在对习惯与习惯法、习惯法与纠纷解决、习惯法与国家法，以及哈耶克“自生自发秩序”理论的深入批判基础上，提出了一系列全新的概念术语和分析范畴。例如，在探讨习惯法与国家法的关系时，著者提出并反思了下述一系列问题。现代法治所面临的三大理念：“政府权力与社会权力关系上的‘消解命题’及由之形成的‘权力万能论’理念，民间习惯与国法关系上的‘模糊命题’及由之形成的‘规则万能论’理念，民间习惯与国法关系上的‘原子命题’及由之形成的‘体系万能论’理念。”官方处理习惯的三种理念与措施：“‘进化命题’与工具论处置”；“‘分离命题’与二元化规制”；“‘指向命题’与差序化调适”。习惯法进入国家法的具体方法和模式：“以知参法”；“援习入法”；“零星模式”等。再如在对哈耶克“自生自发秩序”学说进行反思和批判时，作者提出了“是与应当”“相对论与绝对论”“自由与功利”“形式与实质背反”“局部与整体脱节”“不干预与不正义”“内力论与外力论”“小社会与大社会”“小社会的困局”“规则进化命题的反历史变形”“赢得开放的条件”等一系列可能影响哈耶克命题内在困境的概念以及解决这些困境的新命题。这足见作者在该书中不但在一般性地研究习惯和习惯法问题，而且在研究中自觉追寻方法论的运用及创新。作者也提出并较为系统地论证了其“习惯法研究方法论”问题。

通读全著可发现：一方面，作者在该著的各个章节中已经贯彻了其习惯和习惯法研究的方法论；另一方面，作者又通过专章较为系统地总结了其有关习惯和习惯法研究方法论这一话题。我把这种情形，称之为习惯和习惯法研究的方法论自觉。何谓习惯和习惯法研究方法论？作者是这样界定的：“民间习惯法研究方法论就是指民间习惯法研究者对其自身的研究（理论）和方法之反思。因此，对于民间习惯法研究本身的研究，就是一个有关民间习惯法研究的法学方法论问题，因为它涉及对现有民间习惯法研究状态的理论反思，同时它也是现有研究‘得以顺利进行的重要条件’。”尽管这种对习惯法研究方法论的界定未必人人赞同，但在反思视角观察习惯法研究的对象、理论、路径、模式（型）、功能及方法自身等问题，毫无疑问，是一种在整体上设法贯彻方法于习惯和习惯法研究之始终的重要尝试，是习惯和习惯法研究中的方法和方法论自觉。无论人们是否赞成这种“方法论的帝国主义”倾向，但它和习惯与习惯法研究中缺乏反思、方法缺席的情形相较，是一种明显的创新，也是一个明显的进步。或许这种对习惯法研究方法论的解说，和人们期待中的提供具体工具的方法论之间具有一定的反差，但不难发现，要保有习惯与习惯法研究的方法及方法论的自觉，作者的这一思路不失为逻辑自足的探索。

当然，这并不意味着人们所期待的、习惯法研究在工具操作意义上的方法及方法论不重要。在我看来，这也正是作者需在下一步研究中所要努力的内容。具体说来，作者需要继续探索并回答：反思作为所有学术研究共有的方法论，它在习惯和习惯法研究中的个性或特殊性是什么；如何把反思研究的一般性带入习惯和习惯法研究之具有工具操作性的反思领域；如何避免以习惯和习惯法研究的方法论替代习惯和习惯法的所有理论；如何避免让人以为除了方法论的习惯和习惯法理论，便觉得空洞无物那种感觉；如何建构起习惯和习惯法研究不同于价值分析、社会学分析、人类学分析、规范学分析、历史学分析、文化学分析的方法论体系；如何在习惯和习惯法的研究中贯彻反思的原则和精神，实现方法和方法论的自觉等。自然，这些问题，比作者既有的习惯和习惯法研究方法论成果更需要下穿针引线、丝丝入扣的功夫。但唯有这些工作做好了，习惯和习惯法研究的方法论体系才能大体建立并完善，才有所谓真正的习惯和习惯法研究方法，才能在可操作这一总体要求下，把方法论自觉地贯彻到习惯和习惯法研究的事业中去，形成有方法的习惯和习惯法研究，而不是方法替代的习惯和习惯法研究。

一直以来，作者李可既关注并研究习惯法问题，也关注并研究法学方法论领域。因此，相信他能在既有的研究基础上，在后续的相关研究中，实现这两者更为完美的结合、提升和创造，为习惯和习惯法研究，也为中国法学界贡献出一套独特的、系统的方法论来！

是为序。

陇右天水学士　谢晖

2017 年 7 月 6 ~7 日于长沙

正义的良心之维

——朱祖飞《心学法学——良知正义观的理论建构》序

法律究竟是对象世界（包括“天人关系”“群己关系”“身心关系”）规定性的客观表达，还是主体需求世界的文字记载？抑或是客观见之于主观的规范体系？进而，据法律裁判的司法活动所根据的，究竟是法律，还是法律背后的主观决断——法官良心，人类良知？法律究竟是客观的，还是主观的？这些对法律本质性问题的追问，站在不同的学术视角，似有并不相同的答案。

在西方，从法律注释学派开始，一直到分析实证主义法学这一脉，大体都把法律视为“上帝死了”、神权衰落以来，世俗国家中人们交往行为的确定的、逻辑自洽的、因之也是最高的准则。法律，无论其作为主权者的命令，还是作为一套用来规范主体交往行为和法官裁判纠纷的规范体系，无论其作为人们对自己交往行为的标准预期，还是用我们熟悉的语言，它作为分配人们权利义务的规矩，自然，其都需具有客观性。这种客观性，既表现在法律规范对其调整对象——“事物规定性”的揭示上，也表现在法律规范的语言形式上——法律就是一套用语言表达的规范，只要语言具有确定性、客观性，法律就必然具有确定性、客观性。因为法律及其语言的确定，它才能像语言一样“表意”“行事”“取效”，才能以语言为基准建立法律规范、构造法律秩序、调整法律化的主体交往关系，否则，人类交往，就只能变得“没有规矩，不能成方圆”了。

但是，毕竟世俗国家在否定了神权对人权的压制之时，又无可奈何地抬出了一个替代神权的角色——国家或“主权者”，并以人的理性替代神的理性。这表明，人类总是需要权威的，但同时人类又必须提防权威的恣意妄为。为此，人们不但认真审视权力，而且通过法律制约权力——即使对出自主权者的法律也以同样的态度以审视。所以，从脱胎于注释法学的评论法学开始，中经自由法学，直到所谓“现实主义法学运动”，无论在大陆法系国家，还是在英美法系国家，学者们对法律的客观性、确定性、逻辑自洽性等都提出了大胆质疑。特别是现实主义法学者，不但激烈地怀疑并否定既有法学对法律“不切实际的”客观期待，而且在其论述中使法律的确定性追求完全陷入某种相对主义的窠臼。值得关注的是，在美国，这一脉的代表性学者，除了卢埃林之外，其他如霍姆斯、卡多佐、弗兰克、格雷等，皆是法官出身。那么，此种情形究竟意味着什么呢?

在我看来，这是人们怀疑“法律王”的权威性之后，法学家们对法律确定性不足的一种学理救济之道。犹如人们怀疑神权的合法性，从而“上帝死了”之后，需要抬出国家以救济一样。不过这一次人们抬出的，名义上是法官良知及其“自由心证”，实质上则是所谓“司法中心主义”。这样，人类秩序的构建和维系，似乎从“法律王”时代进入“司法王”时代。这种变迁，事实上仍不过是寻求人类交往的另一种确定性——从立法的确定走向司法的确定。在一定意义上，它确实满足了在一个日新月异，不断变革的时代人们对法律灵活性的要求，并借此要求把法律真理的一般性结构在个案裁判的具体性上，把法律应有的客观性贯彻到法官的良心决断中，把法律规范的确定性适度让位给真心诚意的良知把握，把程序正义的形式公平同时也切换为实质正义的实体公平。

上述两种不同路向的法学及其对法律的看法，在法治起步期和法学大规模输入期的当代中国，因所谓“历时性问题的共时性解决”，一并进入我国学者的视野。无论大陆法系的成文法传统、实质正义的追求、立法中心主义，还是英美法系的判例法精神、程序正义的追求、司法中心主义，无论是分析实证主义法学、法律教义学、自由法学、现实主义法学，还是其他林林总总、形形色色、各有所长的西方法学流派，都井喷般地涌入我国法学界。此情此景，诚可谓琳琅满目、目不暇接。

那么，在我国的法治建设中究竟应坚持“严格规则主义”的法治，还是奉行“正当程序主义”的法治？应坚守法律的客观性，还是因为法律的不确定性而主张法律的反思性、甚至主张法律及其价值的主观性？法律和司法活动，究竟应秉持客观理性的立场去作为，还是根据立法者的主观价值追求和司法者的内在良心去作为？法律学术和法学教育，究竟秉持规范分析的“客观立场”，还是价值求证的“主观立场”？这些问题，显然既是变革时代法律尤为明显的不确定性所诱致人们必须去做的学术话题，也是一个民治国家学术思想多元化的应有表现。

在法学输入的同时，也不难发现，我国法学界已经开始自觉地寻求并论证立基于我国思想传统和现实法治生活的法学。这从“法的自然精神论”（江山）、“法律文化论”（梁治平）、“本土资源论”（朱苏力）、“法治理想图景论”（邓正来）、“法治与文明秩序论”（於兴中），“法的中国性理论”（王人博）、“民间法理论”（谢晖）、“新道统论”（魏敦友）等的研究中不难发现其端倪——尽管这些学者们的研究，无论就对象范围、概念术语、学术范式、论述手段、思维方式等而言，仍旧是西方法学在当代中国的具体展开方式（自然，这与纯粹钻研西方法学传统及其理论范式的研究又有很大不同）。

令人欣喜的是，除了上述研究之外，还有些学者把中国古典学术的既有范畴融入当下的法学研究，如俞荣根的“伦理法论”，霍存福的“权力场论”，范忠信、陈景良等的“清理法论”，徐忠民的“法律与文化研究”，龙大轩的“道统法理论”，史大晓的“理学法理论”，杜文忠的“法俗理论”，喻中的“新法家理论”，以及这部《心学法学》的作者朱祖飞律师念兹在兹的“心学法理论”。只是有些学者意在通过探究传统儒家法思想、中国固有法文化或宋明理学的法思想而阐述一种思想史和制度史的事实及其对这种事实提纲挈领的总结，而有些学者却不太在意思想史和制度史本身，而是以其作为引子，阐述作者自己的法观念。《心学法学》的作者就属于后者。

众所周知，心学是宋代以来，和理学、实学等学术流派并列发展，并对我国及东亚世界影响巨大的学术流派。和理学的客观外取相较，心学更为强调孟轲那种“万物皆备于我”的良心内修功夫。诚如心学之集大成者王阳明所言：“无善无恶心之体，有善有恶意之动。知善知恶是良知，为善去恶是格物。”和实学的“实体达用”“经世致用”的外在功利追求相较，心学则沉醉于精神世界，把一切的物质实践行为搭架在人们的精神世界而考量，拒绝物欲横流，幸福反求诸己。

这种强调精神存在的哲学理念，我们在西人的哲学传统中似乎也不难发现。从柏拉图的理念论开始，中经黑格尔的精神现象学，直到如今影响甚大的语言分析哲学、哲学诠释学、主体间性论、实践商谈论等，都把立论的基点置于对人之精神本质的把握上。尽管它和我国既有的心学哲学在立论的目的、根据、方法上或有不同，但把哲学思考的前提立基于作为精神实在的人之上，却是我国心学和西人理念—主体学说的共同特点。由此出发，我们更容易发现包括法律在内的人类实践之精神本质。

正是在此意义上，或许才有了把心学和法学勾连起来的逻辑基础。人类的法律及其实践活动，尽管从其出发点看，是为了分配主体交往时的权利和义务，从而是一种貌似纯粹客观功利的思考。但权利义务的分配无论在立法环节，还是在司法实践环节，都充满了公平正义的精神追求。如何在立法上一视同仁地分配主体权利义务？如何在司法上公正合理地处理当事人之间的权利义务纠纷？显然不仅是利益分配问题，而且表现着人类永恒的精神追求——交往正义之追求。不追求公平正义的法律，毋宁是对人类作为精神存在的摧残，对精神主体的人为压制。所以，在中国人看来，“法者……平之如水也”；“廷尉，执法以平。”在罗马人看来，“法律是公平正义之术”。

人类寄托在法律上的这种追求，自然有客观的衡量标准，这就是在立法上，法律及其权利义务的分配要表达“事物关系的规定性”，它包括天人关系的规定性、群己关系的规定性和身心关系的规定性。在司法上，法官应公平合理地处理当事人之间的权利义务纠纷——从而法律的规定势必成为司法裁判的基本客观准据。但与此同时，这种“客观的衡量标准”，不过是人类智虑的结果。人类作为一半天使，一半魔鬼，面对纷繁复杂、千变万化、高深莫测、广袤无际的对象世界，其智虑自来不是、也不可能是什么真理的化身，而最多只是以点带面、斑窥全豹。因此，“人类一思考，上帝就发笑”，这并不是人类的自我谦逊，而是人类认知顾此失彼的客观写照。

在此意义上，法律自然免不了主观性之特征，表现在一方面，其价值——权利义务配置和分配的需求，本是人类价值追求的规范化、客观化，因此，不可能不带有主观性。另一方面，规定在法律中的价值及权利义务分配方式，因为人类认知的缺陷，必然在制定法律时带入法律中，从而凸显出法律的主观性——因此，法律是一个随着人类主观认知能力和认知结果不断发展进步而发展进步的规范事实，它不可能定于一尊而“天不变，道亦不变”，反之，它必须随人类主观认知的变化而变化。在此意义上，所谓心学法学就不但具有法律主观性的根据，也具有人类认知无法达致客观性，从而法律也难以达致客观性之事实基础。当法律及其认知的这些特点折射到具体的个案中时，特别是当法官面对复杂和疑难个案，不能完全以、甚至完全不能以法律规定裁判时——即法律之理“走到尽头”时，法官究竟根据什么进行裁判？法官能否以其良心、良知作为构造裁判规范的准据？无论陪审团制度，还是合议庭制度下的“多数决”，究竟表现的是客观真实的裁判，还是主观良知的裁判？凡此种种，尽管可以在不同立场上作出多种解释，但毫无疑问，这也是心学法学能够大为发力、更有作为的恰当场域。

作为一位法律信仰理论的倡导者，一方面，笔者完全理解作者对心学法学的用心、倡导和阐释，并且坚持认为，心学法学所追求的，是正义的良心之维，但另一方面，笔者又坚持任何主观认知一旦表现为文字符号，表现为人们交往行为和法官据以裁判的根据时，它自身已获得了客观性。这种客观性不是丁卯相合、毫厘不差，而是指在涵摄意义上能够做到“同样的事实同样地处理，类似的事实类似地处理，不同的事实不同地处理”，从而为正义的良心标准找到可以依托的规范标准和根据。如果连这种标准和根据也被良心、良知而否弃，则意味着这良心不再是良心，而是人们主观的各行其是、任意恣肆，这良知也不再是良知，而是人们自我的随心所欲、为所欲为。在这个意义上，尽管我赞同在心学视角深入探究法律、建构法学，一如我赞赏德国“自由法学”和美国“现实主义法学”那样，但与此同时，我不但不反对分析实证主义法学和法律教义学，而且还强调在我国法治之起步期，无论法学研究、法学教育、抑或司法实践，都应主要秉持分析实证主义法学和法律教义学的立场，坚持法律客观性的立场。其他法学及其观点，不应是、也不可能是此一时代法学的主流，同时不应是、也不可能是支持我国当下法治建设的主导理论。

自然，我这样说，并不是想在多元的法学之间，特别是不想在追求确定性的法律教义学和坚持良心主导的心学法学之间寻求某种妥协的方案，更不想、也很难寻求不同法学流派之间的所谓公约数，只是想强调：一方面，学术研究的百花齐放、各执己见乃理所当然，并且不同法学学术流派一定会在各自视角上为法治建设做出贡献；另一方面，面对当下中国起步期的法治建设，甚至即便我国未来实现了高度发达的法治，寻求客观规定性的法律教义学以及分析实证主义法学对法治而言，是基本的，包括心学法学在内的所有其他法学，对法治而言，只能是修补性的、从属性的。没有这种信念和坚持，法治将只能是海客谈瀛，烟涛微茫。

随着法律作为我国公民交往和司法裁判纠纷的基本社会准则之深入人心，律师在我国也相应地获得了崇高的社会地位。这其中有些律师在办案之余，还不断冷静、审慎地思考法律和正义的基本问题。但我所见到的诸多对学理问题感兴趣的律师，总是近水楼台先得月——基于其办案经验中的心得体会而说法论理者居多——其尽管不乏技术深度，不乏对法律教义的深刻把握和有力阐释，但除本身出身于学界的一些律师外，纯粹以律师为业者，对法学学理能形成自己独特的理论体系，并进而阐释、圆润者，尚不多见。在这方面，祖飞律师则是个例外。一直以来，他都热衷于对法学基础理论的学习、反思和探究。其《心学法学——良知正义观的理论建构》就是近十年来他探究相关问题的成果汇集，也是他一直坚守正义之良心之维的学术成果。

多年前，因为法律博客所提供的方便，祖飞律师和我多有交流。收集在本书中的不少篇章，我也曾较为仔细地阅读过。在我看来，尽管他对这一问题的系统探究还需继续圆润、论证和补强，但能提出这一问题并对其观点给出基本论证，已经是值得鼓掌叫好的！这对那些即便办案一流，但对法学理论或置若罔闻，或嗤之以鼻的法律实务者而言，无疑树立了榜样；也对那些从事法学研究和教育，但囿于既有教材或其他书本而不敢越雷池一步者，无疑也是示范。期待祖飞律师在已有研究的基础上，能够进一步比较心学法学、自由法学以及现实主义法学之间可能的勾连，关注心学法学和规范法学之间可能的功能互补，为法学界奉献出独树一帜、蔚为大观、系统绵密的心学法学来！

是为序。

陇右天水学士　谢晖

2017 年 9 月 27 ~28 日序于西宁

律师的公正使命[①]

近十年来，随着我国社会转型明显加快，律师的社会角色、社会地位愈益凸显。市场化交往、多元性竞争、陌生人社会等所带来的无法避免的社会冲突和纠纷，使前现代社会流行的“一抹光”的纠纷处理机制黯然失色，而必须代之以是非分明、裁判公正的法治化处理。在现代社会，政府不再是权威的社会纠纷解决者，因为它们自身经常陷于社会纠纷，甚至在某种意义上是社会“矛盾的主要方面”；个人权威也对处理人们的日常纠纷而言于事无补，因为几乎所有纠纷，都涉及纠纷当事人的利害得失。任何神圣的“奇理斯玛”，都无法取代公正的、可预期的法律尺码和当事人心目中的利益衡量。

因此，熟稔程序、因循法律、唯法是尚的律师，在这种社会里的吃香，乃是势所必然、理所当然。无论官家如何对律师贬之褒之，社会对律师如何非之赞之，只要人们遇到纠纷，并寻求通过诉讼或非讼的合法方式解决问题，就对律师的需要有增无减，

① 本文系江苏漫修律师事务所所约撰写的序言。选自王卉青主编：《法律服务专业化探索——江苏漫修律师事务所论文集（第二辑）》，中国法制出版社2016年版。

律师对社会的贡献也会与日俱增。因此，律师的形象，事实上已从当年“专替坏人说话”的“负面”角色，反转为“律师兴，法治兴；法治兴，国家兴”这种决定一个国家治理转型、国运兴衰之关键角色！甚至在官家口中，也强调说“律师事业面临前所未有的发展机遇”。如今，不唯企事业单位、政府部门聘请律师乃平常之举，而且事业稍有成功的个人聘请私人律师，亦非罕见！

律师业无论作为一种社会职业还是服务产业，在我国都可谓是新近的产物。它既未经过社会的淘洗和历史的沉淀，也还有待进一步塑造职业内部的良好规范和“有机团结”。社会和政治的各种风云变幻给律师业带来的严重冲击，使这个新兴的职业尽管在我国应运而生，但又命运多舛；律师业内部不能说完全没有蝇营狗苟、唯利是图等市侩之气和互不服气、内讧抬杠等江湖之风，更令对其本来怀抱偏见的人，获得了恣意攻讦它的口实。

自然，外在的“不可抗力”并非律师一家可以左右，但在既有条件和环境下，如何从律师业内部寻得其更进一步被社会所认知和接受的共识。我想，这完全是可以认真探讨的话题，甚至也是在律师职业内部能够部分解决的问题。我觉得，探讨这一话题的入口，或许是从定位律师的使命入手。初看之，这是一个不无玄虚的命题，然而这却是理解该职业的逻辑基础。

多年前，我在探讨法律职业时强调，所有法律职业者，无论律师、检察官还是法官，无不例外是专门借助法律而谋生的人。只是因为当法律职业者根据法律从业时，所关涉的不仅是从业者自身的利害得失，而且更涉及法律服务对象的成败输赢，因此，它绝不像普通公民或其他主体的用法行为那样，仅仅关乎用法后的自身利害。这就像在现代社会分工背景下的所有分工生产者一样，其生产的直接目的并非为其个人的吃穿用住，而是为市场上千千万万需要该商品的消费者，所以，更需要所有商品生产者的职业伦理。每位分工生产者不仅要“干一行爱一行”，而且要“干一行像一行”。可见，在社会分工和市场制度下，谋生对自己而言，固然是生存和生活之必然，但只有在自己的生产能够满足社会和他人的需要，进言之，能满足分工生产者的职业伦理时，谋求更高质量的生活才既是可欲的，也是能欲的。

正因如此，“律师作为法律职业，具有双重的使命，一方面，他必须为法律负责；另一方面，它又必须通过对当事人的法律服务获得其财富的增长。这样，律师职业事实上就具备了两样的职业内容——该职业既是法律职业，同时也是商人职业。”显然，对于律师职业者而言，其从事代理和辩护活动的商业性与公益性之间，具有同构特征。不过毕竟律师所从事的不完全是商业活动，在谋生之外，这一职业的活动必须依法寻求社会的公正和正义。故在此基础上，我愿意继续探讨律师应担负的三重公正使命。

自古迄今，人类的法律都以寻求、体现社会公正为所任。即使前现代社会的法律，也把在法律之下的社会公正作为其基本追求，故“法不阿贵，绳不挠曲”“刑过不避大夫，赏善不遗匹夫”“法律是公平正义之术”。那种公然把法律视为张扬社会不公，笃行特权保护的机器者，即便有，那也只是法律史上的例外，而非常态。社会公正的基本实现方式，须在个案的裁判中得以体现，否则，社会公正只能耽于理想、失于口号，口惠而实不至。在一定意义上，律师职业的产生，就是近、现代法律寻求司法个案公正的产物。特别在刑事诉讼中，众所周知，诉讼的一方主体是强大的国家，另一方主体则往往是无权无势的公民个人。以公民个人来应对携权力之威、谙法律之术的公诉主体，诉讼中的不平衡显而易见，以此追求个案的公正，结果也不难想见。故在刑事诉讼中建立辩护制度，既是为身处弱势地位的被告人提供法律帮助，也是以制度力量促进司法正义、个案公平。可见，律师的第一重公正使命，就是通过诉讼辩论和代理活动，在诉讼中和法庭上依法制衡权力恣睢，寻求并尽量保障个案公正。

个案公正是重要的，但个案公正毕竟是整个社会公正的一个片段、一个环节。即使“让人民群众在每一个司法案件中都感受到公平正义”，也不能就简单地认为个案公正之和就一定达到了法律秩序所要求的社会公正。因为法律秩序的维系不仅体现在遭遇个案后进行司法补救，更在于人们在日常交往中要遵循法律秩序。对法律秩序的维护，一方面，是全体公民的分内之事，因为法律是关乎每位公民、法人和其他社会组织的“社会契约”、主体共识；另一方面，更是国家机关的分内之事，因为除其代表国家作为契约主体一方外，更在于所有权力皆自法出，法律之外不得“推定权力”。律师在这两种力量中，理应属于前者的代表。这意味着律师在尽力促进个案公正之时，还应肩负以社会力量维系一个国家法律秩序的使命。在这方面，法律顾问制度的建立和推广，不正提供了律师借助制度方式，参与社会主体的日常交往，并督促顾问单位、公民个人严格依法交往、维系法律秩序的方便吗？可惜无论普通公民、法人、非法人组织，还是公权机构，对律师这一公正使命的认识还很不充分。而律师职业者，也更看重个案中法庭上的表演，对日常生活和交往中如何帮助人们运用法律维系秩序，即便积极参与，但也宣传不够。似乎不出庭唇枪舌剑的律师就不够格似的。这势必会影响或减损律师在司法个案之外，依法维护社会公正的使命，妨碍或冲淡人们对律师作用的更进看法。

无论律师所肩负的个案公正的使命，还是其所承担的社会公正的使命，都是从规范分析视角得出的。这样，似乎在制度或者规范分析视角，就完全解决了律师的公正使命问题。但倘若把价值分析引入其中，律师的使命到此并没有完结。除此之外，我们在价值视角还会发现：个案裁判和社会公正所依赖的法律，本身是个必须接受社会正义进一步拷问、论证和校验的概念工具和制度事实。众所周知，法律归根结底是人类智慧的结晶。不要说世俗法律，哪怕是神圣的宗教法律，也不可能是“神的理性”，而只能是“人的理性”。既然是人的理性，法律不可能不带有人类认识的天然缺陷。因此，要在动态实践中不断保持法律和社会之间的回应和适应，实现“可持续的社会公正”，就需要建立一种制度，能够随时发现既有法律的缺陷并予以救济。法律缺陷的救济方式，既可经由司法运用法律方法而实现（微观救济），也可经由立法这种政治行为而实现（宏观救济）。对律师而言，通过前者，不仅运用法律促进个案的公正解决，而且透过它发现或拓展法律的内部知识，这意味着律师对司法法律方法的应有贡献。这时，其应秉有法学家的角色和使命。通过后者，律师则在法律活动之外，依法参与到政治活动，并透过它发现法律的外部知识。近代民治国家的事实业已充分证明，律师参与政治活动，对于立法和法律秩序的顶层设计而言具有他人无法替代的作用。这时，律师则应秉有政治家的角色和使命。这些使命，一言以蔽之，为促进制度公正的使命。

这样，如果把公正一分为三，即个案公正、社会公正和制度公正的话，那么，就不妨把律师的使命也一分为三：在从事代理和辩护活动时，通过运用法律促进微观层面的个案公正；在帮助人们的日常交往和生活时，通过引导人们依法行为而推进中观层面的社会公正；在参与法律创制的政治活动时，通过法律内部知识的创造和外部知识的发现，矫正既有法律之不足，设计更加健全的法律体系，创造宏观层面的制度公正。我以为，一位律师于这三重使命皆有作为，是为大律师；其作为只在前两者，是为好律师；其作为只在前者，是为合格律师。

苍茫陇原涌法杰

——《陇籍法学家自选集》总序

一

苍茫陇原大地，东西延绵2000余公里，自古就是中原、关中通往西域的必经之途。这种地缘优势，奠定了其在中国文化史上的独特地位。在当下世间衮衮诸公看来，那里似乎只是经济落后、人民贫瘠，高山光秃、大河浑浊，荒漠恶风、飞沙扬尘的代名词。诚然，和迅猛发展的我国东、中部、甚至和绝大多数西部省份相比，其在经济上、环境上、人民生活上的不尽如人意尽人皆知，但这不应该掩盖或遮蔽它在中华文明发展史上的伟大贡献，特别是它在中国社会团结、制度构造以及对人民日常生活应对方面的创造性成就。

传说时代，人文始祖伏羲、女娲就生息、繁衍和发展在这块大地上。至今游人到了甘肃天水，依旧可以深刻体验几乎各个区县的民众，说起伏羲爷来那种侃侃而谈、有板有眼的情形。“羲皇故里”给邑人所带来的自豪，常溢于言表，形诸笔端。这种世代相传，不仅影响了邑人，也影响了整个中华文化对伏羲女娲的悠长记忆。譬如在我国台湾地区台北市，“中华文化始祖太昊伏羲圣帝八卦祖师纪念庙”就建在“甘谷街”（甘谷是天水的一个县）上；再譬如被称为与陕西黄陵黄帝公祭活动、山东曲阜孔子公祭活动并列的伏羲公祭活动，就每年在甘肃天水举办。

这种口耳传承，并非空穴来风。20 世纪 50 年代以来陆续出土的秦安（天水的一个县）“大地湾文化遗址”，跨越年代从公元前 8000 年到公元前 5000 年，是迄今为止，我国境内发现并挖掘的最早的新石器文化遗址之一。其文物遗存之丰富，被誉为发现了中国历史上的七（或六）个最早：中国最早的彩陶、中国最早的旱作农作物标本、中国最早的文字雏形、中国最早的“混凝土”地面、中国最早的宫殿式建筑、中国最早的绘画和中国最早的度量衡与十进制。[①] 先民们留存至今的这些伟大遗存，能否和口耳相传的当地伏羲故事相互印证，并作为信史的一部分？这自然不是一位法学者可以置喙的，但合理的想象有总比无好。

谈到伏羲女娲，谈到大地湾文化遗址，就不能不涉及先民们的规则/法律意识。传说中伏羲女娲举规执矩，就被认为是我们这个伟大的族群建立法律制度之伊始；传说中更多见的因伏羲画卦而创造文字、肇启制度的故事，几乎是人尽皆知的。《易·系辞》云：

---

① 参见张力刚：《试论大地湾遗址在中国史前考古上的六大之最》，载《丝绸之路》2014 年第 18 期；也可参看中央电视台科教频道播出的四集纪录片《祖脉天水》（2016 年 9 月 7 日始播）；甘肃省文物考古研究所：《秦安大地湾新石器时代遗址发掘报告》（上、下），文物出版社 2006 年版，第 1 页以下。

“古者包牺氏之王天下也，仰则观象于天，俯则观法于地，观鸟兽之文，与地之宜，近取诸身，远取诸物，于是始作八卦，以通神明之德，以类万物之情。”① 《左传》云：太皞氏之龙纪，故为龙师而龙名……”②《尚书序》曰：“古者伏牺氏之王天下也，始画八卦，造书契，以代结绳之政，由是文籍生焉。”③ 《白虎通》则特别强调伏羲在我国制度起源方面的伟大贡献：“古之时，未有三纲六纪，民人但知其母，不知其父，能覆前而不能覆后，卧之詓詓，行之吁吁，饥即求食，饱即弃余，茹毛饮血，而衣皮苇，于是伏羲仰观象于天，俯察法于地，因夫妇、正五行，始定人道，画八卦以治下，下伏而化之，故谓之伏羲也。”④ 在实质上，所有文字就是人类对事物的命名手段。有了对自然万象、人世百态的命名，也就有了人类把握对象，安排交往的基本规范。在此意义上，画八卦、造书契与举规执矩、“制嫁娶之礼……⑤” 等伟大贡献一样，都可

---

① （晋）韩康伯注：《周易·系辞下》，载（《十三经注疏》，中华书局 1980 年版，第 74 页）。许慎据此把我国文字的创生归功于伏羲，并延续成说，强调：“古者庖牺氏之王天下也，仰则观象于天，俯则观法于地，视鸟兽之文，与地之宜，近取诸身，远取诸物；于是始作易八卦，以垂宪象。”［（汉）许慎撰，（清）段玉裁注：《说文解字注》，上海古籍出版社 1981 年版，第 753 页］。

② 对此杜预注云：“太皞伏羲氏，风姓之祖也，有龙瑞，故以龙命官。”孔颖达疏云：“太皞以龙名官，春官为青龙氏，夏官为赤龙氏，秋官为白龙氏，冬官为黑龙氏，中官为黄龙氏。”［（周）左丘明，（晋）杜预注，（唐）孔颖达疏：《春秋》，载《十三经注疏》，中华书局 1980 年版，第 2083 页］。

③ （汉）孔国安撰，（唐）孔颖达疏：《尚书正义·尚书序》，载《十三经注疏》，中华书局 1980 年版，第 113 页。

④ （汉）班固文，（清）陈立撰、吴则虞点校：《白虎通疏证》（上），中华书局 1994 年版，第 50～51 页。

⑤ （西晋）皇甫谧：《帝王世纪》，载刘晓东等点校：《二十五别史》，齐鲁书社 2000 年版，第 2 页。

能是伏羲女娲时代，对中国文明之规范生活的最早谋划和安排。

此后的炎黄文明，亦和甘肃息息相关。炎帝部落早期主要活动在靠近今天甘肃天水市的陕西宝鸡一带，其发展卦象、制作五弦，勇尝百草、创造耒耜，种植五谷、教人稼穑等事迹，为我们这个向来主要以农立国的国家奠定了坚实基础。至于黄帝文明，相传更是直接源于今天之甘肃陇东南一带的文明成果。至今在甘肃省天水市的清水县一带，留有远近闻名的轩辕谷、轩辕溪和寿山（丘）等。尤其轩辕谷和寿山（丘），作为传说中轩辕黄帝的出生地之一，被广为传布。晋郭璞《水经》载："帝生于天水轩辕谷。"据此，北魏郦道元云："南安姚瞻以为黄帝生于天水，在上邽城东七十里轩辕谷。皇甫谧云：生寿丘，丘在鲁东门北，未知孰是。"① 尽管有此疑义，但至今除甘肃、山东、河南等少许几地因黄帝出生地而有争议外，很少见其他地方争议此事。这不难说明，有所争议，总是有缘由的。无论如何，黄帝文明泽被华

① （北魏）郦道元，陈桥驿校正：《水经注校证》，中华书局2007年版，第430页。应说明的是，皇甫谧在《帝王世纪》中，一方面，强调皇帝和炎帝的同源关系，并说明其长于姬水，说明他和西北、特别是甘肃息息相关。其后奠定了中国礼法文明之基础的周王朝，作为姬姓史上影响最大的一族，根据信史，就源于甘陕一带。在那个交通极其不便的时代，黄帝怎么能生于鲁地而长于姬水？何况在甘肃清水照例存在寿山（丘），皇甫谧作为陇上名人，在记述皇帝生地时，两次言及寿丘。其中只在后一次提及时很突兀地说到"丘在鲁东门北"。可不无吊诡的是，这个结论是其在叙述了黄帝从出生、征战、徙居、定都、称帝、再徙鲁（鲁，史上本有西鲁——今河南鲁山一带和东鲁——今山东曲阜一带之分）之后提出的［参见（西晋）皇甫谧：《帝王世纪》，载刘晓东等点校：《二十五别史》，齐鲁书社2000年版，第5~9页］。这与前文在逻辑上的悖谬十分明显。故这后一结论，是否为后世好事者刻意为之，令人不无疑惑。

夏，千古流芳。其造文字、修医书、立史官、藏书契、定姓氏、正音律等一系列举措，既为中华文明成功迈向组织化的制度时代奠定了基础，也因此使中华文明能够古今一脉，生生不息，流传至今。所以，源于甘肃、陕西的炎黄文明，既是中华文明之根，同时也无处不在地影响着中华民族之流。

至于周、秦文明源于甘肃，盛于陕西，影响所及，遍于华夏，盖无人有异议。周人之祖先不窋、公刘，就主要活动于今天甘肃庆阳一带。前者因为夏朝衰乱而失其官，率领周族部众虽“窜于戎狄之间”，但仍“不敢怠业，时序其德，纂修其绪，修其训典，朝夕恪勤，守以敦笃，奉以忠信，亦世载德，不忝前人”①。而后者导演了著名的“公刘迁豳”，为其后周朝的王霸基业，奠定了坚实基础。其业绩正如《诗经·公刘》所言：“笃公刘，于胥斯原。既庶既繁，既顺乃宣，而无永叹。陟则在巘，复降在原。何以舟之？维玉及瑶，鞞琫容刀……笃公刘，于豳斯馆。涉渭为乱，取厉取锻，止基乃理。爰众爰有，夹其皇涧。溯其过涧。止旅乃密，芮鞫之即。”② 诗文中所提及的戎狄以及豳等地方，即今天甘肃庆阳和陕西临近地区。故出生于庆阳的明朝大文豪李梦阳曾诗云：“庆阳亦是先王地，城对东山不窋坟。”到了古公亶父再迁关中，直到周族统一天下，甘肃一直是周人最重要

① （中华民国）徐元诰撰、王树民等点校：《国语集解·穆王将征犬戎》，中华书局2002年版，第3~5页。

② （汉）毛亨撰，（汉）郑玄笺，（唐）孔颖达疏：《毛诗正义·大雅·公刘》，载《十三经注疏》，中华书局1980年版，第541~544页。

的后方基地。周统一天下后，既创造了分封制来解决中央与地方关系的制度模式，也制定了严格的礼治以解决日常民事交往关系和行政管理关系，同时，还在“德政”之外，辅之以“吕刑”，初显“人文精神”，强调“明德慎罚”，抑制“天罚”“神判”，来应对日益世俗化的日常交往秩序。特别是在那个年代已经生产出了对后世影响甚大的依法定罪、罪刑相当（“中刑”）和疑罪从轻、众疑从赦的用刑原则；对故意（“非眚”）和过失（“眚”）犯罪、惯犯（“终”）和偶犯（“适”）相区别的用刑原则；对老人（“耄”）和孩子（“悼”）、正当防卫（“义杀”）不加刑的用刑原则；对数罪俱发，以重者论以及罚不连坐（“父子兄弟，罪不相及”）的用刑原则等。[①] 这些发明和规定，不但在今天看来还很实用，甚至至今在某些时候、某些方面仍未完全做到（想想在数十年前的那个年代，仍然十分盛行的“龙生龙、凤生凤，老鼠生儿会打洞”的说法吧）。正是此种在那个时代借鉴了昔日传统，并发扬光大的严谨而规整，宪、礼、刑并用，赏罚分明的制度，才让孔子对它不吝赞美之词：“周监于二代，郁郁乎文哉，吾从周！”[②]

秦文明自其先祖非子以来，世代放牧、经营在今陇东南一带。至今甘肃天水仍称秦城，那里多有秦亭一类的地名分布。非子放牧时代即有的朱圉山，就矗立在今天天水市甘谷县西南一带。那里至今仍是叠叠山峦，盈盈碧草，登顶四望，无限苍茫。

① 参见胡留元、冯卓慧：《夏商西周法制史》，商务印书馆2006年版，第404～410页。

② 《论语·八佾》。

在那里出土的毛家坪文化遗址，是迄今为止我国出土的最早的秦文化遗址。① 与它毗连的礼县大堡子山、圆顶山“秦公大墓——西垂陵园”，更因为20世纪末期文物贩子和当地农民相勾结，为了盗墓而“致富”，从而主大墓被挖得千疮百孔、宝物尽失，成为我们这个民族和时代的“千古遗恨”!② 也因为那些丰富的考古发现，李学勤曾这样写道：“中国历史文化早期的一系列核心疑问和谜团，恐怕都不得不求解于甘肃。”③ 在这里，我感兴趣的是秦文明对中国后世法制文明不可磨灭的贡献。对此，孙皓晖在其600万字的《大秦帝国》中，以学者的情怀，文学的手法精心描绘、研讨了这一文明的功过得失。但查其制度成绩，绝非秦统一中国后短短二三十年的贡献，而是秦文明长期积累和发展的结果。例如秦统一后向全国推进的郡县制，早在秦武公十年（公元前688年），伐邽、冀戎之后，就已开始。再如书同文、车同轨、

---

① 参见赵化成等：《甘肃甘谷毛家坪遗址发掘报告》，载《考古学报》1987年第3期；肖宇等：《秦文化探源：毛家坪遗址考古记》，载《大众考古》2015年第2期。

② 李峰：《礼县出土秦国早期铜器及祭祀遗址论纲》，载《文物》2011年第5期；中央电视台《探索·发现》节目：《〈甘肃古事〉之千古遗恨秦公大墓（上、下）》，2009年第324、325期。这是一场在任何一位文化人看来都深感耻辱的事件！该事件给我国秦文化研究造成的损失是根本无法弥补的，所以说是千古遗恨的事件毫不为过。好在2015年7月和9月，其中56件流失到法国的大堡子山精美文物被归还给甘肃省博物馆。笔者曾在该博物馆参观了部分归还文物。看着这些精美绝伦的文物，再想想更多流失海外，尚未追回的该墓葬被盗掘出卖的文物以及为了蝇头小利，刻意毁坏文物的犯罪行为，实在不禁令人捶胸顿足。当时作为观者，我虽忍住泪水，但与讲解员交谈时还是数度哽咽！为何如此伟大、精致的文明，在我们后人的手中就仅仅变成了几沓纸钱？为何我们的先人们在创造文明，他们的子孙却在无情地、野蛮地毁弃文明？

③ 李学勤：《〈遥望星宿：甘肃考古文化丛书〉总序》，载《甘肃社会科学》2004年第1期。

衡同制、币同质等项改革，尽管是秦统一后大刀阔斧地推行的，但在之前的法家思想中已多有阐述，在法家思想指导下的秦国的改革实践、特别是商鞅变法的实践中已有端倪。秦朝虽然二世已亡，但由秦国继而秦朝所建立的法制，却成为中国百世法制之宗。所谓“汉承秦制”即是明证；因此，“……二千年来之政，秦政也，皆大盗也；二千年来之学，荀学也，皆乡愿也”①，几可谓通说。无论后世的人们对这种法制影响有多少诟病，但其作为一种事实，仅仅诟病显然是不够的。它之所以至今仍在很大程度上影响着国人对法制的看法，与其自身的适应性特质怕是不无关系的。

秦文化以后，出自陇原、又对我国具有全方位影响，并且在世界文化史上占据一席之地的文化，就是唐文化。尽管唐朝天子李渊父子，皆从山西起家，但其根在甘肃。在李姓姓氏史上，甘肃向来占有最重要的一席。所谓“天下李氏，郡望陇西”，说的就是陇西在李氏文化史上的这种地位。我曾在贵州、广西一些深山调研中，不时能看到一些人家的堂屋里高悬着“陇西堂”的字样。问其所以，则回答说祖上来自甘肃陇西。从秦朝大将军李信，到汉朝飞将军李广，一直到唐代天子、文豪们，陇西李氏代有才杰。所以，李世民亲自主持编撰《氏族志》，强调“李氏凡十三望，以陇西为第一”。这种说法，虽然遭到后世学者的批判：

---

① （清）谭嗣同：《仁学——谭嗣同集》，加国润选注，辽宁人民出版社 1994 年版，第 70 页。

"唐太宗重修《氏族志》，就是企图通过皇权的力量，把关陇贵族门阀定位一尊的尝试……"① 但无论如何，一个地方的一个姓氏对一个国家的历史文化具有如此大的影响者，怕举世亦所罕见！所以，"言李者称陇西"并非虚言。重要的是隋唐以来，我国制度经由秦汉以来数百年的发展，又为之一变。以《唐六典》为代表的行政法制，以《永徽律》为代表的刑事法制，皆以宏大庄典之格局，影响了后世，也影响了周边邻邦。陈寅恪在论述隋唐制度渊源时，把其分为礼仪、职官、刑律、音乐、兵制、财政诸方面，可谓全方位地阐述了隋唐制度。他曾自谓："寅恪尝草隋唐制度渊源略论稿，于李唐一代法制诸端，妄有所论述。"② 对于隋唐二代的制度，他也推崇备至，强调"总而言之，二代的制度因时间与地域参错综合之关系，遂得演进，臻于美备……"③ 这位笃力追求"独立之精神，自由之思想"的史学家、思想家对隋唐制度（法制）的这种评价，在另一个侧面至少也表达了其对李唐文化和关陇集团的"同情的理解"、真心的赞美吧？

自唐代以后，在法律制度方面，虽然周秦汉唐的深刻影响绝不仅是遗风余韵，但甘肃人在我国制度实践中的活跃程度越来越低，越来越远离法制建设的中心。特别是宋元两代数百年间，整

---

① 赵克尧：《〈氏族志〉与唐太宗的关陇门阀观》，载《复旦学报》1984年第2期。

② 陈寅恪撰，唐振常导读：《唐代政治史述论稿·序》，上海古籍出版社1997年版，第1页。

③ 陈寅恪：《隋唐制度史渊源略论稿》，中华书局1963年版，第117页。

个朝廷，很少见有出身于陇籍的重要官员，更遑论其对整个国家制度的影响了。明清两代，这种情况虽略有改观，但仍不尽如人意。据有人统计，彼时出身于陇籍的进士翰林共有514名。[①] 其中有清一代，甘肃共考中进士350人，“所占全国进士的比例尚不足八十分之一，位居各行省之末，因此，甘肃也成为文风荒落的典型。”[②] 在这些进士中，真正能有大作为、特别是在制度上有大作为者极为罕见。比较知名的朝廷大员有李梦阳、胡瓒宗、巩建丰、牛鉴、安维峻等寥寥数位，且多以道德文章名世。他们对制度建设的影响，也都在其职权职责范围之内[③]。

一个国家的制度建设，无疑也反映了其背后的思想精神。陇籍出身的历史闻人对中国制度史的整体影响，自然会或多或少地反应其精英思想、人民精神、地域文化、族群性格等。除此之外，甘肃历史上也生产过对后世具有相当影响的一些思想家和文人，但按照今传文献，对制度建设涉猎较多、享誉古今的，只有王符的《潜夫论》一书。诚如有人所言：“该书的大部分论述，都是围绕着当时社会中的现实问题展开的。它涉及文治武功、刑法赏罚、经济策略、伦理道德、社会习俗、学习修身、看相占卜

---

① 参见张镔编：《甘肃明清进士翰林传略》，香港天马图书出版有限公司2005年版，第1页以下。

② 陈尚敏：《清代甘肃进士的地理分布》，载《中国历史地理论丛》2009年第4期。

③ 有一份专门以清代甘肃籍循例为例，研究循例养成机制的文章，可资参考以说明彼时陇籍官员之于制度建设的影响（参见杨银权：《论中国古代循良的特点及养成——以清代甘肃籍循良官吏为例》，载《青海民族研究》2015年第1期）。

等各个方面。但其中研讨最多、最为重要的，则是作者所提出的一整套经世治国的方略。”① 当然，众所周知，在古代中国，奉行文人治政，政治的诗性修辞风格远甚于其理性逻辑精神。用李泽厚的观点讲，这是一种典型的“实用理性”②。在这个意义上，甘肃出身的历代文人学士，与祖国其他各地出身的文人学士一样，其诗词歌赋、书画文章，或许都能进益于彼时国家的法制建设。

二

近代以还，列强侵凌、战乱频仍，吾国进入制度崩坏、“棋局”迷乱、前途莫测、天翻地覆的巨变时代。此种情形，被困顿于近代国家、民族危亡，并穷于应付时祸的李鸿章称为“三千余年一大变局也”③！这一变局，既让无数仁人志士反思变局产生的内外根由，也让无数芸芸众生深陷于变局所带来的一系列灾难中。一个秩序沦丧的世界，即使对一个小邦而言，都会祸患丛生，更何况我国自来就是一个体量巨大的政治实体，自从元代以来一直到清代中叶，其体量，无论从国土、人口、经济、政权还是体制看，都几乎不间断地保持在世界政治实体之最前列。但随着西学东渐、西政东移、殖民统治在全球的推动，安于东亚一隅

① （汉）王符：《〈潜夫论〉全译·前言》，张觉译注，贵州人民出版社1999年版，第13页。

② 参见李泽厚：《中国古代思想史论》，人民出版社1986年版，第303～306页。

③ 转引自梁启超：《饮冰室合集·中国四十年来大事记》（6），中华书局1989年版，第39页。

的这个庞大的政治帝国，再无以凭借其强大的内在吸引力维系那种被称为“朝贡体系”的世界秩序了，它自身被深深地裹挟到朝贡体系的替代产品——殖民体系中去了，从而这个表面庞大的国家，不过是个徒有空壳的“巨人”。对此，有学者指出：

“在汉朝的力量衰落以后，朝贡一词就已被确认，以致它既可用于与蛮族的外交关系，也可用于与它们的贸易往来。中国在隋、唐时期重新强大后，这种唯我独尊的理论也得以复苏。可以指出，在唐朝时代，皇帝的恩泽已远达四裔。这给中国的优越感和非中国人的贡属地位提供了坚实的基础”。

“表面上看，清朝的统治到 18 世纪晚期正处于空前的鼎盛时期。但是到 19 世纪中期，它就证明是一个驱壳中空的巨人。”①

之所以驱壳中空，乃是因为既有的制度面对这种突如其来的变革不但无所适从，而且惊慌失措。数千年来一以贯之、运用自如的制度一下子变得“哗啦啦似大厦倾”！面对淑世危局，有人寻求改良弊政，倡导君主立宪，以起弊振衰，挽救危亡。有人笃行启蒙救国，开展“新文化运动”，以改造文化之根，“一切问题，由文化问题产生；一切问题，由文化问题解决”②，从而达到“借思想文化以解决问题”③ 的目的。还有人则坚信革命的力量，

---

① ［美］费正清编：《剑桥中国晚清史（1800～1911）》（上卷），中国社会科学出版社 1985 年版，第 34、38 页。

② 钱穆：《文化学大义》，（台北）中正书局 1981 年版，第 3 页。

③ 参见［美］林毓生：《中国意识的危机——“五四”时期激烈的反传统主义》（增订再版本），穆善培译，贵州人民出版社 1988 年版，第 44～93 页。

唯有革命，才是解决问题的根本出路，才能推翻既有的制度，也能赶走、甚至消灭外来的侵略者。于是，在这个大变局中就出现了所谓“救亡压倒启蒙”① 的独特景象。百多年来，革命一词顺理成章地成为这个国家最重要的主题词。如今虽然有人强调要“告别革命”②，可革命的情结仍然深嵌在至今依然健在并活跃的数代人的记忆深处，是他们无法离析的观念基因。

改良的目的是引进新生因素，以维系既有制度；启蒙的目的是改变文化基因，以图为新的制度建立基础；而革命的目的，则在于把旧的一切连根拔起，冲决一切罗网，破坏一个旧世界，建立一个新世界。改良和启蒙的双重失败，使得相关制度建设也浅尝辄止，最终将变革推向了“武器的批判”。无论哪种变革，其中举事者，也主要是“春江水暖鸭先知”的东南沿海人民，特别是广东、湖南、福建、浙江、江苏一代的人士。而身处内陆的陇原大地，对此种情形的反应甚为迟钝。甚至和邻近的陕西也不能相提并论。有位“好事者”在网上就晚清、民国和共和国以来，各省的“名人”制作了一份名录，结果陕西在全国位列第七，而甘肃位列第二十七，仅有杨静仁、马鸿逵、马步芳和王进喜四人入选!③ 尽管其入选标准大可怀疑，但它也大体上反映了在那个民族危亡的紧要

① 参见李泽厚：《中国现代思想史论》，东方出版社1987年版，第25~41页。

② 参见李泽厚、刘再复：《告别革命——回望二十世纪中国》，（香港）天地图书出版公司2004年版。

③ 参见 http：//www.360doc.com/content/13/0603/10/3966739_290094412.shtml，2016年10月4日访问。

关头，不同地域的人们对之感悟和觉醒的程度具有明显的差异。

如果说改良和启蒙，本身以制度的温和转型为基本使命，从而寻求制度的文化联系理所当然的话，那么，革命则旨在砸碎一切旧的制度牢笼。尽管它不排斥在未来建立一种制度，但它在当下的任务就是要打碎、消除既有的制度，从而人们对既有制度的一切，只有刻骨仇恨，丧失同情理解。尽管如此，但人民的柴米油盐、生活日用总需要秩序应对。因此，一方面，在清末和民国期间，在边远落后的甘肃也开始有了法学教育，其标志就是 1909 年（光绪元年）甘肃法政学堂的成立，并进而在 1913 年，在法政学堂基础上筹办了甘肃公立法政专门学校。但是这所学校，究竟聘任了彼时哪些著名的法学家担任教授，又培养了哪些著名的法学家或法律家，至今查来，却云烟渺茫。[①] 只是在这所学校基础上成长起来的兰州大学，其学术影响和社会声誉，可谓誉满华夏、声震神州。另一方面，在共产党领导的陕甘宁边区变成全国

---

① 如今所能查到的，只有当时任职甘肃法政学堂校长兼教务长的蔡大愚先生，曾留学于日本法政大学。彼时任职于甘肃的兰州本地人水梓先生，也曾毕业于京师法政学堂。遗憾的是笔者未检索到他们二人留有什么法学著作。但可以肯定，他们在促进甘肃法学教育，甚至在推进甘肃积极融入共和思潮方面，功绩斐然。整个民国时期，曾在甘肃任教，后来也被学界普遍认可的学者只有原籍天津的吴文瀚先生一人。但他在民国时期也没有留下什么重要的法学作品，根据《陇上学人文存·吴文瀚卷》所附录之《吴文瀚先生作品题录》，民国时期，先生在《商职月刊》分别发表过《行使债权履行债务应依诚实及信用方法》（1935 年第 4 期；《评修改商会法要点及今后商会之形态》（1936 年第 3 期）；《各国商事法规之特质及其比较》（1937 年第 5 期）。而在发表文章当时，先生还未赴甘肃任教（这些文章，应当是先生在 1930 ~ 1936 年于朝阳大学法律系本科部就学时的作品。因为先生在彼时的甘肃学院任教，是 1945 年以来的事）。民国时期在陇工作期间，先生还有无其他法学作品，我索寻数日，一时也没有具体所获。

革命的中心之后，为了边区秩序建设，无论在立法领域，还是在司法领域，都有不菲的制度建设成果。①

这其中最值得甘肃人骄傲和自豪的，是至今在我国司法实践中仍被称道和运用的“马锡五审判方式”。马锡五虽是陕北人，但其创造的独特的审判方式——深入乡下、主动调查，实事求是；依靠并教育群众，听取并尊重群众意见；简化手续，方便群众诉讼，不拘形式展开审判；依法办事，原则与灵活相结合，清正廉明等司法经验，却是在陇原大地上创造的。他在担任陕甘宁边区高等法院陇东分庭庭长时，通过身体力行而深入群众、调查取证，巡回审判、就地解决，经常能公正地处理民间纠纷，自然也深受彼时民众的欢迎。直到今天，仍是全国法院系统所学习的楷模②。过去，他的

---

① 参见杨永华、方克勤：《陕甘宁边区法制史稿（诉讼、狱政篇）》，法律出版社1987年版；杨永华：《陕甘宁边区法制史稿（宪法政权、组织法篇）》，陕西人民出版社1992年版；张世斌：《陕甘宁边区高等法院史迹》，陕西人民出版社2004年版；汪世荣等：《新中国司法制度的基石：陕甘宁边区高等法院（1937－1949）》，商务印书馆2011年版；侯欣一：《陕甘宁边区高等法院司法制度改革研究》，载《法学研究》2004年第5期；朱未：《抗战时期陕甘宁边区巡回审判制度之研究》，湖南师范大学硕士学位论文（2012年）等。

② 例如，最高人民法院院长周强在甘肃法院调研时强调：“在协调推进‘四个全面’战略布局的时代背景下，继承弘扬马锡五审判方式，对于促进司法为民、公正司法，全面推进依法治国具有重要意义。”（宁杰：《周强：弘扬人民司法传统 深入推进司法改革 为经济社会发展营造良好法治环境》，载《人民法院报》2016年8月27日）。同时可参见梁明远：《弘扬马锡五审判方式 推进执法办案第一要务》，载《人民法院报》2015年12月2日；张立勇：《论马锡五审判方式在当代的继承与发展》，载《人民司法》2009年第7期。对马锡五审判方式的这种重视，不仅在甘肃、河南这些中西部地区的法院得以呈现，在广东省这个经济相对发达的省份，高级人民法院系统还专门组织会议，继承延安精神，学习马锡五审判方式（参见《延安精神与马锡五审判方式座谈会在穗举行》，载 http：//www. weixinla. com/document/26030393. html，2016年10月4日访问）。

办案故事通过现代评剧、舞剧等形式被搬上舞台，搬上银幕，曾影响了数代人。这就是著名的评剧、舞剧作品《刘巧儿》。如今，以他名字命名的大型电视连续剧《马锡五》，在《马锡五传》的基础上也于上海隆重开拍。[①] 在庆阳华池县，还专门开办了“马锡五审判方式陈列馆”[②]。这些事实都说明，其所创造的“马锡五审判方式”已经经受住了那个时代的考验，也成为我们这个时代鲜活有用的经验[③]。

之所以谈及“马锡五审判方式”，一方面，是想说明，即使是革命时代，只要想维持一种有利于革命的相对安定的秩序，就无可避免地需要法律，需要司法；另一方面，是想说明，在甘肃这块土地上诞生的“马锡五审判方式”，之所以成功，既是马锡五独特审判技术、风格和实践的成功，但同时也是甘肃、特别是庆阳人民之于何种司法才可接受的表达之成功。正因为他们对何种司法才有益于民众有坦率、明确的表达，才真正帮助了该实践的成功。马锡五尽管并非法学科班出身，但其司法

---

① 参见《大型历史题材电影电视剧〈马锡五〉筹拍启动》，载 http：//ent.people.com.cn/n1/2016/0704/c1012－28522187.html，2016 年 10 月 4 日访问。

② 先朝阳：《马锡五审判方式理论研讨会在华池县举行 马锡五审判方式陈列馆同时开馆》，载《甘肃日报》2016 年 1 月 9 日。

③ 对“马锡五审判方式”，曾作为马锡五的“学生”，担任过多年新疆维吾尔自治区高级人民法院法官，并处理了大量十分棘手的疑难刑事案件，被新疆民众亲切地称为“吴青天”的西北政法大学吴效先老师，曾亲口告诉我马锡五的言传身教、办案手法、逻辑思维对他后来处理这些疑难、复杂案件的深刻影响。在我的建议下，吴先生把其所办的部分影响甚大的案件写出来并出版。可惜该书出版后不久，先生即溘然长逝，其更多的办案经历和经验无以再现！参见吴效先：《平冤十记——一位老法官的办案回忆》，中央文献出版社 2007 年版，第 1 页以下。

结果的可接受性，怕是那些法学家们的现代理论很难解释的。[①]这对于生于斯长于斯的甘肃法学家和法律家而言，既能近水楼台地享受这份思想和司法实验，也能够在此基础上进一步深化其思想和司法实验。

新中国成立伊始，在打碎旧的国家机器基础上，建立了新的国家政权和法律体制，但习惯了暴力革命观的人们，对于通过法律的和平理性、甚至还有些温情脉脉的方式来解决问题的方式反倒不太适应。因此，在此后将近30年的时间里，几乎是法学、法学家和法学教育的赋闲时代。一大批法学家要么改行，要么被打倒。而整个国家法学家之命运多舛，众人皆知。反倒是此前法学家十分稀缺的西部地区或因为国家建设之需，或因为改造“右派”之需，一些法学家被发派到这里。如在宁夏，著名法学家韩幽桐就在1958～1963年担任宁夏回族自治区高级人民法院院长，著名法学家、我国当代宪法学和法律逻辑学的奠基人吴家麟先生因为“右派”身份被发派到宁夏，[②]却在那里获得了学术上的大成功、大声誉。在甘肃，也有萨师炯、梁选青，以及民国末年已经在兰州工作的吴文瀚等法学家把其一生奉献于此。但不无遗憾的是：除吴先生外，其他学者的学术水

① 相关的分析可参见喻中：《吴经熊与马锡五：现代中国两种法律传统的象征》，载《法商研究》2007年第1期。

② 参见汤翠芳：《执子之手》，宁夏人民出版社2009年版，第24～34页。

平基本保持在民国的水平上。[①] 即使吴先生，所发论著也往往困于时代，言不由衷。[②] 是的，在一个把法律视为“用绳绳绑人的”[③] 时代里，期待法学和法学家有大作为，这怎么能切合实际呢？[④]

甘肃法学的真正发展，与全国一样，是伴生于改革开放以来国家法制建设的脉动而来的。只是相比较而言，在不久前法学尚默默无闻，至今文教仍严重落后、经济也极欠发达的甘肃，突然崛起了一批令国内同道刮目相看的法学家，还是不能不令人既为之欣喜，又为之思索的。据有些“好事者”统计，甘肃以 20 位的“上榜”人数，位列全国各省法学家排名之第 9 位（第 1 位是湖南省，“上榜”60 人；第 2 位是河南省，“上榜”57 人；并列第 3 位的是江苏省和浙江省，各“上榜”55 位……）。其中甘肃省“上榜”的 20 人是：“法理学：刘翰、冯玉军、任强、刘作翔、谢晖、於兴中、陈夏红；法史学：胡留元、冯卓慧、王健、

---

① 其中萨师炯先生在民国时期独著有《共产主义与法西斯主义》（1939 年出版）一书，与钱端升等先生合著有《民国政制史》一书；与萨孟武合著有《宪政的原理及其应用》。此外，他还编有《地方自治法规》一书（参见王勇：《仰之弥高、风范永存：纪念萨师炯先生》，载 http：//www. weixinnu. com/tag_ article/1988764215，2016 年 10 月 4 日访问）。

② 参见范鹏主编：《陇上学人文存·吴文瀚卷》，甘肃人民出版社 2010 年版，第 页。

③ 参见谢晖：《从“绳绳绑人”到“治国之才”》，载谢晖：《象牙塔上放哨》，法律出版社 2003 年版，第 24 ~ 27 页。

④ 值得一提的是金少英（1899—1979，曾任西北师范大学历史系主任）所撰著的《秦官考——“秦会要订补职官篇”补正》（载《西北师范大学学报》1958 年第 1 期）一文，不但引致文献学界的轰动，而且对法学研究来说，也是十分有补益价值和参考作用的论文，甚至它就是一篇法律史学的杰出论文。

汪世荣；民商法学：李明德；刑法学：吴宗宪；诉讼法学：柴发邦；经济法学：王鼎勋、徐德敏、甘培忠、靳文辉；国际法学：徐泉、王瀚。”[①] 在这份名单中，有个别是不明确的，如徐德敏先生，就并非甘肃人，也没有在甘肃工作过。但同时至少漏掉了如下二十余位值得特别一书的学者：任先行（退休前一直工作于甘肃——当然，这一标准可以存疑）、李功国（退休前一直工作于甘肃）、满达人（退休前一直工作于甘肃）、陈志刚、马玉祥、米健、张世明（出生并成长在张掖）、顾永忠（出生并成长在白银）、周林彬（出生并成长在兰州）、张翔、马光远、金俊银、李玉璧、韩君玲、王志华、王勇、王斐弘、李占荣、任尔昕、史玉成、牛绿花、刘光华、吴双全、贺海仁等在法学界已有突出贡献的学者。这样一个特色鲜明、实力强大的法学学术群体，在土地如此贫瘠，经济如此落后，教育资源如此不足的甘肃产生，无论如何，是值得称颂和关注的一件事！在如上统计基础上，如果按照人口比例来重新排列，甘肃法学家在“榜单”上排列第一、二位，应当不是什么问题。特别值得嘉许的是，在当今中国法学界，活跃着一批更为年轻、厚积薄发的陇籍法学家，如王存河、卢建军、王立志、吴国喆、杨强、曹明、魏小强、杜强强、汪公文、王宏英、郭武、迟颍、王慧、李玉虎、张建军、马海峰等。相信陇籍法学学人这种生生不息、薪火相传的情形，一定能够在

① 参见《中国大陆各省法学家排行榜出炉》，载 http://www.360doc.com/content/16/0306/22/7393317_540065120.shtml，2016 年 10 月 4 日访问。

未来时日里，使陇籍法学家和陇原法学更加熠熠生辉，争奇斗艳在我国法学的百花园中。

谈到陇籍法学家，我曾在“首届陇籍法学家论坛”上总结了五个特点，即个头较高、视野开阔；出身贫寒、不畏艰难；坚守法理、学问深沉；产出较多、刻苦耐劳；家国情怀、立志远大。[①]这些说法，有些是为了获得学术会议的临场效果，但即便如此，它也基本说出了我对当下陇籍法学家及其法学成果的基本看法。这不但是一批勤奋笃业、高产多产的学者，而且是能够不断精进、锐意创新的学者。到目前为止，对他们的突出贡献，可举其要者如下：

在法律史学领域，他们对我国夏商周法制史（胡留元、冯卓慧），汉唐民法史（冯卓慧），法律与资源比较史（张世明），比较法律文明史（王斐弘），中国判例史（汪世荣），陕甘宁边区司法史（汪世荣），中国法学教育和法学翻译史（王健），中国传统法律精神（任强），法律教育、法学学术和法律人物史（陈夏红），蒙古法律文化史（杨强）以及伊斯兰法律史（马玉祥、马明贤、哈宝玉），罗马法史（吴文瀚、冯卓慧、米健，任强），外

---

① 参见谢晖：《陇籍法学者与中国法学热点问题》，载 http：//xbxsf. nwupl. cn/cdsy/study/200911/1381. html，最后访问时间：2016 年 10 月 5 日。相关论述，还可参见谢晖：《西北法学研究与中国法学流派》，载《甘肃政法学院学报》2010 年第 1 期；王勇：《“陇派法学”、“西北法学”与中国法学发展——“首届陇籍中青年法学家论坛”的经验与启示》，载《甘肃政法学院学报》2010 年第 1 期；谢晖等：《“陇派法学”：命题及问题——“陇籍法学人”对话录（一）》，载 http：//longfu. fyfz. cn/b/868598，最后访问时间：2016 年 10 月 5 日。

国法制史（刘艺工、满达人、马海峰）、中国古代商法（李功国）、敦煌契书文献（李功国、陈永胜、王斐鸿、韩雪梅、侯文昌）的研究，足以比肩国内相关领域的顶级研究成果。

在理论法学领域，他们对比较法律文明（於兴中），比较法律思想（任强、曹明），法律文化理论（刘作翔、李功国），指导性案例理论（刘作翔），法律理想理论（刘作翔），法治国家理论（刘翰、刘作翔、於兴中），法律信仰理论（谢晖、任强），法律诠释学与法律沟通理论（於兴中、谢晖），法制现代化理论（谢晖，任强），法哲学范畴理论（谢晖），法律方法理论（谢晖、任强），民间/习惯法与法文化（谢晖、刘作翔、王勇、王存河、魏小强、卢建军等），制度修辞理论（谢晖），法律经济学（马光远、冯玉军、周林彬），法律全球化理论（冯玉军），宗教法研究及宗教管理法制化理论（冯玉军、汪公文），比较法（米健、王志华、张彤），司法基础理论（刘作翔、任强），宪法教义学（张翔）；回族法文化和伊斯兰法文化研究（虎有泽、拜荣静、陈其斌、马玉祥、马明贤、巴于茜），藏族法文化研究（牛绿花、吕志祥、韩雪梅、刘军君）等都作出了标新立异、独具匠心，令人刮目相看的成果。

在部门法学领域，陇籍法学家在举凡宪法学基础理论（李占荣、张翔、王宏英），宪法基本权利理论（张翔），释宪理论（张翔），修宪理论（杜强强），民族法和民族区域自治法理论（虎有泽、马玉祥），社会福利法研究（韩君玲），公共规制和国家干预理论（靳文辉），警察法治研究（卢建军），犯罪理论（吴宗宪），刑法学理论（衣家奇、张建军），诉讼基础理论（贺海仁），证据法基础理论（裴苍龄），民事诉讼法学（柴发邦、邱星美），刑事诉讼法学（顾永忠），行政诉讼法学（金俊银），替代性纠纷解决理论（邱星美），经济法基础理论（张世明、周林彬、刘光华）、外国经济法（满达人），公司治理研究（甘培忠），破产法理论（陈夏红），房地产法理论（魏秀玲），民商法理论（任先行、米健、李功国、任尔昕、吴国喆），缔约过失责任理论（迟颖），海商法研究（王立志、王慧），国际法、特别是航空航天法理论（王瀚、王立志、吴双全），国际私法理论（王瀚、胡晓红），国际经济法理论（徐泉），欧盟法（李道刚，张彤），知识产权理论（李明德、刘斌斌），比较专利法（陈志刚），著作权法理论（王兰萍），非物质文化遗产法研究（李玉璧）、环境法理论（史玉成、郭武、王慧）等各个领域内几乎全面开花。[①] 可见，

---

① 我在这里的例举，仅限于如下 3 类学者：（1）原籍甘肃的学者；（2）出生、成长于甘肃的学者；（3）现在仍在、或终生工作在甘肃的学者。三者只要具备其一，就属于我在本文中所谓“陇籍法学”和“陇籍法学家”的范畴。因此，有些曾工作在甘肃、如今已经调走者一般不涉及。如马贵翔、陶广峰、蔡永民、刘晓林、隆英强等学者，就曾经在甘肃工作，且其一些重要学术成果也是在甘肃期间作出的（如马贵翔的《刑事诉讼的理想结构与现实结构》，甘肃人民出版社 1994 年版；《刑事诉讼的“两重结构论”质疑——与龙宗智同志商榷》，载《现代法学》1991 年第 3 期；陶广峰与刘艺工合著的《中西法律学说发展历程》，兰州大学出版社 1994 年版；蔡永民的《比较担保法》，北京大学出版社 2004 年版；刘晓林的《唐律“七杀”研究》，商务印书馆 2012 年版；隆英强的《藏族赔命价习惯法对我国刑事司法的挑战及其可能贡献》，载《民间法》2009 年卷；《论法文化视域下藏族传统法律文化在中国传统法律文化的价值与地位》，载《当代法学》2010 年第 2 期；《吐蕃王朝时期的法制研究：兼论藏族法制文明的演进》，人民出版社 2016 年版等。但因如上标准的限制，在此就不专门提及。我也在此特别感谢这些学者在甘肃工作期间，背井离乡、攻艰克难，给甘肃法学所作出的独特贡献！

除在军事法学领域陇籍法学者尚涉足不多外，在其他各个部门法学领域，陇籍法学者不但深入地涉足其中，而且贡献颇多、成绩斐然。

自然，对这样一个活跃的学术群体及其学术成果，能够集其菁华，总其大成，淘滤经验，总结不足，既是我个人的心愿，也是所有陇籍法学人的期待。

三

2009 年，在甘肃政法学院牵头并在全体陇籍法学人的共同努力下，“首届陇籍中青年法学家论坛”在兰州举办。这是有史以来，以“陇籍法学家”名义所举办的首次学术会议。其后又分别于 2012 年、2015 年在兰州举办了两届，并正式把这个活动定名为“陇籍法学家论坛”，拟每 2～3 年召开一次。逐渐形成论坛规则和陇籍法学家的定期会议机制。每次论坛，收获颇丰，[①] 特别是第三次论坛，与会代表们提出了很多实质性的、可操作的建议。我也提出了多项建议。其中之一，就是筹划并编辑出版“陇籍法学家自选集”。这套拟出版的“陇籍法学家自选集”，就是对这一建议的具体落实。

我以为，在我们统一的国家里，法学家和其他所有人的贡

① 参见王存河、张雷：《“第二届陇籍法学家论坛”综述》（上、下），分别载于《甘肃政法学院学报》2012 年第 6 期、2013 年第 1 期；何明霞：《第三届“陇籍法学家论坛”召开》，载《甘肃法制报》2015 年 9 月 16 日。

献，都是普惠于这个国家的发展的，所谓“夫学术者，天下之公器”① 这一被普遍认可的观点就是明证。既如之，却又要画地为牢地非要研究一番湘籍法学、豫籍法学、苏籍法学、浙籍法学、鲁籍法学……真有这个必要吗？相应地，编辑不同地域法学家的自选集是不是会冲淡法学天下公器之性质？诚然，一项事业的发展，必须经得起各种各样的疑问、质问和拷问。陇籍法学、陇籍法学家、陇籍法学家自选集这样的说法和做法，以及其背后所蕴含的独特的理想和事业也是一样，必须经得起各种质问：一方面，有质疑就应当回答质疑；另一方面，坚持不懈地走自己的路，只要路是通的，各种问题也就自然回答、迎刃而解了。

作为一个超大体量的国家，抽象的中国是由其各个具体的部分构成的。我们知道，即使在一些体量较小的国家中，也对其各个不同地方的学术文化以分别对待并同等重视。如在英国，就有苏格兰哲学、英格兰哲学之分。在有些国家，学术分流问题不以地域为标准，而以大学附带其所在的地域为标准，如美国的芝加哥学派、伯克利学派等，首先说的是大学，同时因为这些大学的名称和其所在的地域名称相重叠，故外表上也就有了地域的痕迹。之所以如此，乃是近代以来大学在这些国家的高度自治，使得学术活动、学术流派常以大学为“根据地”。阐述这一节，是

① 黄节：《李氏焚书跋》，载张建业主编：《李贽全集注》（第二册），社会科学文献出版社2011年版，第341页。过去学界咸以为这句话是梁启超先生讲的。黄节是梁启超先生同时代人，梁先生究竟是在什么场合讲这句话的？我翻阅《饮冰室合集》，一时未找到。所以，究竟谁最早阐明了这一观点，有待继续考证。

想说明，只要人具有地域归属性，具有各自的寻根精神和需要，那么，根据其地域生活的不同及其独特的怀乡精神气质，区别属于不同地域的文化、学术、思想就理所当然。更重要的是，在这种不同的区别中还能发现并带来更进的平等原则和精神。

完全可以说，没有区别就不会有平等。近代以来的平等精神，就奠定在对一个个活生生的个体主体性的肯定之上。这种情形，可以类而推之。在一个人口众多、地域广大、族群复杂的国家，只有肯定作为部分的地方主体性和族群主体性，才能真正实现不同地方、不同族群间的平等，并进而实现国家的统一与共和。特别对我国而言，以省级地方为界，各个地方文化的差异和复杂程度，远甚于欧洲国与国之间的差异，这就更需要关注地方文化的差异性，以真正利于一个大国的文化互补、内部团结和整体共和。这种情形，即使在学术研究领域，照例适用。关注推进不同地方的学术发展，不仅在事实上是对不同地域学术研究的肯定，而且在功能或作用上，必然会实现一加一大于二的效果。具体说来，这套丛书的编辑出版，我寄期望于收到如下一些成果或意义：

第一，荟萃当代中国陇籍法学家的学术成果，激励陇籍新生代法学家茁壮成长。既然陇籍法学家们在近 30 年间筚路蓝缕、锐意创新，从一个贫穷的省份走向全国，并让法学界刮目相看，在高手如云的当代中国法学家中能独树一帜，那么，把他们当中有代表性的学者们的成果编辑成书，汇集成丛，从中发现这些学者们的学术个性与共性，寻找他们在多灾多难的土地上如何样坚守“艰难困苦、玉汝于成”的精神，① 研讨他们已有的贡献和存在的不足，以便重新出发，谋图更进，这自然是十分必要的举措。与此同时，众所周知，学术研究是一项需要不断积累积淀，才能有所成就的事业。而要实现积累积淀，必须数代人举棒接力，才有所成。目前在陇籍法学家中成绩斐然的学者，毕竟受时代的严重影响和局限。他们的贡献，只是在参与我国法治建设起步阶段的学理求索中实现的。但我国的法治建设，显然还有更长的路要走，有更复杂的问题要解决。因此，如何在既有的学术贡献基础上，带动新一代陇籍法学人朝着更为卓越的方向努力，是当下业已成名的陇籍法学家们必须关注的问题。显然，这套丛书的出版，不仅仅是对那些已经作古的陇籍法学家们的怀念和纪念，也不仅仅是对目前业已身负隆誉的老中青陇籍法学家们卓越学术成果的肯定，而且是对他们以此为基础，追求卓越的法学成果的一种促动，当然，更是对向来目视前方、志存高远、心向先进的年青一代陇籍法学人的激励。相信通过这种激励，一定能使他们收到追随前辈，奋力拼搏，青出于蓝而胜于蓝的效果。

第二，抛砖引玉，促动其他各省法学家也能编辑其著名法学家代表之作、荟萃之作。近年来，我国不少省份都拢聚其法学名家，举办定期或不定期的法学联谊活动。就我所知的有“河南法

---

① 对此，我在《法的思辨与实证》（法律出版社2001年初版，2016年二版）一书的序言——《学习者、思想者》中，就个人经历、体悟和奋斗作出了一定的描述。其实，受大自然条件制约的陇籍法学家，每个人都有其独特的苦难经历和奋斗事迹。能把这样的经历透过这套丛书展示出来，本身就很有“标本”意义。

学家论坛”、胶东人法律联谊会、湘籍法学家学术联谊会、赣籍（从第二届起改为“江西籍”）法学家联谊会①等。除此之外，上海曾专门成立了“上海法学家企业家联谊会”②、辽宁也曾成立了“辽宁省科技家企业家法学家联合会”③。确实，在当代中国法学家的版图上，上述不少省份，再加上川渝、安徽、福建、河北、京津等地，在绝对数量上，其法学家远甚于陇籍法学家，其能够发挥作用的条件和环境也远甚于陇籍法学家。出于多种因素，他们或许对我国新时期法学的重建和初步繁荣作出了更大的贡献，因此，这样的省份谋划编辑出版其法学家的代表作或自选集，既有现实条件，也有客观动力。但目前国内还没有一个省份这样做。在此意义上，“陇籍法学家自选集”的先行编辑出版，或许能收到一举带多举的作用，收到抛砖引玉的效果。假如全国有十个左右的省份能推进这一计划，则对我国昔日法学学术的整理和总结，对当下法学学术的影响和示范，对后世法学学术的传承和发展，其意义和效果理应非同凡响。在这方面，文化学界早已出

---

① 参见胡巨成：《第三届河南法学家论坛召开》，载《河南日报》2011年8月22日；英堂：《胶东法律人联谊会在烟台成立》，载《中国政法大学学报》2007年第2期；蒋海松：《法治湘军 辉映故里——第五届湘籍法学家学术联谊会侧记》，载《人民之友》2013年第6期；《首届赣籍法学家联谊会暨卓越法律人才教育培养研讨会召开》，载 http：//law. jxufe. cn/fazhi/NewsShow. asp? id = 155，2016年10月7日访问；江西省律师协会厅直律师事务所工作委员会：《第二届“江西籍法学家联谊会”暨法治江西建设高端论坛召开》，载 http：//jx. people. com. cn/n/2015/1129/c348393 – 27204276. html，2016年10月7日访问。

② 参见《上海法学家企业家联谊会简介》，载《企业与法》2013年第3期。

③ 参见风岸：《辽宁省科技家企业家法学家联合会在沈成立》，载《辽宁经济》1995年第2期。

版了“中国地域文化丛书”[1]。而新近又出版的大型地域文化丛书“中国地域文化通览”，更是多由名家执笔、卷帙浩繁，可谓地域文化之集大成者。[2] 除此之外，全国各地都热衷于整理、编辑和出版地方志，为此，国家还在中国社会科学院专门成立了“方志出版社”。这足以说明人们对地域文化的重视。法学作为学术文化，尽管和一般地域文化不具有直接的可比性，但正如前述，它也完全可以是地域文化的一部分。因此，“陇籍法学家自选集”的编辑出版，可谓生逢其时；它对激励和示范其他地域组织类似的丛书，以促进其法学研究的发展，也应不难预期。

第三，调动并激励不同地方、不同籍贯之间的法学家们竞争合作，共同推进中国法学的繁荣。学术活动，作为一种思想表达，固然是个人的事业，但进入思想和学术交流层面，进入思想的社会运用当中，其又必然是公共的事业，这就是学术是“天下公器”的缘由。这势必要求学术活动要做到精益求精。那么，如何才能做到精益求精？我以为，其中一种方法仍然属于作者，即作者面对材料、行文和思想表达，不惮其烦，举一反三地验证材

---

① 该丛书由辽宁教育出版社于1991年起陆续出版，目前已经出版到24部，并引起学界和知识界较大的反响，如王越男：《文化发展中的“空间”因素——读“中国地域文化丛书”》，载《中国图书评论》1992年第2期等。

② 该丛书由中华书局2014年开始出版。据介绍，这套丛书“历时八年、动员近1000名专家学者共同参与，中央文史研究馆馆长袁行霈，国务院参事室原副主任陈鹤良，中央文史研究馆馆员陈祖武、王尧、程毅中、方立天、傅璇琮、王蒙、杨天石、陈高华、樊锦诗、白少帆、薛永年、赵仁珪、程大利等主持编撰，第34卷……”（金涛：《中华书局出版〈中国地域文化通览〉》，载《中国艺术报》2014年12月22日）。

料、琢磨观点；充实材料、修正观点；总结方法、改进文章，以不断提高作文质量，精进思想表达。所谓文章不厌百回改，就是对作者的要求，也是作者对其论著负责的基本态度和方式。而另一种方法则属于学术群体及其交流。思想也罢、学术也罢，总要让人去看。一旦一种思想交给众人去阅读、去评判，作品及其思想便会获得新的生命。“一百位读者眼中就会有一百个哈姆雷特”，这句俗语所讲的就是这个道理。正因如此，在诠释学领域里，存在一个究竟作者本位还是读者本文的问题。因这无关本文话题，可以略而不谈。我想在这里强调的是，既然读者面对某一文本，站在各自视角，或者从各自的“前见”出发，会得出不同结论，那么，在整体上，它就预示着一加一大于二的可能。所谓“众人拾柴火焰高”“三个臭皮匠，赛过诸葛亮”等格言俗语，所表明的不正是这一道理吗？只要人们之间见解不同，结论各异，就会有不同的争鸣、争论。争鸣未必一定会带来学术的增量，但不争鸣一定会让学术裹足不前、原地踏步，甚至可能会进一步退两步。知识就是在争论中不断发现、明白和完善的，所以“知出乎争”①。

在一定意义上讲，目前我国法学研究的困顿，就是因为虽有不少单打独斗的个人研究，但缺乏严谨规范的学术争鸣。如何打

① 庄子曾借孔子的口这样说：“且若亦知夫德之所荡而知之所为出乎哉？德荡乎名，知出乎争。名也者，相轧也；知也者，争之器也。二者凶器，非所以尽行也”（《庄子·人间世》）。显然，庄子乃是借此表达其抱朴守拙的一贯主张的。但另一方面，他却歪打正着，阐释了人类知识产生的重要因由——“知出乎争”。

破我国法学研究中的这种沉闷气氛，促动法学研究渐趋活跃？或许按照不同地域来组织、安排法学家们的学术活动，包括编辑出版不同地域法学家的代表作，是一种可以大胆尝试的举措。这些年在网络世界，只要出现某一地域的重大新闻，都会产生观点完全相反、意见明显相左的争论。撇开这种争论中的负面意义，我们也能从中发现其促使人们思考、活跃人们思维、提供多元意见的积极意义。在这一视角上，"陇籍法学家自选集"的编辑出版，也愿意成为国内法律学术界所争论的靶标，只要围绕它的争论可能调动和促进不同地方法学家之间的争鸣、争论与合作，它的作用也就凸显出来了。值得关注的是，近十多年来，我国不同地区之间的法学研究，以法学会为载体，已经展开了一些合作，如环渤海区域法治论坛、环渤海体育法学论坛、环渤海法学教育论坛、粤榕桂三省法理学研究会合作论坛、豫鲁皖三省民法学研究会合作论坛等。① 但这些合作活动，目前都是学术联谊性质的。

① 参见王宏志：《第十届环渤海区域法治论坛召开》，载《政府法制》2016年第1期；与此同时，区域法治论坛也成为中国法学会倡导、各个不同区域合作实施的一种常规性研究行为："举办区域法治论坛是近年来中国法学会推出的一个新生事物。依照国务院关于全国六大区域发展规划的指导意见，经中国法学会倡导，全国六大区域法治论坛即长三角、泛珠三角、东北、西部、环渤海和中部法治论坛先后举办。"（呼满江：《把区域法治论坛办成"品牌"》，载《民主与法治》2008年第16期）；《民商法评论》（第1卷，豫鲁皖三省民商法学研究会主办），郑州大学出版社2009年版；《关于广东、广西、福建省（自治区）法学会法理学研究会联合举办2013年年会的通知》，载 http：//www. gdzf. org. cn/gdfxh/wjytz/201309/t20130904_ 416984. htm，2016年10月8日访问。此外，山东省法理学研究会在21世纪初召开每年一度的学会会议时，也多次邀请陕西、河南、北京、贵州、江苏等地的学者共同研讨。

围绕着不同区域中法学的文本展开论争的情形可谓阙如。如果本丛书的编辑出版，能够收到补充目前各地法学合作中的这种不足，不亦幸夫!

“陇籍法学家自选集”的编辑出版，端赖知识产权出版社、特别是法律编辑室齐梓伊主任的热情帮助和支持。2018 年 4 月，我和齐梓伊主任谈及我的一些学术计划。不久，她就来电话，询问“自选集”的进展情况。我告诉她，因为我心中有一定底，所以，编辑起来应不太费劲。与此同时，我也把这一计划告诉了於兴中、刘作翔、王勇等陇籍法学家，并专程赴西安拜访了老一代陇籍著名法学家裴苍龄先生和冯卓慧先生（胡留元先生的爱人），并与他们达成共识，由他们各自编辑自己的“自选集”。其间除裴苍龄先生的论文因故尚未决定外，目前编辑成型的有《胡留元、冯卓慧自选集》《於兴中自选集》《刘作翔自选集》《王勇自选集》和《谢晖自选集》。这些已编辑的作品，算是这套自选集的第一辑。选编时在作者上，照顾目前在国内、甚至在海外有一定影响的陇籍法学家；在作品上，各位作者把自己有代表性的成果编辑成册。所谓有代表性，除指学术成果的社会反响外，更指学术成果开拓了什么新领域、贡献了何种新方法、提供了什么新观点。当然，也适当照顾了到学术论著发表的出版社或刊物的层次。作为主编，我只能提出一个大概的选编标准。具体的选编标准，或者究竟哪些文章才能真正代表作者的学术水平，则悉由作者自己掌握，我只能作一些形式的审查并向作者提出反馈意见。至于这套丛书最终能否成为各位作者真正意义上的代表作，进而能否真正成为陇籍法学家的代表作，也只能留待历史和读者去检验。

与此同时，也期待更多的陇籍法学家积极支持并参与“陇籍法学家自选集”这一事业，以做好后续其他各位陇籍知名法学家“自选集”的编辑和出版工作，使这项事业成为展示和彰显陇籍法学家整体学术水平的重要平台，也为带动新一代陇籍法学家的茁壮成长提供舞台。

在本丛书即将付梓之际，再次感谢知识产权出版社对学术事业的鼎力支持，感谢齐梓伊主任对这套丛书的出版所花费的心思、耗费的心血。这种支持，自然也是我将尽力编好这套丛书的直接动力！

区域治理、多元规范与大国结构

——《区域治理多元规范及其结构优化研究》序

近代以来，人类的公共治理路线，常遵循自上而下和自下而上两种逻辑。前者大体可谓之演绎逻辑的治理路线，后者则大体可谓为归纳逻辑的治理路线。无论哪种治理，都意味着在治理结构中存在着央地（上、下）关系问题；也意味着在这些关系中存在双重主体，即央地（上、下）双重主体。因此，无论国家治理还是社会治理，都不是、也不可能是一个兀立于上，无所不晓、无所不能的利维坦或巨无霸的单打独斗，反而必须是多元主体观念互补、方法互助、行为协同、规范共治的过程。

遵循联邦制模式的国家，其治理固然如此——它本身是经由地方性拱卫而成的统一国家，自然能发挥联邦（或中央）与州（或地方自治体）的“两个积极性”、甚至“多个积极性”，故上述情形应是其题中应有之义。单一制模式的国家，其治理表面看上去是由中央自上而下，一竿子插到底的治理。一般说来，所谓地方，不过是中央的派出机构，因此，似乎不应存在什么自治的“区域治理”。特别在治理规范领域，为了贯彻国家法治统一原则，地方不得自行其是、自立规范，否则构成对中央统一权力和国家统一法治的挑战。但这种逻辑推论能否替代公共治理的事实？公共治理的事实果然一定是中央一竿子插到底的吗？

无论联邦制国家还是单一制国家，只要有地方主体的存在，就需要和地方主体相因应的治理体系。在单一制国家，特别是在那些单一制大国，地方主体如果完全照搬国家立法规划的治理体系，势必与地情失去关联，从而也就不存在所谓地方治理，而只存在国家治理的地方推进。这样，地方的积极性不可能得以彰显，地方不过是被动地、机械地、生硬地贯彻落实由中央直接下达的规范指令。一个地方治理的好坏，几乎与地方因素无所关联。这种情形，正是造成新中国成立以来，地方积极性难以真正发挥的主要原因。而地方积极性不彰，致使中央政府既不能全神贯注地处理国家大事，也必然为地方治理承担无尽的连带责任，甚至“包赔”地方治理中的过失。

这种情形，阻碍了地方积极性的训练与长成，助长了中央或上级主体的胡子眉毛一把抓。现代社会治理中的契约化、规范化模式很难在这里生根、发芽、成长。契约模式的国家治理，强调根据法定的权力分配，中央事权与地方事权分别归中央和地方各自领有。在法定的各自事权范围内中央不受地方牵扯地安排和处理其事权；地方（下级）也不受中央（上级）干涉地处理其事权。套用一种习用的说法，即把中央的事情交给中央，把地方的事情交给地方。只有如此，中央才能够专心致志、一心一意地在法律范围内处理其事权，同样，地方才能够无所顾虑、尽心竭力地在法律范围内处理其事权。借此，“两个积极性”自然因为中央和地方对法律的尊重，对契约之恪守而得以呈现。

改革开放 40 余年来，我国社会——经济领域的长足进步，与在法律和政策上赋予适度的地方自治，让地方在法律范围内发挥其积极性、主动性、创造性息息相关。从经济特区的设立，到沿海开放城市的星罗棋布，再到从东到西的梯度式、全方位开放（不仅是对外开放，而且是政策举措的“自我开放”），所呈现的正是国家赋予地方事务以自治治理的事实。地方在相关领域的自治治理，不但调动了地方的主动性、积极性和创造性，而且地方的蓬勃发展，也无形中支持了中央从容裕如地应对更重要的全国性问题和全球性问题，从而给这个古老且蹒跚而行的大国带来了前所未有的活力和近代以来最值得称道的经济——社会繁荣。

然而，在强调地方（区域）自治治理的同时，还必须强调这一治理所依赖之规则的明显多元性。地方（区域）治理是指把所有地方事权纳入一定的规范体系，使地方事权行为服从规范要求的活动。就其外延论，因为地方事权既包括了从属于地方权力的立法事权、行政事权和司法事权，也包括了从属于地方主体权利的不同区域之社会组织和公民的自治事权（我在“事权”这一概念上的看法与有些学者不同，基本观点是：“事权”不仅属于政府，属于公权力，而且属于社会，属于私权利），因此，地方（区域）治理也顺理成章地包括立法、行政、司法以及社会自治等不同视角的治理。借此，就其规范根据而言，地方治理既需要国家法律框架下的原则、规则及公共政策以调整，又需要地方立法的充分支持、规范和协调，当然，与此同时，还需要区域公共政策、区域合作协议、区域治理软法以及区域的民间规范参与其中，最终形成区域（地方）治理中的“规则共治”格局。

所谓“规则共治”格局，不是国家法面对各类社会规则时的一味妥协，而是在国家法和区域地方立法的基础上，把不同类型的规范按照和谐共治的原则纳入区域治理框架中。如何做到不同类型规范的和谐共治？或者如何优化多元规则共治的结构？对此，或许人言言殊。我以为，这至少在宏观上牵涉两个方面：一方面，官方法或正式制度建立在社会需要的基础上，即其社会基础是合理的——作为正式制度的官方法能够最大限度地吸收、宽容并对非正式制度（民间法）保持开放；在此基础上，另一方面，在法治治理的实践中，应当对非正式制度的运用开放其理解和解释的空间。这必然涉及对法律治理本身的理解问题。

可以认为，现代法律之治理，乃是权利的自治治理、契约的互治治理和权力的他治（压制）治理相结合的概念。权利的自治治理表明，对于任何一个主体，哪怕是作为权力主体的地方（区域）而言，只要法律对某一事体赋其以权利规范，或者并无明令禁止，那么，就意味着主体有权对这类事项自治地治理或处理；与此相关，契约互治尽管是一个权利义务规范交互地作用于契约主体间的治理活动，但其前提是每个自治主体的意思自治，即契约主体在自治基础上共同签订权利互享和义务互约的契约。因此，契约互治的前提是主体根据权利的自治治理，是自治治理的契约扩展，是把自治治理嵌入公共治理中。这其中展现的基本理念是：自治和互治的规范根据，不只是官方法律的明令规定，而且还有在并不违背官方法律之义务性规定前提下的其他规范。进言之，无论自治，还是互治，主体都可以把根据其他规范的治理纳入法律赋权或默认的范畴。一旦这样理解，则所谓区域治理中多元规范的运用和优化过程，事实上就是运用法律来统筹多元规范发挥其治理作用的过程，亦即法律至上地统筹多元规范共治的过程。

众所周知，权力的他治治理，其主动进入模式的前提是：在自治和互治行为超越法定的义务边界时；其被动进入模式的前提是：应社会主体的要求出面进行协调——因此，只要在主体的自治和互治空间内，对权力主体而言，未请求，莫进入。前者体现的是权力的管理职能，后者体现的是权力的协调职能。传统社会治理的基本方式，就是权力借助其管理职能一竿子插到底，从而无时不在，无处不在。现代治理，尽管不能完全舍弃此种传统治理的权力运作模式，但随着区域、地方、社会自治主体以及公民个人自治能力的愈益提高和完善，权力主体发挥其压制治理作用的空间日渐变窄，而其通过协调作用，使不同主体、不同规范间协作共治的功能日渐凸显。在这个意义上，权力主体在现代治理中的主要作用，不再是直接的压制性控制、统治或管理，而是间接的协调性统筹、沟通或治理。权力是社会自治和互治不力、不能的润滑剂或发动机，而不是其阻燃剂或灭火器。特别对于现代的大国而言，其结构秩序的方式，更不应是中央政府事无巨细的管理，而是在中央政府的协调下，不同区域、不同地方、不同主体、不同规范的积极参与和合作。借此，才可因区域治理中多元规范之参与、互动、调适与契合，既实现区域内的良好治理，也导致不同区域治理的有机集合，型构出动态和谐、多元一体的大国结构。

陈光博士的《区域治理多元规范及其结构优化研究》一书，就是其对当代中国区域治理中多元规范合作共治事实的理论总结，并在此基础上进一步探究多元规范在合作治理中实现结构优化的一般原则、实践进路和方案建议。多年前，作者在我指导下研究法哲学、民间法与法文化，后来，又在汪全胜教授指导下研究地方立法。本书可谓是其攻读硕、博两个阶段之学术训练的一次综合“演练”。对书中的具体观点，我不愿做更多评论，相信读者阅罢，自会有结论。我只想在此强调：在区域（地方）治理中，蔑视多元规范的存在，不力图促成多元规范之共治，并设法优化多元规范共治的结构，那么，所谓区域治理，不过仍然是改头换面的集权管理式治理，与现代分权合作的治理原则形同霄壤；所谓大国结构，也不过是地方主体隐退的机械结构，而不是地方主体参与其中的有机结构。基于此，我也愿意向读者、特别是关心区域（地方）治理和大国结构间关系的人们推荐这部明显具有参考意义的作品。

是为序。

陇右天水学士　谢晖

2018 年 1 月 5 日序于长沙

民间规范之于法律秩序的“社会命题”

——李向玉《生计、生态与秩序——近代清水江、都柳江流域林业经济和社会变迁》序

前些天评阅所指导的两位博士研究生的开题报告，其中一位的选题是《民间规范与地方立法关系的基础理论研究》。对于民间规范（特别是习惯）之于法律的关系，作者通过梳理西方法学史上的相关文献，提升并得出了“基础命题”（古典自然法学）、“认可命题”（分析实证主义法学）和“包含命题”（历史法学）这样三个结论性意见。我在评语中强调，对于社会法学、法人类学和法经济学而言，或许还应归纳出一个命题，即“社会命题”。

“社会命题”与前述“基础命题”“包含命题”三者之间虽具有明显的内容交缠和逻辑勾连，但其相互之间又有明显区别。仅就“社会命题”和其他两个命题之间的各自关系而言：

一方面，它和“基础命题”相较，“社会命题”在对等视角上关注其和法律秩序间的关系，即习惯等民间规范尽管构成法律秩序的社会基础，但法律秩序反过来对习惯等民间规范具有反作用甚至有时候还具有决定性作用。而“基础命题”则在非对等视角关注两者的关系，即包括习惯在内的民间规范是法律秩序的一

般基础，法律秩序应无条件地服从“基础命题”的命令。法律秩序千变万化，也逃离不了作为基础的民间规范的制约和型塑。没有习惯等民间规范之奠基，法律秩序也就无以产生，也难以成长。所以，基于“基础命题”的立场，法律移植这样的法律建构活动是不可理喻的。法律只能是经验进化的结果。

另一方面，它和“包含命题”相较，“社会命题”强调社会和法律之间相辅相成的方面，尽管法律是以社会为基础的，可法律一旦形成，便成为组织、型塑和构造社会的重要的、甚至是决定的力量。法律不仅是一种因应机制，而且是社会的改变机制。社会和法律之间，可以相互转换。习惯等民间规范，可以升华为法律秩序；法律秩序，也可以下沉为习惯等民间规范。而后者强调作为社会事实的习惯等民间规范就是相沿成习的民族精神，进而强调法律秩序对习惯等民间规范、对习以为常的民族精神之理所当然的包含。法律秩序如果不能表达、包含民族精神，法律也便是“非法之法”，秩序也便是“非法秩序”。

一直以来，在我国传统的法律观念中，法律是一种外在的存在——既外在于人们的内心，也外在于以礼教为特征的社会，所以，“刑为盛世所不能废，而亦盛世所不尚。”① 在这种法律理念下，法律只是社会生活中作用极其有限的秩序保障者和维系者。法律不但不能安排人们的日常交往、起居饮食、洒扫应对，即使人们日常的纠纷解决，也主要不是靠法律完成的，而是借助家法

---

① （清）纪昀等：《钦定四库全书总目》，中华书局1997年版，第1103页。

族规、村规民约、礼俗传统操作的，因此，所谓法律秩序，只不过是社会秩序体系中的一部分，且是极小的一部分。在一定意义上，法律秩序是被社会秩序所包含，与社会秩序间是种属关系，而不是并列关系。在此情此境下，习惯等民间规范与法律秩序之间的上述命题，就盖无实际作用，法律不过是社会秩序的附属物。也因此，“君子读书不读律”，就是一种理所当然、相当普遍的现象。因此，王充曾对读律、执律之士，径直蔑称为“鸡刀”“纳工”，他们与有“牛刀”“绣师”之能的那些饱学诗书的儒生们不可相提并论：

“牛刀可以割鸡，鸡刀难以屠牛。刺绣之师，能缝帷裳；纳缕之工，不能织锦。儒生能为文吏之事，文吏不能立儒生之学。文吏之能，诚劣不及，儒生之不习，实优而不为。”①

但是，当人们开放法律的观察视野，改变对法律就是刑法这种既有的观念之后，当人们从行为规范，进而从社会视角看待法律时，法律就不再仅仅是其他林林总总的社会规范的副产品，反之，法律构成社会规范之主干。举凡习俗、礼教、宗教、道德、民间规约乃至民事契约等，悉可被纳入法律的视野去关照，它们有些本来就是法律不可或缺的组成部分，有些则一方面是法律的社会根由，另一方面又需要法律加以保护或维护。在此意义上，对法律之理解，诚无法离开社会。大概是基于此种考量，卡多佐

① （汉）王充：《论衡校注》，张宗祥校注，郑绍昌标点，上海古籍出版社2013年版，第249页。

结合司法审判的经验曾深刻地指出：

“我这并不是说，先例才是法律的终极渊源，它们提供了法律武器库所需要的唯一装备，提供了……‘法律车间’的唯一工具。先例的背后是一些基本的司法审判概念，它们是司法推理的一些先决条件；而更后面的是生活习惯、社会制度，那些概念正是在它们之中才得以生成。通过一个互动过程，这些概念又反过来修改着这些习惯和制度。”①

无独有偶，在我国，瞿同祖先生在解释古典中国的法律与社会之关系时也强调：

“法律是社会产物，是社会制度之一，是社会规范之一。它与风俗习惯有密切的关系，它维护现存的制度和道德、伦理等价值观念，它反映某一时期、某一社会的社会结构，法律与社会的关系极为密切……任何社会的法律都是为了维护并巩固其社会制度和社会秩序而制定的，只有充分了解产生某一种法律的社会背景，才能了解这些法律的意义和作用。”②

不能不说卡多佐和瞿同祖的以上论述是深刻的，但如果更进一步深究，何以法律必须追踪到其所赖以存在的社会事实中？在人们习以为常的法律意识中，法律乃是通过公共权力的强制手段，或者至少在公共权力之强制保障下，人们或者被迫服从，或者逐渐接受的一种义务体系。但日常生活、社会事实却远非是这

---

① ［美］本杰明·卡多佐：《司法过程的性质》，苏力译，商务印书馆2000年版，第8页。

② 瞿同祖：《中国法律与中国社会》，中华书局1981年版，第1页。

种义务体系所能包含尽净的，因此，民间规范之于法律秩序的“社会命题”之说在此略有难以自圆其说之嫌。但问题在于，我们必须放大法律之于社会事实的视界，即必须把人们的权利生活纳入法律之中。

当人们“认真对待权利”并将权利这个概念放在法律和法学的应有地位时，则会发现，一种健全、包容和富有开放结构的法治及其法律，是社会关系和社会事实规范性的集中表达，它不仅包含了社会交往中对人们的约束性及义务要求，而且彰显着社会交往中对人们的放任性及权利保障。因之，社会生活中的交往关系或社会事实，尽管千差万别、千变万化、千奇百怪，但对其规范性本质，人们都会抱着法律的观念和立场去度量。也因之，法律并不是外在于人们交往行为的社会事实的，而是对应于这种事实之中的。

在对法律的此种理解框架中，举凡风俗习惯、道德、伦理等，都能够被纳入法律的规范体系中予以理解和解释。法律作为规范，其对应者是社会事实。法治及其法律的规范，理所当然地出自社会事实的规定性，法律是社会事实的规范表达，但同时它又形塑着社会事实。法律所对应的社会事实，既可以是纯粹的其规范性尚不明晰的社会交往关系，也可以是已然表现为某种社会规范——如习惯、道德、纪律、规约的社会事实，它们和法律一样，都属于规范性社会事实，但它们和法律又不一样，是一种“非正式制度事实”。法律对社会事实的吸纳和选取，每每是直接从既有的规范事实开始的。立法理论所强调的立法的认可机制和技术，就是根据某种社会关系的时代存留状况、价值肯认状况等在既有的规范性社会事实中所做的考察、认知和选择。

这也表明，无论一个国家所建立的是何种体制，其秩序之构成，不仅是由中央政府通过法律自上而下地、强制性地统一安排的，而且还包括作为其各个组成部分的地方自治地安排的秩序；同时，国家及其地方当局在统一地安排法律秩序时，不是、也不可能是闭门造车、纯然建构的产物，他们必须在斟酌、参考和吸收长期以来存在于民间的社会规范之基础上来制定法律、协调交往、安顿秩序。就此而言，所有法律秩序、特别是地方法律秩序的安排，已然充分表达着民间规范和其他社会事实之于法律的“社会命题”。

可见，法律总需向社会事实开放，没有社会事实支撑的法律，自然不能调整和规范社会事实。这就构成了包括民间规范在内的社会事实与法律之间的一般关系，这种关系，可以简称其为民间规范之于法律的“社会命题”。不过即使有这一命题，也不能解决法律不能、也不可能包办社会秩序的难题。反之，社会秩序的构造，每每是包括法律在内的不同类型之社会规范共同缔造的结果，是社会规范之间的“共和”结果，而不是法律“独制”的结果。对此，我曾做过如下的论述：

“规范共和所强调的，绝不是不分青红皂白、叠床架屋地堆积不同的规范，并使这些规范实现井水不犯河水的低层次共存；也不是说，凡是一切现存的多元规范，在事实和价值上都是合理的。它是强调在不同规范——从而也是不同民族、不同地区的生活方式之间通过对话、谈判、博弈，来实现这些主体间的合作、互惠、共赢。这种合作、互惠和共赢的结果，不只是不同规范的共存，同时也是在不同规范博弈和竞争基础上，寻求相互冲突的规范间得以合作的共同路径，并进一步保障规范多元、创造多元规范竞争合作的更高层次的规范。因此，如果说多元主体的共和是共和的实质内容的话，那么，多元规范的共和便是共和的理性形式。它不仅保障多元主体的竞争、对话与合作共处，而且也使这种情形呈现为可反复、可预期的共和秩序模式。”①

秩序构造的此种情形，势必要求在秩序的研究中，不能把眼睛仅仅盯向大传统的国家法，同时还必须关注作为小传统的民间规范在秩序构建中不可或缺的意义。在这方面，李向玉的《生计、生态与秩序——近代清水江、都柳江流域林业经济和社会变迁》一书，就很好地阐释了民间规范之于地方法律秩序的“社会命题”。该书所研究的对象，是近20年来在中外学术领域受到广泛关注的明清之际贵州清水江流域的林业契约以及这些契约所透露的社会信息。尽管这一对象在学术界，特别是贵州学术界的研究已可谓深入，但作者研究的视角之一，是把这一对象置于当地秩序的构建中，因此，它也就有了说明本文题旨的意义。

作者在该书中给读者提供了一幅中央王朝如何通过强有力的“改土归流”、屯垦制度等改革措施，使当地固有的制度——“土

① 谢晖：《多民族国家的“规范共和”》，载《原生态民族文化学刊》2014年第1期。

司制度”土崩瓦解，但一方面，中央王朝的制度本身是顺应人们通过木材贸易获取财富的社会需要和利益动机而制定和推行的；另一方面，这并不意味着中央王朝的相关制度就完全包办了当地地方秩序的建设，反之，地方秩序仍然是王朝制度和民间规约协作、互动、共和的结果。例如，仅仅在防范和解决纠纷问题上，除了官方的正式诉讼渠道之外，来自民间的纠纷解决和防范机制就有：“议榔”制度（苗族）、“款约”制度（侗族）、“鸣神”与“鸣官”制度以及像“田管三丈，路管八尺”一类行之有效的民间经验，特别是“官有律条，民有禁约”这类对于“约”的尊重规范以防范纠纷等。这种情形，甚至在官家的“法律移植”活动强力推行了百余年，地方习惯也因之遭遇疾风暴雨般的摧残后，仍未消失殆尽，反之，风暴过后，其仍故态复萌。对此，作者写道：

“1945 年后，‘榔规’和‘款约法’被取缔，不再使用，但村级管理的权威及独立性仍存在较多无暇顾及的情形。苗侗民众长期受民族法文化的浸润，对‘榔规’和‘款约法’的信守亦成为其生活的重要部分，这就为传统的‘榔规’和‘款约法’留下了生存的空间。……改革开放后，随着思想观念的解放和国家治理的需要，‘榔规’和‘款约法’中社会管理内容的规定被县、乡两级政府充分挖掘，发挥其在传统社会中的作用来加强国家对基层村落的治理。如在 1989 年制定的《信地新规碑》开篇就规定了‘新规碑’的地位及立约根本，本着‘国有律，寨有规，律必守，规必遵。同心同德，国泰民安，定以下规约’，这也充分地说明了款约在民众心目中的地位。”

这不正好说明民间规范之于国家法律的社会构成性吗？不正表明民间规范与国家法律在社会秩序缔造中相辅相成的作用吗？也不正说明民间规范与国家法关系之交互作用、对等合作，从而民间规范之于国家法的“社会命题”说的成立吗？特别值得一提的是，如果说在一般意义上，民间规范与国家法之间的关系，实质上可概括为“社会命题”的话，那么，在地方秩序的构造中，民间规范之于法律秩序的效应，即民间规范与国家法在社会秩序构造中的互补效应，就更为密切，观察起来也更为清晰、明朗。这也正如作者在该书的摘要中言简意赅地指出的那样：

“在人工林发展初期当地民众就充分发挥地方性规约加以规范约束。注重村寨内部制约与文书格式的不断调整，遵从‘官有律条，民有禁约’的原则加以防范和治理。……在人工林兴起的初期和中期，林地家族共有，林木按份持有是常见的杉林所有权形式。林木作为商品进入市场，进而作为生计来源，就要遵从一定的秩序，防止交易纠纷发生，降低贸易的成本和风险。在林木种植时，栽手与地主根据地块大小及离河远近划分收益比例，明确双方权利义务；林木、林地转让时，凭中的选任与制约，加之村寨内部的特殊调节方式，均有效地规范了生产环节的内部秩序。契约文书与地方性知识相结合，通过文字的形式保障交易安全。”

本书作者李向玉博士，自从师从徐晓光教授攻读硕士学位后，就专心致志地研究清水江流域的明清契约问题，并完成了多部（项）作品和课题。其师从华中师范大学魏文亨教授攻读博士学位以来，尽管研究视角更取向于经济和社会，而不是规范，但所研究的对象仍然是以上问题。这不但使其研究具有明显的衔接和递进，而且这种放大视界的研究，对其既往的取向于规范的研究而言，既是其研究视角的转换，也是其论证和观察手法、表述方式和思想内容的深化。特别于本文的主旨而言，无论作者是否自觉地意识到民间规范之于国家法律的“社会命题”，但其论述却在客观上证成着这一命题。因此，透过这部书，读者更容易理解我的上述观点和结论。

如今，作者与我合作，进站博士后研究已经一年。作者的博士后出站报告，仍然以习惯权利保护中，司法如何适用苗侗习惯法为研究对象。不难看出，在这一课题中，照例蕴含着民间规范之于国家法的“社会命题”的出场问题。期待作者在出站报告的行文论证中，既能够自觉依赖民间规范之于法律秩序的“社会命题”之路径，也能够进一步证成这一命题。

是为序。

陇右天水学士　谢晖

2014 年序于长沙—广州

何谓制度修辞

——《制度修辞论》代序

一

自2012年以来，我陆续发表了有关制度修辞问题的多篇文字，与此同时，也断续接到不少读者对这些文章的询问或肯定。其中询问较多的问题之一是：你讲的制度修辞，究竟是个什么概念，如何给它做定义？它和国内法学界、特别是法律方法研究领域渐趋热闹的法律修辞或司法修辞之间有什么关联？[①] 这些问题，不禁勾起了我对一些往事的回忆。

大约在2002年10月底，在泰山脚下，《人民法院报》、山东省高级人民法院和泰安市中级人民法院，联袂邀请国内一些法学专家以及知名法官在该市探讨司法改革的问题。众所周知，近20

① 针对读者们提出的这些问题，我在2016年10月22~23日于苏州大学召开的“第十一届全国法律方法论坛”的基调报告中专门作了发言；也在2016年11月30日中南大学法学院“砺锋工作坊”（第11期）上，专门以《何谓“制度修辞”》为题，做了讲演和说明。但迄今为止，仍没有就该问题专门行文予以阐述。本文权且作为对该问题的初步解答和简要说明。

年来，这是一个受到国内法学界持续关注的话题。各地方法院紧锣密鼓，持续地创造各式各样的“司改经验”，而学术界似乎也愿意配合这类不同的经验，与之互动。

在该次会议上，国内某位对司法及司法改革问题研究颇早、颇深、也颇有影响的学者，以其对古典中国司法风格的研究为例，强调吾国传统司法和“法官”的基本思维方式是诗化的，而不是理性的，因之，司法裁判的判词每每彰显的是文人风格和文人智慧，因此，教化有余而说理含混，其结果不是以理服人，而是以情感人，情感的力量绑架了理性的力量。但是现代司法强调的是裁判智慧，它天然地排斥“葫芦僧判葫芦案”那种尽管情节复杂、结局美妙，但缺乏基本预期的诗性浪漫，而要求以明确肯定、符合逻辑的语言对个案下判。

诚然，如果我们的观察视野就局限于法律内部，局限于“法律之下的司法”的话，则这种见解是无可厚非的，不但如此，其也深刻地揭橥了我国传统司法的真正问题所在。对此，我也曾有《判断是非与平息矛盾》[①] 这样的文章发表，以比较中西司法传统和法律文化之间的差异。但是只要我们进一步打开人类行为的视窗，剥去种种人为的遮蔽，当敞开的世界面对有限的人类认知时，一个人类活动的基本事实就活生生地摆在我们面前：我们的一切活动，其实在本质上都是诗性的——“人类一思考，上帝就发笑”的格言，已然对人类思维和行为的局限予以诗性揭示。所

① 该文原载《法学家茶座》2002 年第 2 期。

以，隐约记得我是这样回应这位学者的看法的：

情感的、诗性的、修辞的活动，是我们生活的常态，而科学的、理性的、逻辑的活动，不过是在人类情感和诗性夹缝中生成的暂时现象。把暂时的现象，描述并推定为永恒的存在，把例外的情形，训化并推广为一般的事实，这既表现着人类的卓越抱负，也反映着人类的浪漫自负。用定于一律、意义明确、功能普遍的法律来结构天底下所有社会交往关系的举措，正是人类这种卓越抱负和浪漫自负的双重反应。但即便如此，这一选择的前提仍是修辞性的，而非纯粹逻辑性的。之所以是修辞性的，因为一方面，这一选择并没有穷尽其他选择，也不是说它就一定是最佳选择，而只能说它是一种不坏的选择。另一方面，经由这一选择，也遮蔽了其他可欲、并能欲的选择，因此，人们已经选择了的，实质上只是获得了一种修辞性的领先优势。我们所谓的逻辑，就奠定在这一领域优势的修辞基础上。

也因此，我当时曾下决心要写一部书，拟在这部书中努力寻找看似理性的法律、冷静的法官与浪漫的诗性、开放的诗性思维之间能够共存的条件，甚至进一步说明法官或法律家所从事的，在实质上就是诗性活动、也是修辞活动——无论古典中国的“判官”，还是近代以来西方的法官，皆是如此。这之后，相关问题及其写作计划，就一直萦绕在我脑际，不但如此，而且我还给这部未来的书拟订了一个看似不错的命名：《符号、法律家与诗化（性）思维》。这期间，虽然诸多工作杂乱无章，但在繁杂的工作之余，我还为这部书的写作草拟过一个明显有些芜杂、凌乱，但又不乏与今天的思考成果一以贯之的提纲。这里不妨通过注释方式照录之（方才翻阅当年的文档，查知该文档的保存时间是2004年12月23日）。①

可不无遗憾的是，虽然有了这个粗浅的写作计划，但因为其他教学上、研究上、管理上以及家庭上的原因，这一研究计划一直没有按计划展开。不过尽管如此，我在这前后的一些研究，无论是《法律的意义追问》《中国古典法律解释的哲学向度》，还是《法律哲学——法律方法的体系》；无论《大、小传统的沟通理性》，还是《民间法的视野》；无论论著体的学术作品，还是讲演体、教材体的学术作品，② 都对相关问题保持了高度的关注。而近年来以制度修辞为名所发表的几篇文字，事实上是我对相关研

① “符号、法律家与诗化思维：一、问题的提起。A. 符号与法律符号：二、符号的基本概念解释；三、符号的分类和特征解释——行动、言语、文字、图画；四、另一种分类——逻辑符号（明理）、修辞符号（知情——通过象喻）和语法符号（方便?）；五、符号的语义、语形和语用向度；六、符号的规范性；七、法律符号及其特征；八、法律符号与事实世界。B. 法律家：九、法律家的一般问题；C. 符号、法律家与诗性思维：十、法律家、法律之治与诗化思维；十一、法律家、法律信仰与诗化思维；十二、法律家、价值衡量与诗化思维；十三、法律家、法律推理（特别是“大前提”的诗化特征）与诗化思维——逻辑行动的起点是修辞，逻辑行动的尽头也是修辞；十四、法律家、法律解释与诗化思维；十五、法律家、证据采信（自由心证、内心确信）与诗化思维；十六、法律家、正当程序与诗化思维；D. 法律家诗性思维的语用学批判：遮蔽——遮蔽于情（执手相看泪眼），遮蔽于身（吾身也有涯）；于偏（心底无私天地宽）；于物（物质异化）；于心、于私、于多、于变。在很大程度上讲，诗性思维问题其实是一个形而上学问题。”

② 我这期间出版的讲演体的学术作品主要有《法治讲演录》（广西师范大学出版社2005年版）；《法哲学讲演录》（广西师范大学出版社2007年版）；《沟通理性与法治》（厦门大学出版社2012年版）。教材体的学术作品则有《法理学》（其中第一版由我和陈金钊合著，由高等教育出版社2005年出版；第二版由我一人独著，由北京师范大学出版社2011年出版）。

究计划的初步落实。

但是，这样一份回忆文字，无疑仍不能解决读者们所提出的问题，即什么是制度修辞的话题。对该问题的探讨，需要反思一直以来我们根深蒂固地对法律所秉有的一个观念：法律是或者应当是科学的、理性的，从而也应当是逻辑的。

二

近代以来，随着科学主义的普遍流行，人类无论对对象，还是对自身的浪漫自负愈益明显。在对象方面，其能够通过精准的设计、科学的规划而上九天揽月、下五洋捉鳖。人类的行程越来越远，不断地打破极限，创造奇迹，既翱翔于浩淼无垠的太空世界，也深入在微末无极的粒子世界。与此同时，人类把对于对象世界的"成功"之举想竭力地安排到社会领域，安排到对人类自身交往行为的调整和认知方面，安排到人们的经济生活和社会生活中。其中通过科学的、理性的、逻辑的法律之安排，即通过法律来调整社会关系，就是人们借科学（的法律）以安顿其身心、行为的基本举措。这正是人们笃信法治的缘由所在。

与此同时，人们纷纷对法律理性寄予厚望，对法律与必然性的关系饶有兴趣，对法律作为逻辑自足的体系充满期待。下面仅以斯宾诺莎和孟德斯鸠的论述为例：

"律这个词，概括地来说，是指个体或一切事物，或属于某类的诸多事物，遵一固定的方式而行。这种方式或是由于物理之必然，或是由于人事的命令而成。由于物理之必然而成的律，是物的性质或物的定义的必然结果。由人的命令而成的律，说得更正确一点，应该叫作法令。这种法律是人们为自己或别人立的，为的是生活更安全、更方便，或与此类似的理由。”①

“从最广泛的意义来说，法是由事物的性质产生出来的必然关系。在这个意义上，一切存在物都有它们的法。上帝有他的法；物质世界有它的法；高于人类的‘智灵们’有它们的法；兽类有它们的法；人类有他们的法”。

“一般地说，法律，在它支配着地球上所有人民的场合，就是人类的理性；每个国家的政治法规和民事法规应该只是把这种人类理性适用于个别的情况。”②

这种对法律与理性的迷恋，不仅及与“自然法学”的代言人们，即便分析实证法学的代表们，在这方面照例如此。例如，作为分析实证主义法学之肇始者，边沁基于其法典理性的理想，强调制定法典，或者要使法律体系具有权威性，就必须符合如下条件：

“第一，它必须是完整的，也就是说，它必须提出十分充分的整套法律，以致无须用注释或判例的形式加以补充。第二，在叙述其包含的法则时，必须使每一句话都达到最大可能的普遍性。换句话说，它必须用最少的法则说明全部的法律。第三，这

---

① ［荷］斯宾诺莎：《神学政治论》，温锡增译，商务印书馆1963年版，第65页。

② ［法］孟德斯鸠：《论法的精神》（上册），张雁深译，商务印书馆1961年版，第1、6页。

些法则必须以严格的逻辑顺序叙述出来。最后，第四点是，在叙述这些法则时，必须使用严格一致的术语，给这个作品中可能提到的每件事物以唯一的具有一个准确界定的名词。”①

这种理论在当代的发展，甚至给法学提出了这样的重要使命，即“法必然提出正确性宣称”——尽管我们知道，归根结底，这种“正确性”只能是一种“修辞正确性”：

“我的理论的命运与这样一个命题休戚相关：法必然提出正确性宣称。这个命题的表述非常抽象。如果想要将其特定化，那么就需要回答三个问题：（1）法提出宣称意味着什么？（2）如何来理解这一宣称的必然性？（3）这一宣称的内容是什么，什么是正确性？”②

无论是上述边沁对立法理性的要求，还是阿列克西对其理论追求的阐述，都说明，分析实证主义的法学研究路径，更倾向于法律本身对人的理性的依赖，对人类逻辑理想的服膺。严格说来，这种对理性、逻辑以及格物致知的科学精神的追求，在另一意义上，必然意味着对情感、诗性和修辞在一定意义上的排斥。此种情形，在中国古典的法律智慧中并不突出，甚至如前所述，

① ［英］边沁：《政府片论》（编者导言），沈叔平译，商务印书馆1995年版，第51页。引文中我对明显有逻辑矛盾的词汇搭配（“必须可以”）根据上下文做了修改，删除其中“可以”二字。

② ［德］罗伯特·阿列克西：《法：作为理性的制度化》，雷磊译，中国法制出版社2012年版，第2页。

诗性精神和情感智慧，还是吾国古代司法中常见的情形①。但在西方学术传统中，特别是以柏拉图为正统的理念世界，对修辞理论则怀有深深戒心：

“柏拉图……从道德和认识论等角度对哲辩师所讲授的言说艺术进行了尖锐的批判。他认为后者事实上主张言说者应通过操纵语言文字蛊惑受众，产生虚假的说服力，他们所提倡的因而是一种极不道德的诡辩术。这一诡辩术否认是非、真假的绝对标准，放弃了所有言说者应该遵守的基本道德底线，即不得使用似是而非的观点或者自己并不确切了解的情况糊弄和误导受众。如果听任这种‘艺术’泛滥，势必对公共生活和社会运行造成极大危害……

他们‘通过言辞的力量使渺小的事物显得伟大，伟大的事物

---

① 参见谢晖：《中国古典法律解释的哲学向度》，中国政法大学出版社 2005 年版，第 135 ~ 170 页。但这并不表明在古代中国就放任修辞的“泛滥”。孔子强调言说活动必须讲究对象和语境：“可与言而不与之言，失人；不可与言而与之言，失言。知者不失人亦不失言。”[《论语·卫灵公》，载宋元人注：《四书五经》（上）之（宋）朱熹：《论语章句集注》，中国书店 1985 年版，第 66 页]。这种情形，更可从邓析的遭遇中明显看出。众所周知，对于“不法先王，不是礼义；而好治怪说，玩绮辞。甚察而不惠，辩而无用，多事而寡功，不可以为治纲纪。然而其持之有故，其言之成理，足以欺惑愚众……”[（战国）荀况：《荀子·非十二子》，载（清）王先谦撰：《荀子集解》（上），中华书局 1988 年版；第 93 ~ 94 页] 的邓析，那位似乎笃信法律，推行法制的子产，为了其理想的法律之推行，所能给出的最好处理方式，就是将其“杀……而戮之”。在这一掌故中，不难发现，虽然子产和邓析二位都是法律和法制的推崇者，都或者铸刑鼎，公开颁布成文法，或者刻竹刑，主张制定成文法，但后者更偏好在司法中坚持修辞论辩的立场，而前者则更强调人们在实践中的法律，只能定于一尊、逻辑一统，不能经由言辞蛊惑，而影响法律的肯定、明确与普遍。否则，法律的根基就会受到挑战。显然，这一故事所表现的是先哲们在法制建设中对逻辑工具和修辞手法的不同态度。可惜后世的思想家们，并没有借此而开发出对我国古代多样化法学理论的研究成果。

变得渺小，使新事物看上去陈旧，旧事物显得新颖’……”①

正是柏拉图对修辞的这种负面评价，以及其本身在西方哲学史上的“正统”地位和巨大影响，使得在西方学术史上，追求分析、理性和逻辑的力量始终十分强大。即便是绘画，也要特别讲究事物的比例关系、讲究人体解剖的根据等，从而寻求绘画的客观根据；即便是音乐，也要寻求节拍、声调、把握音域的合理范围，从而把艺术活动科学化。西方的这种分析传统，到了近代科学知识兴隆以来，更被发扬光大，极大地促进了人们认识的深化以及对世界的态度，也激发了人的卓越抱负与浪漫自负。因之，寻求明晰、肯定、科学和逻辑的人类交往，就理所当然，势所必然。并且这种追求，不但无可厚非，而且理应倡导——尽管完全按照科学、理性和逻辑的原则安排人类生活、人类交往和规范秩序，往往近乎一种法律乌托邦，但乌托邦并非虚无缥缈。在一定意义上，人类文明的进化行程，正是不断地在乌托邦理想中向前推进的：既开发出其目的指向，也开发出其现实的路径。因此，没有乌托邦理想，现实就是静止的、停顿的，生活就是一潭死水，缺乏活力，人类只能安于现状，止步不前。

三

或许在这里，人们已经不难看出，科学、理性和逻辑本身与

① 刘亚猛：《西方修辞学史》，外语教学与研究出版社2008年版，第21～22页，并参见该书第45～49页。

情感、诗性及修辞的内在关联。逻辑从来不是自然天成的，而是人类智虑的结果。无论何种逻辑，无不烙着人类思维的印迹。我们知道，任何伟大的神灵，都不曾教导人们如何运用逻辑思维。教导人们像法官那样思考、像律师那样思考的老师们，仍然是肉眼凡胎的人类。所以，所有人造的对象，总留有人类思维的缺陷。有时候，甚至人类越是强调的东西，就越是人类造作的产物。譬如被法学家们所刻意强调的、作为法律权威重要来源的国家，在另一些法学家的笔下，不过是人的一种虚拟，是人类虚拟活动的产物，是“作为虚拟主体的国家”，是一种“虚假的实体”：

“在宗教神学中，主要的虚拟主体（artificial person）或许就是教会；而在法理学中，主要的虚拟主体便是国家（state）。创造国家这一虚拟主体的目的在于，将国家设定为一实体，其机构（organ）由多人组成，旨在保护人类大众免受来自外部或内部的欺诈与暴力，并由这些机构统一管理国家。”①

如果顺着这一思维而推论，既然国家是虚拟主体，自然，经由国家所制定的法律，即便它是一个逻辑自足的体系，也是虚拟的逻辑自足。因之，法律照例是一种虚拟的规范体系，它只是人们按照总体上有利于人类，甚至有利于人类的某一部分（多数或少数）、某一利益集团而创设的一个逻辑体系。面对这一

① ［美］约翰·奇普曼·格雷：《法律的性质与渊源》，马驰译，中国政法大学出版社2012年版，第55页。

逻辑体系，人们完全可以提出不同的见解，不同的主张，并对其见解和主张给出自圆其说的论证，因此，它不是唯一的逻辑体系，而只是一种被选择、并被人们承认了的逻辑体系。即使这种被选择了的逻辑体系，也必须面对证明的拷问。故在法理学上，一个法律命题的意义及其决定它的真值条件的特点各是什么，就争论不休：

“德沃金和实证主义共享的前提是：关于真理特性的争论就是关于‘法律真实根据的正确理解’的争论。这也是一个我试图否定的前提。我认为，法律命题的真理性完全不依赖于条件、事实或其他东西的存在，法律命题的真理问题不是命题和使得命题真的某物（如某一社会事实）之间关系的问题。相反，法律命题的真理是通过法律论证形式的运用而体现出来的，正是通过这些论证形式的运用，即法律论证的语法的使用，才使得法律命题的真或假被显示出来。”①

论者的如上观点，已然揭示了法律命题的真假，实际上取决于人们的论证。但众所周知，对于参与论证的人而言，其言说能力、论证水平、社会历练以及执业经验等总是大相径庭的，但即便如此，在法律的制定以及运行过程中，论证充分、说理透彻、表达精彩、逻辑周延更容易获得人们的赞同和支持，而论证马马虎虎、粗枝大叶，说理不充分，逻辑不周延，总容易遭受人们的

① ［美］丹尼斯·M. 帕特森：《法律与真理》，陈锐译，中国法制出版社2007年版，第27页。

否定和反对。这样一来，法律的真理性及其实践效应，每每取决于人们的论证能力、论证水平、甚至论证态度，法律的制度修辞特征更是不言自明。

然而，问题在于即便我们明知国家及其法律是虚拟的逻辑体系，是经由修辞论证而形成的一套逻辑体系，但是我们仍然要相信并服从这一逻辑体系，从而在日常交往行为中尊重法律权威和国家机构出面的纠纷决断，在司法活动中必须尊重法官或遵循先例裁判，或依成文法裁判。即便我们已经明白了国家及其法律的如下事实，还是要如此尊重国家、法律及法官：

"……运用人格化的抽象体而使得统治者的努力得以连贯和持续，即便不是完全，也几乎是人类之必然；然而如同其他必然之物一样，它亦毁誉参半。一方面，它在爱国精神的旗帜下极大地巩固了利他主义。如果说人们为了最大多数人的最大利益而牺牲自己的生命这种说法于身于心都是蹩脚的，但在很多人看来，为人格化的国家（patria）而死则是甜蜜的。然而另一方面，国家的观念无非是某些人的工具——国王、州长、选举人、法官、税务官、刽子手——依靠这一观念，他们为了人们的利益而统一行动；如若有观点认为，国家具备一种价值，该价值独立于组成或将要组成国家的男男女女，这种说法完全是痴人说梦。"①

这表明，所谓人类对逻辑的依赖，归根结底是种对修辞选

① ［美］约翰·奇普曼·格雷：《法律的性质与渊源》，马驰译，中国政法大学出版社2012年版，第58～59页。

择的依赖。无论人们虚拟了国家，还是虚拟了法律，都是为逻辑地、有秩序地展开它而奠定修辞前提，当然，也可以说是逻辑前提。因此，无论法律，还是国家，都是制度修辞，或者都是依赖修辞而展开的逻辑行动。对此，不妨从以下两方面略微展开：

就修辞而言，无论法律的权威运用，国家的权威力量，也无论相关的逻辑论证遵循的是演绎的、归纳的还是类比的方式，在实质上，都无法逃离修辞的约定。

第一，就法律中的演绎推理而言，所有据以演绎的逻辑前提是修辞的——因为法律是虚拟的产物，保障法律的权威主体——国家也是虚拟的产物。法律本身的合法性、正当性还需要接受论证的检验，并且在一定意义上，这一论证检验活动是无解的。我认为，神学自然法的聪明之处，就在于确定了一个终极的无须证明的前提：法律是神的意志和要求。分析实证主义法学的可取之处也在于他们设计了一种不能再往前逾越的界限：主权者的命令，因此，无论这种命令是善是恶。如果人们一定要打破砂锅问到底，那么，所有的人类秩序都将岌岌可危，有坍塌之虞。因为所有的前提都可被证伪。判例制度下的先例是如此，法典制度下的成文法也是如此。所以：

“司法审查‘难题’的关键在于合法性和正当性（justification）之间的关系……所有那些试图从法律论证传统之外发现一个规范性基础的努力都误解了法律中的合法性特征。宪法、传统的法律论证理论、以及司法审查等都没有要求合法性。当法律论证的传统被坚持的时候，法律的合法性就得到了。一个支持宪法命题真理的宪法论证是合法的，仅当它使用了某种模态，如果它不是这样的话，则它就是不合法的。”①

当人们把法律的合法性不是交付给社会—物质事实，交付给交往行为中的主体，而是交付给以既有的规范为前提的形式化的论证方式时，不正说明作为大前提的法律规范及其论证方式的人为假定特征吗？不正说明法律演绎推理的大前提只能是一种修辞预设和假定吗？

第二，就法律中的归纳推理而言，所有被人们所归纳的事实，其完备性都是修辞的，因此，其结论必然是大概的、修辞的，因为人们不可能把一切事实搜罗无遗后制定法律，而只是在人类有限的认知基础之上，根据事实的大概率、大方向而制定法律；人们也不可能复原案件发生后的所有事实，而只能根据所搜集到的更有证明力的证据事实而认定案件。无论在立法上还是司法中，针对规范的制定及其制定根据，或者针对案件事实的认定及其认定根据，归纳推理都是不可避免的。不但如此，归纳推理的结论或者作用于立法并被制定为法律，成为法律中演绎推理的大前提，或者作用于司法并被作为司法中逻辑三段论的小前提。但无论如何，它都无法逃脱修辞性。因为它一旦被证伪，结论便不攻自破。

---

① ［美］丹尼斯·M. 帕特森：《法律与真理》，陈锐译，中国法制出版社2007年版，第175页。

第三，就法律中的类比推理而言，其类比的根据、情境或场域，来自不同事物之间的相似（同）或不相似（同）性，而不是其同一性或不相关性，因此，尽管在形式上它是一种逻辑化的推理类型，但其实它的根据、情境和场域都是修辞性的。只要我们不能全然肯定两种事物之间在性质上是完全相同的或者完全不同的，就不得不面对人们对类比事物之间相同或不相同之程度的反思与疑问。但即便如此，类比推理在法律中，特别在判例法中不但是必要的，而且是不可或缺的。“判例法学说下的推理主要是通过类比进行的，其基本要求是同样案件同样判决”；但与此同时，“类比推理高度依赖场合”。① 因此，比较异同，进而在不同事物之间类推，是类比推理的基本特点。没有异同比较，类比推理就没有必要。这正如一位学者所言：

“……任何两个人、两个行为和两个事物都不会在所有的方面相同。宣称两个人、两个行为或两个事物相同，并非宣称它们同一，假如同一，它们就不成其为二，就根本无法进行比较和对比。也永远不会有任何两个人、两个行为和两个事物在所有事实方面都不相同，假如在所有事实方面都不相同，它们就不会两个都是人、行为和事物；对它们进行比较或对比，就毫无意义。因此，类比推理对于两种情况的相同点和不同点都需要仔细地考虑。关键之处在于判断是相同点还是不同点更为重要。”②

① ［美］史蒂文·J. 伯顿：《法律和法律推理导论》，张志铭等译，中国政法大学出版社1998年版，第31、32页。

② ［美］史蒂文·J. 伯顿：《法律和法律推理导论》，张志铭等译，中国政法大学出版社1998年版，第32页。

可见，受制于类比推理的根据、情境和场域，类比推理和演绎推理、归纳推理相比，更具有修辞的属性。在实质上，它就是比较或对比修辞，因此，对类比推理，可径直称之为类比修辞。类比推理技术也就是类比修辞手法。不了解比较、对比的修辞手法，不尊重类比的修辞根据、情境和场域，那么，对类比推理的理解也是肤浅的。企图通过类比推理而全然达到逻辑上的无缝与圆满，本身与类比的性质是背道而驰的。类比本身意味着逻辑缝隙的存在。这种逻辑缝隙恰恰需要修辞手段来救济。此种情形，在法律上的类比推理中，照例适用。可见，类比推理（修辞）更彰显了修辞在逻辑作业中的不可或缺。

综上所述，之所以法律制度是一个修辞体系，乃是因为法律所依赖的逻辑推理方式皆需修辞来支持，法律的演绎推理在大前提、甚至小前提上是修辞性的；法律的归纳推理在归纳内容以及归纳的结论上是修辞性的；法律的类比推理在类比的根据、情境、场域以及结论上，也是修辞性的。因此，没有修辞支撑和修辞约定，一切逻辑推理都无从谈起，也不会准确。

就制度修辞而言，这里主要涉及法律制度乃是一个包含了规范、理念、主体、行为和反馈的制度结构体系，因此，用法律修辞一词并不能足以表明法律制度在整体上的修辞特征，而只能表明法律规范的修辞特征。只有把上述法律制度结构的诸要素都置于修辞观察的视野中，才能更进一步领略人类作为精神现象，是如何在自生自发秩序的基础上，以其能动性和创造性，修辞性地为逻辑化的法律制度之建立提供前提、条件、结论、情境和场域的，从而筚路蓝缕，开辟法治之路的。对此，在本书的有些篇章中已有涉及，① 这里不再赘述。

一言以蔽之，所谓“制度修辞”，乃是人们基于法律规范的修辞预设或规范虚拟，而建制的具有逻辑关联的制度化的秩序体系。这一秩序体系作为一种制度结构，包含了规范要素、理念要素、主体要素、行为要素和反馈要素。其作为制度修辞，既表现在前提的修辞预设和规范虚拟上，也表现在其所有的内容，在论理上，都是“可以”反思、辩驳和人为改造的范畴，而不是定于一尊、天不变、道亦不变的范畴。

四

简略阐述了本书中制度修辞一词的一般含义，不妨再回过头来看看本书的论述范围。严格说来，本书对制度修辞的论述，仅仅是在立法层面的论述，因此，前文中提到的“符号、法律家与诗化（性）思维”这一问题，只展开了一半，而另一半，法律运行——包括法律运用和遵守、行政和司法以及法律监督中的诗性思维及修辞推理问题，并没有展开。应当说，和立法的制度修辞相比较，这一领域中的制度修辞问题是一个更为具体和复杂的话题，它需要更加细腻可靠的经验观察手段和更为切实有效的修辞论证手段加以展开。因此，这也是笔者对这一选题在未来的研究

① 可参见本书中《论法律信仰、制度修辞与诗性思维》和《论社会契约、可接受性与制度修辞》两文的论述。

中必须予以特别关注的。好在在这一领域，国内法学界已经有了研究的相当的自主意识。特别是舒国滢教授和焦宝乾教授的研究，已经具体地深入法律中修辞论证的堂奥。①

不过尽管如此，在这部《制度修辞论》的基础上，继续对制度修辞理论在法律运行方面加以探讨，完善我关于“符号、法律家与诗化（性）思维”这一选题的研究，是我愿意在未来付出劳作的科研领域。但愿能以此为奠基，在未来某个时间，我能为读者们奉献在此问题上更进的研究成果。

本书是法律出版社正在陆续出版的“谢晖法学论著系列”之一种。这套丛书的出版，有幸得到法律出版社、特别是周丽君编辑的热情支持，借本书出版之际，特致谢忱！本书收入的10篇论文，分别在《文史哲》《政法论坛》《法律科学》《现代法学》《法学评论》《河南大学学报》《甘肃社会科学》《北方法学》《中国政法大学学报》9家刊物上发表，感谢刘京希、王人博、孙国栋、韩

---

① 参见舒国滢：《寻访法学的问题立场——兼谈“论题学法学”的思考方式》，载《法学研究》2005年第3期，第3~20页；《论题学：从亚里士多德到西塞罗》，载《研究生法学》2011年第6期，第1~37页；《走近论题学法学》，载《现代法学》2011年第3期，第3~15页；《论题学：修辞学抑或辩证法》，载《政法论丛》2013年第2期，第3~11页；《亚里士多德论题学之考辨》，载《中国政法大学学报》2013年第2期，第5~40页等（与此同时，舒氏还翻译出版了［德］特奥多尔·菲韦格：《论题学与法学》，法律出版社2012年版）。焦宝乾等：《法律修辞学导论——司法视角的探讨》，山东人民出版社2012年版；《法律修辞学：理论与应用研究》，法律出版社2015年版等。此外，陈金钊倡导召开的“全国法律修辞学会议”已连续召开七届，并编辑出版了连续出版物《法律修辞学研究》（目前已出版两卷，由中国法制出版社分别于2015、2016年出版发行）；熊明辉主编的《法律论证与修辞 第三届全国法律修辞学术研讨会论文集》，也由法律出版社于2014年出版。由此可大致窥知法律修辞学在我国目前研究的概况。

松、马治选、许明月、龙大轩、秦前红、徐亚文、蔡军、杨文德、王艳慧、陈夏红等友人一如既往的支持。本书中收入的所有论文的第一位读者，是我在山东大学工作时，曾经指导过的硕士和博士生，现任教于天津师范大学的尚海涛副教授。多年来，他为我义务劳动，在各篇论文投往不同刊物时，根据不同刊物之要求，在诸如注释等细节上进行认真的修葺和整理。因此，我必须对他长期以来的帮助，表示感谢！当然，作为一种探索，我更愿意把本书交由读者，任由他们批评并指正。

发现并提升日常生活中的法

——《民间法的视野》序

这部书所收入的，是近4年来我在民间法研究方面的几篇文字，也是我继《大、小传统的沟通理性》后，第二部以民间法为专门研究对象的学术文集。

一种学术兴趣的养成，常形成于一系列偶然之上的必然。我对民间法研究的坚持，就是如此。除打小受乡村社会规范生活的耳濡目染外，工作以后的如下经历，则更有直接影响。

1986年，在宁夏大学工作不久的我，曾两次受学校委托，到宁夏回族自治区南部山区调研。一次是代表学校跟踪调研该校毕业生在南部山区地区的工作状况。记得我那组由当时在学校后勤任职的一位五十岁左右的先生带队（姓甚名何，如今没任何印象），组员就叶南（现定居加拿大）和我两人。我们一行到了固原，就分开行动了。我的任务主要是完成最偏远的两个县——必须翻越六盘山的隆德县和泾河的发源地——泾源县的相关调研。我们所调研的所在，是我国回族集中居住最稠密的地区之一。而我在调研中所关注的，不只是学校交给的任务，更是刚刚迈入工作岗位的一位年轻人，以饱满的热情对“外面世界”里人们精彩纷呈的生活交往方式、秩序规范内容的格外好奇。另次是和我的同事毛洪峰（现在宁夏总工会工作）带领当时政教系学生赴宁夏南部山区调研。特别是在西吉县调研时，既听取了时任县委书记周生贤（现在全国政协资环委工作）多次所做的该县的相关介绍和说明，也与同学们一起跋山涉水、走村串户，在农家深度访谈，在田间地头认真观察。尤其是遇到纠纷时，当地乡村地区无论由政府出面、阿訇出面、还是乡村长老出面处理纠纷的特殊方式和机制，一直萦绕我心头，成为我关注并感兴趣于民间法问题的重要经验基础。

此后不久，20 世纪初，我参与了两项重要的学术活动。一项是由宁夏区党委宣传部理论处处长哈坚先生领衔的“中国民族自治地区教育问题研究”，项目似乎由中宣部和国家民族事务委员会直接投资，是两部门组织的民族区域自治系列研究丛书项目中的一种。为了丰富这一项目的内容，我们一行的调研足迹深入东北、京津、内蒙古、云贵、两广、宁夏等地的少数民族自治地区。调研中，不仅对那里的风物民情有所领略，而且更加加深了我从小在山村生活时，业已发蒙的种种民间交往的规则意识。与此同时，我们一行四人中，除我之外，其他三位皆为回族同胞，他们的言谈举止、生活方式以及价值取向，不禁勾起了我进一步了解回民族规范生活的强烈愿望。另一项是在恩师吴家麟先生领衔下，由我执笔申报的“回族法文化研究”课题获教育部立项。此后，汤翠芳老师带领教研室同仁们不但深入穆斯林传统十分浓厚的甘肃临夏调研，而且在 1992 年年初，我和汤老师先后深入嘉兴、杭州、福州、泉州等我国穆斯林传统比较悠久的沿海地区，在更广泛的区域和视角调研回族法文化。特别是和刘凯（吴家麟先生的女婿，现在福州做律师）结伴在泉州的调研，更让我满满地收获了一个多元文化杂集的景致，也令我对秩序究竟是如何形成的这一问题有了更为开阔的理解。

这种因缘巧合，一直让我保有对民间法研究的兴趣。2000年初冬，我被推举为山东省法理学研究会的会长。在换届会议上，我宣布在我担任该职务期间，创办分别自事实视角、规范视角和价值视角研究法学的三种以书代刊的学术刊物。经一年多的筹备，三刊同时于2002年在山东人民出版社出版。这就是《民间法》《法律方法》《人权研究》。没想到三刊创刊后，皆获学界和读者的好评。也是因《民间法》编辑出版之故，2004年，当青海民族大学法学院马文孝书记（现在青海省纪委工作）和王佐龙教授（现在海东市检察院工作）二位赴山东大学，寻求继续和山东大学法学院、山大威海分校法学院合作之际，提出能否在该校举办一次全国民间法、民族习惯法研究方面的学术会议时，我愉快地答应了。经过紧张筹备，会议于次年夏天在美丽的“夏都”西宁举办。自兹迄今，这个系列的会议和《民间法》一样，一直坚持举办，并且我也因之结交、吸引和团结了无数钟情于该领域的学者。也因此，《山东大学学报》《甘肃政法学院学报》《原生态民族文化学刊》等刊物约我主持定期或不定期的相关栏目，并编辑出版了规模达20部的“民间法文丛”（中国政法大学出版社）和到目前为止主要收录了民间法研究成果、已出版了9部的“法意文丛”（厦门大学出版社）。如今，我可以自豪地说，在这个研究领域，《民间法》这份刊物和“全国民间法/民族习惯法”这个系列的学术会议，或许是其绕不开的话题。

这样的经历，以及这些小小的成就，不仅延续着我既有的兴趣，而且生发出我必须推进这一研究领域的种种压力和责任来。关注我学术研究的同仁们、学子们或许知道，一直以来，我的主要论著集中在法理/法哲学领域和法律方法领域，对和法社会学、法人类学（我更倾向于对这两个学科做两分的处理，不赞同法人类学是法社会学一支的看法）息息相关的民间法研究，兴趣归兴趣，但真正着墨并不多。其中根本缘由，不在于兴趣，而在于研究手段。众所周知，民间法研究更需要田野调研和社会实证，需要对研究对象持之以恒、坚持不懈的感受、关注和观察。但对我，甚至对绝大多数法学学者而言，这恰恰是最为稀缺的。所以，下笔如神的那种境界，在这个领域就很难见诸纸头。一部真正建立在实证基础上的民间法或者法人类学研究作品，于我而言，仍在体验、调研和观察的路上。好在民间法的研究，也许不止一个路数，它也许并不排斥规范分析的研究和哲理思辨的研究。正是抱着这个心态，也由于我的社会实证的功力还很不够，故我近年来尝试着把民间法研究切入我较为熟悉的领域和方法中，这就是对民间法与法律方法、民间法与法哲学的结合研究。换言之，我目前所从事的，就是对民间法一般理论问题的研究。

2014 年和 2015 年，在第十届、第十一届“全国民间法/民族习惯法”研讨会上，我国“70 后”法理学界的“常青树”，恩师严存生先生两次郑重其事地告诉我：民间法研究能推进到今天这个地步，是很不容易的，但如果缺乏基础理论研究的支持，就不可能走得更远。对此，我很是认同，也很是惶惑。尽管作为一个研究领域，是需要无数学者鼎力合作的事业，也是需要数代学者星火相续的事业，因此绝非任何一位个人的专属，但既然浸淫该领域这么多年，则如何提升其学术品位，我不能不予考虑。这也是在实证研究尚不足以支持我的前见所想展开的民间法研究时，我迫不得已的一种选择。本书所收录的文字，就是基于这一思考所撰写的，起名为《民间法的视野》，在一定程度上能够表达我对民间法理论研究的一些主张和见解。特别是“法律的民间叙事”“族群——地方性知识”“主体中国的规范基础”“民间法作为宪制的共和基础”“文明秩序中的民间法”“民间法结构于正式法的机制”“流浪权”等概念和命题的提出与论证，不仅让我保有发现、研习民间法的兴致，而且让我有了进一步推开这一研究、提升其学术品位的理论切入点和信心。

感谢法律出版社和周丽君编辑一如既往地对我的扶持和帮助，把本书列为“谢晖法学论著系列”之一种。“谢晖法学论著系列”是我拟议中的五个系列作品中的其中一个，它和其余四个系列一起，是对我既有文字生活的总结和对未来一段时期文字生活的规划。这个系列共收入我的学术论著十部，其中既有之前已经出版过的七部作品（部分作了修订和校正），也有新近撰写并准备出版的三部作品。这样的工作计划，倘没有法律出版社和丽君编辑对学术事业的满腔热忱、鼎力支持，在当下的图书市场条件下，殊难实现。

本书所收录的13篇论文，分别在13家刊物上发表。感谢王人博、孙国栋、路士勋、孙培福、刘颖、康敬奎、王虹霞、周文升、王雅林、张莲英、吴平、史玉成、辛春霞、董服明、林野、马莉、王宏宇等各位主编、编辑的抬爱，能让这些作品及时问世。也感谢这些论文的读者们这些年来对我的鼓励、鞭策和期待。这些文章写就并发表前，绝大多数篇章曾请尚海涛博士做过技术处理，在此并志谢忱！

是为序。

陇右天水学士　谢晖

序于2016年2月15日

旧著再版说明（五则）

作者按： 蒙法律出版社抬爱，“谢晖法学论著系列”（10部）书于2016年以来陆续出版，分别是：（1）《法的思辨与实证》、（2）《法律的意义追问——诠释学视野中的法哲学》、（3）《民间法的视野》（初版）、（4）《制度修辞论》（初版）、（5）《法律哲学——司法方法的体系》（修改书名）、（6）《法学范畴的矛盾辨思》、（7）《价值重建与规范选择——中国法制现代化沉思》、（8）《法律信仰的理念与基础》、（9）《大小传统的沟通理性——民间法初论》（增订版并修改书名）、（10）《法律方法论》。出版社要求对再版的书最好能加个说明。如下即对近期将印行的4部旧著的再版说明。

《法律哲学——司法方法的体系》再版说明

《法律哲学》这部书，由湖南人民出版社于2009年初版，现征得湖南人民出版社及该书初版编辑戴军先生的同意，纳入法律出版社出版的“谢晖法学论著系列”中再版。

该书既是一部有关法律哲学的作品，同时也是一部探究司法方法体系问题的作品。所以，为了文题之适切，在再版时加了个副标题——“司法方法的体系”。狭义上讲，法律方法所讲的就是司法方法，因此，两者间并无根本区别。但广义上讲，除司法方法外，法律方法还包括立法方法，行政（执法）方法，（律师）法庭论辩方法，甚至公民用法、守法方法等，因此，司法方法仅仅是法律方法之一种。这正是我在本书再版时给书名加副标题“司法方法的体系”，而不用“法律方法的体系”之缘由。

关于司法方法的体系，在我国学界，大多以法律解释这个词为纲领，提挈其他所有的司法方法，如王利明、梁慧星、王彬等，皆如此。也有学者以法律推理、法律论证、利益衡量、漏洞补充作为司法方法的逻辑起点，如舒国滢、张继成、熊明辉、张宝生、张斌峰、焦宝乾、张利春等。郑永流则从法律人的思维过程出发，阐述其阶梯式法律方法体系。这些有关法律方法体系的不同观点和论述，各有千秋。

本书则尝试从“法律病灶”这一法律的问题出发，并通过对“法律病灶”的类型化处理，对症下药，阐述针对不同“法律病灶”的司法应对手段。借此，本书也对常见的各类法律方法及其适用领域做出了有针对性的论述，与此同时，还提出了“事实替代”这一独特的司法方法。在相关研究中，试图贯彻的基本方法，是“规范研究方法”。自然，这一有关司法方法体系的论述，是一种尝试性的研究。这一司法方法之理论体系，能否与司法实践中法律运用的方法相呼应？尚有待司法实践之检验。

有了体系，并不意味着这个体系就一定完善。在司法方法论的研究上，我一直未曾止步于这一体系，也一直探寻在此体系基础上，设法进一步完善该体系。尽管在本书之外，并未形成专门的、系统的著述，但不时有相关的研究论文发表。因此，对相关的后续研究，我将结集为《法律（司法）方法论》一书，也将收在“谢晖法学论著系列”中。静待读者们届时能并观两书，比较阅读，或更有收获。

因此，本书再版时，并未改动初版的内容，只对其标点和个别文字作了修改。感谢湖南人民出版社及戴军先生慷慨授权本书在法律出版社出版；也感谢法律出版社及本丛书策划人周丽君编辑热情应允将本书纳入“谢晖法学论著系列”中再版！本书的再版，受到中南大学法学院及该院陈云良院长的特别支持，在此特致谢忱！

谢晖

2017 年 2 月 9 日于北京

《法学范畴的矛盾辨思》再版说明

《法学范畴的矛盾辨思》是我对法哲学基本范畴所做的系统思考和研究，也是目前国内所公开出版的为数不多的有关法哲学基本范畴问题研究的学术作品。

在内容上，该书就法律本质与法律现象、法律创制与法律运行、法律形式与法律价值、法律权利与法律义务、法律权力与法律责任、法律调整与法律秩序、法律继承与法律发展、法律主体与法律客体、法律实体与法律程序这些“对偶式”的法学范畴及其每对范畴内部的相互关系作出了尝试性的探索（自然，法学的“对偶式”范畴不止这些，其他诸如法律效力与法律实效、法律观念与法律行为、法律规范与法律运行等皆属“对偶式”范畴，但这些范畴或与前述范畴内容交叉，或因笔者对其研究不够，或者笔者在他书中已有阐述，故本书均未涉及）。

在方法上，本书着力运用辩证思维方式，把正反合的思维方法运用到每对关系的逻辑思辨中，并辅之以必要的实证资料，以说明各对范畴内部的相互关系。这种关系既不是所谓矛盾主要方面和次要方面的关系，因之，也不是每对范畴之某一方面对另一方面的支配、决定关系，它们之间是相互决定、相互制约的关系。唯其如此，它们之间在逻辑上形成一个有机互动的整体，在实践上只有每对范畴内部体现出有机互动，才可能实现其整体效应。在我国法学界，这种把正反合的思想方法以及具有某种审美情趣的探索，运用于法学范畴之研究者并不多见。孙笑侠的《法的现象与观念》或许是个例外。

本书的另一特点，在前述研究内容中可以看得出来，即强调范畴的“对偶式”特征。之所以强调之，是便于更好地挖掘“对偶式”范畴之间的内部关系以及其整体效应。当然，研究法学基本范畴，未必一定要像本书所坚持的那样，关注“对偶式”范畴及其内部关系。张文显的《法哲学范畴研究》就不强调不同范畴之间的对应关系，因此，也不太关注范畴的“对偶式”特征。所以，对法学的单个范畴性话题，如权利、义务、责任等分别进行研究，未尝不能深入法学范畴之堂奥。只是由于笔者的研究兴趣和问题意识所致，更喜欢寻求把不同范畴做“对偶式”处理，并且事实上在法学范畴中也确实存在着不同范畴之间的这种“对偶式关系”。这样，本书的研究，就不失为研究法学范畴的一个视角。

1999 年，本书由山东人民出版社出版发行，前后印行 3 次共计近万册。现征得山东人民出版社及初版编辑李怀德编审的同意，也经由法律出版社及再版编辑周丽君的许可，作为“谢晖法学论著系列”之一种再版。今天我在校稿时注意到，再版审读人田甜对本书作出如下评价：“本书语言规范，篇章体例合理，文字运用及注释格式等十分规范，书稿质量极高。”这既是对拙著的肯定，也是对我的鞭策。在本书再版之际，特别感谢李怀德、周丽君等为它的出版、传布所做的努力！也感谢中南大学法学院及陈云良院长为该书的再版所做的大力支持！

谢晖

2017 年 2 月 10 日于北京

《价值重建与规范选择——中国法制现代化沉思》再版说明

《价值重建与规范选择——中国法制现代化沉思》这部书，是20多年前我站在理论法学视角，对我国法制现代化的理论和实践问题所做的系统思考。思考的逻辑起点是法律变迁及其历史类型。特别是根据人、物关系的结构，我对法律的历史变迁作出三类划分，即“对人的法”“对事的法”和“人本的法”。这不但把法制现代化研究的镜头伸拉到人类历史长河中，而且较早地在国内法学界提出了“人本的法”这一概念，并进而将法制现代化的逻辑起点置于人的现代化之上，最终也将其归宿落脚到人本的关怀之上。

与此同时，书中对法制现代化的一般文化背景、核心基点、要素结构，我国法制现代化的资源选取、道德——价值基础、战略——道路——动力选择、学理基础等作出了独具匠心的论述。特别是书中对权力不得推定的论述，否定了我国法学界一些学者对“推定性权力”“权力推定”的种种论述，强调法制现代化的要津，就是把一切权力都置于法律的规范之下，以实现“以法治权”，并借此实现权力对法制现代化的推动作用——只有权力受制，才真正预示着法治。一旦权力逍遥法外，则法治或法制现代化将遥遥无期。

法制现代化研究，自然不能绕开我国现有的制度结构、权力结构和社会结构。为此，本书从我国当下的权力结构出发，系统地对我国立法现代化问题、行政现代化问题、司法现代化问题等都作出了论述：强调在立法现代化中应反思“议行合一”这一说法可能存在的问题，并说明事实上我国的制度结构贯彻的并非“议行合一”。在我国较早地提出了“行政法治”这一概念，指出了在我国阻碍“行政法治”的种种“法外行政”现象，并强调克制“法外行政”的基本方式是“行政确权”，即通过法律严格规定各种行政权的运作范围以及权力违法的责任机制，以确定不同层级和不同类型行政权的法定内容、作用界限和行使方式。提出了审判（司法）独立是一个国家法制现代化完成的标志这一论断，并强调这是司法现代化的本质要求。

本书于1998年在山东人民出版社初版。出版以来，曾连续印刷4次，发行达11000余册。书中观点也引起了学界的一些关注。如在2000年10月于南京师范大学召开的第3次亚洲法哲学大会上，法学家郝铁川在做大会发言时，把公丕祥在《法制现代化的理论逻辑》一书中的观点、朱苏力在《法治及其本土资源》一书中的观点、蒋立山在有关法律现代化之系列论文（后来结集为《法律现代化——中国法治道路问题研究》，2006年在中国法制出版社出版）中的观点和本书的观点并列为当时我国法制现代化研究的四大观点。

可喜的是，本书所提出并阐述的不少理论观点和改革主张，在最近20年来我国的法治建设中，不断得以呈现，与此同时，本书中所指出的一些问题，无论法学理论方面的问题，制度体制方面的问题，还是法律运行方面的问题，都或者有了大幅度的进步，或者正在深入改革过程中。但毕竟法制现代化是一个任重道远的过程，不少问题仍需继续努力，本书提出的一些观点、主张还需在改革中努力争取。正是基于此，征得原版出版社——山东人民出版社及初版编辑李怀德的同意，也经由法律出版社和再版编辑周丽君的认可，我把本书安排为“谢晖法学论著系列”之一种。因为是再版，而不是修订再版，所以，此次出版除了对书中的一些技术性失误和表述欠妥的内容作出修正之外，书中的其他相关资料悉未更动。特此说明。

感谢山东人民出版社和法律出版社，感谢本书初版编辑李怀德和再版编辑周丽君，感谢中南大学法学院及陈云良院长对本书的出版所提供的支持！

谢晖

2017 年 2 月 10 日于北京

《法律信仰的理念与基础》再版说明

《法律信仰的理念与基础》初版于1997年，由山东人民出版社出版，至今已整整20年。该书出版后，先后重印3次，发行近万册。现市面上已难以觅得，故征得山东人民出版社及初版编辑李怀德的同意，作为"谢晖法学论著系列"之一种，由法律出版社再版。这是我国首部系统阐述法律信仰问题的作品。近20年来，"法律信仰"这一词汇业已成为我国法学界和法律实务界谈论的主题词之一。该书出版后，也受到一定的好评，曾被列为改革开放30年来我国法学界影响最大的备选图书之列。

自从伯尔曼的《法律与宗教》一书翻译出版以来，法律信仰问题一直为我国学界所重视。但各家论者大多基于宗教信仰阐述法律信仰。赞同者强调要对法律抱以宗教般的情怀，反对者声言法律作为世俗生活的安排方式，无法成为人们信仰的对象。本书则坚持法律信仰是指在"真理"（诠释学和视域交融意义上的真理论）和生活必须意义上的一种心理笃信和行为恪守状态，因此，提出了世俗法律信仰、法律信仰冲突、法律怀疑精神、法律价值中立、法律信仰的基础等一系列较新的概念和问题。

本书出版后，在受到学界称赞的同时，也收到了学界的不少批评，如范瑜教授、张永和教授等都曾通过论著或讲演批评之。

这种批评，对我而言是更重要的鼓励。透过此，可以展开更深入、更完备、更系统的思考。尽管此书出版后，我没有就该话题做进一步的专门论述，但在其他相关作品中，只要涉及法律信仰话题，本书的基础理念基本上得以循守。

我国的法治建设，自立法层面看已然蔚为大观，甚至在某些领域、某些地方已显得有些叠床架屋——从供不应求（尽管在许多领域，我国的立法仍供不应求）转向了供过于求。在此情形下，更重要的任务在于法律的运用、遵守、执行、适用以及与此紧密相关的法治理念和法律信仰。这即便不是当下学界和法律实务界的共识，但至少也是一种普遍认识，因此，法律信仰这一话题不但没有过时，变成“去年的黄历”，反而更是今天应必备的“镜鉴”和“利器”。如何培育从上到下、从官到民、各行各业的人们对法律的依赖、信任乃至信仰，是国家法治建设能否成功的关键所系。

正是基于此种考虑，我决定把本书编入“谢晖法学论著系列”中再版。再版时除了对个别不太规范和错讹的引文、注释作出相应处理之外，其他内容未作更动，悉依初版原貌。感谢初版出版社——山东人民出版社及初版编辑李怀德君的授权；感谢再版出版社——法律出版社及再版编辑周丽君君的允诺；感谢中南大学法学院及陈云良院长对本书再版的精神鼓励，并为此而慷慨解囊、提供宝贵的出版资助！

谢晖

2017 年 2 月 10 日于北京

《大、小传统的沟通理性》再版说明

近 15 年来，我一直关注、协调并参与国内有关民间法的学术研究和学术会议。其实，我对民间法的这种青睐和关注，不止在这 15 年间。长期以来，我就被不同地方人们生活的丰富多彩、风俗的百里不同以及规范交往的大相径庭所吸引。具体来说，这种兴趣来源有：其一是源自我作为陇东农村长大的公民，对于乡民日常规范生活和公共交往的经验；其二是源自顾颉刚先生、闻一多先生等在 20 世纪前期有关我国民俗的深入研究和精彩论述对我的启迪；其三是源自在宁夏这个地域文化独特的回族自治地方，我所有过的第一份意义非凡的工作经历；其四是源自我在吴家麟先生关照下，成功申报并调研教育部人文社会科学项目——“回族法文化研究”的学术体会。

这些经历，让我在回想法律秩序及其形成机制的时候，尽管对作为“大传统”的国家法关注有加，并因所学专业的深刻影响，不时以国家法律原则与规范，打量民间法对社会交往的规范、贡献与不足。但与此同时，作为长期受民间法意识熏染的学子，也不断反思作为人类智虑的国家法，应对自生自发的社会秩序之态度。不知不觉间，民间法的研究，与法哲学、法律方法的研究一样，成为我从事法学教学和研究以来，最重要的教学和学术努力方向之一。特别是进入 21 世纪以后，我的学术自觉是：想方设法勾连民间法与法律方法、与权利哲学之间的关系，尽量使我研究的三大兴趣或者三个领域能有一个总体的表达，以凸显三者之间的逻辑脉络。

进言之，此种关注，不仅是我个人的学术兴趣所在，也是法律实践的基本逻辑要求。作为人类自觉行为系统，或者作为“大传统”的法律规范，与人类自发的交往行为系统——作为“小传统”的民间规范之间究竟是何种关系？换言之，法律与社会之间究竟是何种关系？究竟是社会决定法律，还是相反，法律决定社会？这些对学者们而言司空见惯的问题，看似已得到解决，但实际上，无论在理论上，还是实践中，仍然是困扰人们的重要话题。说社会决定法律，可谓铁板钉钉，毋庸置疑。但它解决不了何以同一个时代，同一国家，法律制度之不同，致使人们的生活方式截然相异的问题：东、西德曾经的差异，南、北朝鲜当下的区别，是最显眼不过的事实。说法律决定社会，似乎也有根有据，也能自圆其说，但它解决不了何以文化差异（无论历时性的文化差异，还是共时性的文化差异），总是决定着法律差异这样一个事实，以及由该事实引出的话题。

所以，这种两难的问题，绝不是一种或此或彼的单项选择，而是需要深入其里、丝丝入扣地不断观察、仔细论证、不断充实的学术研究问题。我把民间法置于这一实践视野和学术视野中进行研究，其中所追求的，一是去寻求法律与社会关系的多元情状；二是想证成并表达国家法与民间法共在的社会事实；三是想达成社会秩序构造中法律与社会的互促共进；四是想资助司法中国家法与民间法间的余缺互补。这样的学术目的，不但需要深入扎实的专门探讨，而且也需要视野开阔的关联研究，这正是我在关注民间法研究的同时，也关注它与法律方法及规范法学、法哲学及法律哲学内在关联的缘由所在。

《大、小传统的沟通理性》一书，就是我这一探索的初步成果。该书于2011年作为我主编的“民间法文丛”之一种，由中国政法大学出版社出版。此次为编辑出版“谢晖法学论著系列”之需要，在该书约定的版权期限尚未届满前，征得中国政法大学出版社及该丛书策划编辑张越的同意并慷慨授权，由法律出版社再版之。再版之际，我对书稿内容予以扩充，故属于增订再版，与此同时，在原书名后加了个副标题——民间法初论，以更切题地表达本书的内容。在本书再版之际，感谢中国政法大学出版社及张越编辑，感谢法律出版社及周丽君编辑，也感谢中南大学法学院及陈云良院长为该书出版所提供的支持！

谢晖

2017年3月16日于长沙

何以以讹传讹三题

一

校对以往的一部书稿，其中引用了恩格斯的一句名言，我在原著中注明出处是《马克思恩格斯全集》第21卷，第345～346页。再查不少论者在文中引用该段话并注释时，和我所注的出处完全一样。可找到两个版次的该书该卷该页，逐字查找，根本就没有这段话！

耗时许久，我才在《马克思恩格斯全集》第3卷找到这段话："国家是属于统治阶级的各个个人借以实现其共同利益的形式（是该时代的整个市民社会获得集中表现的形式），所以可以得出一个结论：一切共同的规章都是以国家为中介的，都带有政治形式。由此便产生了一种错觉，好像法律是以意志为基础的，而且是以脱离其现实（基础）的自由意志为基础的。同样，法随后也被归结为法律。"

其中，我标在括号里的内容，大多论者都缺漏了。有位令人尊敬的学者在引用这句话时，这两处虽未缺漏，但有其他多处或添枝加叶，或缺胳膊少腿。我本人在20多年前引用这句话时，不但出处错误，内容也同样残缺不全。

令人啼笑皆非的是，之后我也是校对近20年前出版的另一部书时，发现所引的内容也是这段话，但无论内容，还是注释，都完全正确，毫无差错！这足以说明之前引文以及做校对工作时是多么不仔细！其中教训，一定得认真吸取。

必须考虑的是：何以会如此？显然，一方面，这是在搜集材料不便的时代，为了图方便而转引，却不继续查询原著使然也。这实际上也是一种投机取巧。我不知前述引文错漏的始作俑者究竟是谁，但跟随这位始作俑者而不断犯错的人却有一箩筐！可见，做学问中的任何投机取巧，都会弄巧成拙。另一方面，学者之所以会投机取巧，既是为了以小成本获得大收益，也是为了节省心力体力。其结果往往反致其害，误己误人。因此，做学问时不查原著就拿来引用的行为，必须戒之、戒之、再戒之！

由此更值得思考的是"笨办法"在做学问中的必要价值。尽管现代的技术条件提供了各种十分方便的材料检索方式，但即使对检索获得的材料，也必须对照原始文本或原始材料进行校正，否则，鱼龙混杂的网络材料很容易导致以讹传讹，一错皆错。在这方面，那种看上去十分笨拙的考据之学不但必要，而且十分迫切。

不少人以为在现代这种海量的资料、材料时代，还强调什么考据，属于庸人自扰，但在我看来，技术的愈加进步、材料的愈加丰富，虽然使考据的手段更为便捷，但并不意味着考据求证的任务就变得更为轻松。相反，材料越多，获取材料的手段越简便，越需要通过技术手段强化对材料的考据工作，以事半功倍地提高研究水平，提升学术质量。

这或许是克服以讹传讹的一种好方式。因此，轻易地否定、鄙弃、放弃看似笨拙的、古朴的、无用的方法，反倒为伪学术的生产提供了可乘之机。

二

“何以以讹传讹”发出后，有数十位信友留言，可见各位读者对这一问题的重视。其中老编辑、山东人民出版社编审李怀德的留言特别令人惊心：“现今学术著作引文十段有九段错误，一本书仅引文注释性错误数百数千绝非夸张。不进行原文核对，自以为是，以讹传讹，可见今日学术之浮躁。”《求是学刊》副主编李宏弢的留言也发人深省：“这是编辑最头疼的，有的人引自己发的文章都写错！”

昨天查了新旧三书近千条注释，其中一半是引文注释。新作及五年前出版的一部书引文注释错讹很少；20 年前旧作之引文中出处错误有 2 处（这两处错误耗费我近 4 个小时才解决！）内容错讹有 5 处。说明现在著文，查找资料越来越方便，只要认真，错讹较易避免，而过去著文，资料有限，自家资料无法满足引文需要。手头没有的论著，自然间接引证会多些，因之，以讹传讹、一错皆错就自然容易发生。

数月前曾和一位令人尊敬的老一辈学者聊天，其中谈到其论著时，我对他说：“您的论著观点鲜明，逻辑严谨，就是不少引文和原著对照，多有错讹，建议如有精力，再版时把引文认真核对一遍，如没精力，请负责任、信得过的学生去处理。”听罢，先生显得有些尴尬，但还是接受了我的建议（我新近著文，需要引用海外一位学者著作中的一段话，又查阅到先生也引用过该海外学者的相关文字。在所引用的不长的一段话中，对照原著，错漏居然达到5处）。上述留言说明，这类问题发生在当今不少学者身上。如果遇上严谨认真的编校人员，学者们的错讹会大为减少，反之，编校人员粗枝大叶、马马虎虎，必然会助长学者们的草率敷衍。

昨晚查到的另一处错误，既有引文错讹（估计是不同版本所致），也有出处错讹。简述如下：

原引文：“现在对我们来说，完整的、无所不包的、真正的计划等于‘官僚主义的空想’。”原注为《列宁全集》第35卷，第473页。经查，《列宁全集》（第二版，第一版我没找到，相信第一、二版之间差别不会那么大）该卷该页根本没这段话。只好继续查。因为这段话是列宁1921年的文字，故先通过列宁著作的年份查，从第35卷一直查到第43卷（1923年），都没查到。不得已，只好另辟蹊径，根据分类查。这一查果然奏效：先查知这是列宁一封书信中的文字，于是接着在其1921年的书信中继续查，终于查到了！

新查到的文字内容是：“完整的、完善的、真正的计划，目

前对我们来说 = ‘官僚主义的空想’。”译文的不同倒没有改变文本意义，只是对照上、下文，正如有人所言：列宁在此主要是在批评官僚主义，而不是在反对计划经济——这与大多数学者引用该段文字的目的大相径庭。再看该文的出处，则是《列宁全集》第 50 卷，第 130 页——与我原引文的出处差别何其大！

1994 年，在大连召开的一次学术会议上，我曾批评我国学界对马克思有关“法律本质”的一段话之严重误解，因此获得了多位老中青学者的赞许，也招致了一位老一辈学者的激烈批评，并在很长时间内把我“打入另册”（尽管后来我俩成为“忘年交”，缘由大概是老人某次从在美国生活半年回来后的巨大观念变化）。可事实上，我自己也在不知不觉间，不但人云亦云地误解他人的话，而且以讹传讹地把这种误解放大。这真是令我痛心的自我讽刺！

三

前些天谈到“何以以讹传讹”这一话题，仅仅针对校稿过程中发现的问题做了讨论。这期间，一直在脑中萦回一桩往事，恰好前几日在威海时，和本谦夜聊，谈到这桩事。本谦说在国内对法律经济学研究颇有心得者，在上了年纪的学者中，张乃根算是一位。他的这番话，勾起了我对这桩往事的回忆，便对他说：“你说得对，乃根确实是一位很严肃的学者，记得近 20 年前，在清华大学召开的一次会议上，我引用过边沁的一段话，说法学家应当是‘世界公民’。他在我讲完后立马矫正说：‘你对边沁那段话的理解恐怕不准确’。”听了他的批评后，我不敢完全肯定我的理解是否正确，当场只好支支吾吾，借以打发。返回济南后我重温了边沁《政府片论》中的这段话：

“可以把对法律问题发表意见的人分为两类：解释者和评论者。解释者的任务是向我们说明他所认识的法律是什么；评论者的任务则是向我们评述法律应当是怎样的。因此前者的任务主要是叙述或探讨事实；而后者的任务则是探讨理由。解释者在他的范围内所涉及的思维活动只是了解、记忆和判断；而评论者则由于他所评论的事情有时牵涉到那些喜欢与不喜欢的感情问题，所以要和感情打交道。法律是什么，在不同的国家中有差别而且差别很大。然而，法律应该是什么，在所有的国家中却在很大程度上是相同的。因此，解释者永远是这个或那个特定的国家的公民；而评论者则是，或者应当是一个世界公民。一个解释者要说明的是，立法者和他手下的法官已经做了什么；而评论者则建议说，立法者将来应当做些什么。”

重温的结果是：虽然我并未认同乃根教授对我的批评，但对边沁这段话，以及边沁在《政府片论》中的整体思想有了更深的了解。可以肯定，我在以后引证这段话时，不大可能会出现明显的错误，也不大可能因为这段话的出处何在而挠头跺脚。提及这桩往事，我是想说学术批评对于克服以讹传讹的重要性。学术可以像梁任公所言那样为“天下公器也”，但更多时候，不过是圈内两三学友自娱自乐的事业。唯其自娱自乐，才能抵达学术的真境界，才能经由自娱自乐的“游戏”过程而凸显“游戏”内容的真假得失。而参与“游戏”的人，必须认真对待游戏：无论从“游戏”规则，到“游戏”内容。对学术“游戏”而言，真诚的、不留情面的学术批评，是收获学术真知，强化学术记忆、避免以讹传讹的关键所在。

附：相关讨论

【谢晖】我锲而不舍地连发这一组话题，有一层重要的想法是借此启发我正在指导的学生们。可好遗憾，这些学生们宁可对毫无意义的晒吃晒喝晒哈哈的行为点赞甚至评论，但对这种较为严肃的文字似乎明显“麻木不仁”。三份文字下，居然没见到一位正在指导的学生留有“足迹”。有时候不觉很失望！

【廷君】谢师，不必在意，没留足迹，不一定没有认真学习。

【谢晖】不是我在意不在意，而是学生们的留言，往往是老师了解其所思所想、兴趣爱好，并进而有针对性地指导的根据之一。特别是在老师和学生间见面机会本来就不多的情形下。我也知道，在这里的留言大多数我直接指导的学生会看的，但只看不说，见到我也不说，我就只能处在黑处，对学生们的具体情形缺乏深入了解，自然不可能有针对性地指导。说到这里，我不禁回想起当年在法律博客上耕耘时，那批学生的素质，恨不得每天缠着我，把他们的想法给我一一道来——无论是我亲自指导的学生，还是其他老师指导的学生；无论是当时山东大学的学生，还是其他高校的学生，都是如此。学生间相互辩驳，也与老师认真互动、辩驳。正是这种认真，才有那么多堪称优秀，甚至杰出的学术人才产生。而这些年，在学术素养方面，学生们的表现实难满意。这或许不只是我的感受。中国人民大学、吉林大学等法学院一些教授，他们或拒绝招博士生，或对招博士生看得很淡，他们告诉我这与没有好的生源相关。有时我在反思，学生学术质量的直线下降，究竟出自我这位老师，还是学生，抑或出自我现在供职的学校？一句话，有时很劳神！

【少彬】谢老师，以讹传讹的东西太多；很多翻译的书很粗糙，国内翻译过来的有一本哈贝马斯的书，被人指出关键概念就有很多处错误。德国人表达本来就比较抽象晦涩，而关键概念多处翻译错误，我们不懂德语的也就只能各自理解了。不光是翻译错误，任意以自己个人风格表达被翻译的著作的一些关键表达，英文所指与汉文所指有很大不同也是一个问题。

【谢晖】少彬这个说法我同意。但即使如此，也应有个相对的标准。翻译问题可作例外，在语言学界，本来有一派就坚定地主张语言的不可译性。

【少彬】嗯，谢老师说得很对！受教！

徜徉在诗情与法意之间

流浪在诗行词韵中近40年，也零零碎碎地写过不少勉强叫作诗体的文字，但被一份很专业的诗歌杂志刊出来部分习作，这还是第一次！

前些日子，诗人、学者林野兄来信曰：

“谢兄：问好！我意从大作中选取那十几首三角状阶梯诗在这期《敦煌诗刊》发表，希望能同时刊登一篇兄体悟诗歌的随笔，望兄惠赐。为较为全面解读一个法学家和诗歌的缘结，再将苏畅依娜的那篇文章略作删改后也刊登出来，不知兄意下如何？整体安排如下：照片、简历、诗歌、诗歌随笔、苏畅依娜文章。

冬安！

林　野”

林野兄是一家“体制内”杂志的主编，同时也自掏腰包，用可怜的工资坚持十余年，办起了格调标高、韵致非凡、反响良好的“非体制内”刊物《敦煌诗刊》。说心里话，我实在不愿意在此用所谓“体制内”和“非体制内”这样的词汇，甚至曾专门发微博反驳过所谓“体制内”和“非体制内”的人云亦云、陈词滥调。因为凡是根据一国法律生活交际的人、事，皆属这个国家的体制内。在此之外再强调所谓体制内和体制外，既是等级谬种的顽固基因在今天的流布，也是对社会主体一律平等这一现代法律理念的无视和漠视。其危害所在，是对法治精神的人为解构，对权术治理的集体无意识默认。当然，此种情节，因非关本文题旨，就先略过不表，而直入我在此文中想絮叨的内容。

诚如林野兄所言，如何把法学的理性沉静和诗歌的激情洋溢巧妙地结合于文字生涯中，这确是一个问题。今早我还看到一个名为“湘怀天下”的微信群，在发布晚间湖南卫视频道将播出律师、诗人胡勇平的故事时这样写道：

一个律师，因为职业的缘故，要比常人目睹更多的光怪陆离，性格往往是理性而冷峻的。而一位作家，对于人生的悲欢离合，常常多了一份感性与激情。这两种职业与性格，很难交叉在一起并和谐共存；

可是……律师胡勇平却打破了这个不可能。在本职工作之外，他还是湖南省作家协会的一位著作颇丰的作家。

可见，把法学、法律和文学看作对极背反、凿枘不投的想法，似乎不仅是个别人的私见，而且近乎一种大众的“普遍思维”。不过只要揆诸文学史上出身于法学或曾修习过法学的那些璀璨耀眼的作家们，这种“普遍思维”或许就应大打折扣。

在近现代世界文学史上，出身于法学的作家们，不但灿若繁星，而且举足轻重。歌德、海涅、托尔斯泰、雨果、巴尔扎克、福楼拜、格林兄弟、泰戈尔、狄更斯、卡夫卡、马尔克斯、徐志摩、金庸……这些叱咤风云的文坛巨擘，若不是我在这里专门提起，很少有人会把他们和法科学生联系起来。然而，他们无一例外，都是法学出身或曾学过法律的。早年我在山东大学和一位著名的美学家聊起这一现象时，见多识广的他居然目光十分诧异地盯着我问："谢晖，那时的法学是不是和现在的法学并非同一个概念？"我听罢灵机一动，算是和他幽默地道："确实，和目前我国对法学学位的界定是不同的，但我说的这些作家们，或者法学出身，或者确曾学过法学。这法学，就是你我心目中'应当的'那个法学。"

或许如之，德国法学家拉德勃鲁赫才断言："很多诗人是从法学院逃逸的学生。"当然，从法学院逃逸的学生中，不仅有上述小说家、诗人，还有那些以沉静的理性说话，在人类学术史上彪炳史册的思想巨匠们。培根、休谟、边沁、孟德斯鸠、伏尔泰、笛卡尔、莱布尼茨、托克维尔、马克思、韦伯、卢曼、哈耶克、张君劢、吴经熊……这些光照古今的思想巨子，和前述灵动人寰的文坛巨擘们一道，构成法学教育和法学学科发展史上不得不令人特别关照和垂顾的重要文化事实。为何法学既能够造就如许激情澎湃的文学家，也能够培养这般理性沉静的思想家？这难道不是个特别值得玩味、追问和诘究的有趣问题吗？

深究其中原因，怕不能不涉及法律的本来面目。在理论上，甚至有时也在实践中，法律往往以理性面目示人，故在管仲眼里，"尺寸也，绳墨也，规矩也，衡石也，斗斛也，角量也，谓之法"；在商鞅眼里，"法者，国之权衡也"。在亚里士多德眼里，"法律是没有激情的理性"；在西塞罗眼里，"事实上有一种真正的法律——正确的理性——与自然相适应，它适用于所有的人并且是永恒不变的”……人们为了这种理性，在制度上不惜把法官打扮得半神半人，也不惜把律师打扮得庄重严谨……

但这一切，都不能遮掩法律本源于并且必须运用于日常生活的事实。抛开人们的日常交往和生活事实而制定的法，既不能表达人们平素洒扫应对之事实，也无以规范人们交往行为之实践。所以，老子主张“人法地，地法天，天法道，道法自然”；孔子强调“失礼求诸野”；韩非坚持“法与时转则治，治与世宜则有功”。萨维尼抱守法律的“民族精神说”；霍姆斯笃信“法律的生命不是逻辑，而是经验”；布莱克提出“纯粹法社会学的核心是案件的几何排列，或者是……案件的社会结构……案件的命运取决于它的几何排列”……

上述对法律的看似两种对极的主张，实则互为表里地说明了法律本源于生活、源于日用，但又反过来调整生活、规范日用的事实。这一事实，或许正是一位理性、严谨的法律人不但不排斥、不反对诗性和情性的文学，而且对诗性和情性的文学感悟格外深刻的缘由之一。在此基础上，进一步的缘由是：法律尽管也调整日常的吃喝拉撒、柴米油盐，但法律在实践层面更需面对的是“戏剧冲突”、高潮迭起的那种社会事实。众所周知，越是一项冲突严重的社会事实，越能更加深刻地展现、揭示人的情感激荡和理性权衡，越能提供人们或阐释理性，或表达情感的丰富素材。

法律人浸淫于法律世界，其实则脚跨法律理性与生活情感两端。“以事实为根据，以法律为准绳”的司法原则和精神，就是对法律人这种脚跨事实和法律两界的理性阐释，而那些交缠于事实情感和法律理性之间，惟妙惟肖、栩栩如生、跌宕起伏、引人入胜的文学描述、诗性表达，却是用诗性或情性的文字，对法律人以及在法律调整下的社会主体精神领域和行为世界的高层次描述与阐释。法律人身置其中、近水楼台，也就自然对“庐山”真貌，格外熟悉。在此情此境下，一位有文字喜好，且愿意思想和表达的法律人，只要留意并努力，一定能在理性和情感、现实和浪漫、庄严和灵动两端皆有所获，并“下笔如有神”。

就我个人的文字经验而言，打从上大学开始，就一方面浸淫于法律的理性世界近 35 年，另一方面接续中小学时期既有的爱好，沉迷于文学的情感世界亦近 35 年。其间的文字表达，不但钟情于冗繁、复杂且必须尽量理性表达的法学论著，而且醉心于灵动、鲜活且表现形式丰富多彩的文学作品。特别是中国古典的诗歌形式，短小精悍、表意丰富。这种文学体裁，其押韵、对仗、起承转合等形式要求，其拟人、拟物、对比、夸张等修辞手法，其实可谓理性与情感的完美结合。尽管当下的不少诗人们因为格律的羁绊而弃之如履，但于我而言，恰是在这里，收获了对理性与诗性如何匀和杂糅地表现的更多体悟。

理性的沉静一般在白昼、在书房，在家人、学生、朋友们的众目睽睽之下，而诗性的浪漫却一般在暗夜、在山野，在孤独一人、彷徨四顾而无所依傍的焦渴和期待中。这恰好印证了一位宗教哲学家关于“白昼之法律和夜晚之激情”的说辞。理性的论证固然让我拥有了一些读者，但诗性的表白似乎让我获得了更多的读者。有时候，一位作者，无论他写作的是堂皇典论还是灵秀诗行，来自读者的鼓励和期盼，是其无形的动力。我之所以有幸在法学论著和文学诗行间跨界游弋，端赖读者们的这种鼓励和期许。特别令我感动的是一些诗歌在网上刊出后，不少读者干脆认为就是为他或为她量身定做的！还有不少读者几天见不到我的诗歌，居然会怅然若失，翘首以待。由此带给我的，尽管也有些许烦恼，但更多的无疑是读者对我文字的认可带给我的无穷无尽的力量。

当然，之所以执着于理性和诗性的文字，还出自我对自然、生活和社会的挚爱，这点我在创作中体会尤深。这种挚爱表现在我的行旅中，一朵小花、一缕阳光、一滴露水、一场细雨……都可能让我久久驻足而不肯离去，因它怜爱、给它摄影、为它赋诗。这种挚爱，也表现在我对亲情、爱情和友情的珍视中，一次省亲、一通电话、一回聊天、一幅照片……都可能令我浮想联翩、欲罢不能，耕行煮韵、扬歌牧魂。当然，对一位法学者而言，关注社会正义，期盼自由有序，自是其当家事业。因此，我对自然和生活的挚爱，更经常升华为当自由有序的事业遇到困顿时，当公平正义的追求遭受挫折时，或借助理性文字以辩驳矫正，或依赖诗性文字以呐喊吁求。凡此种种，倘若失去对自然、对生活、对社会强烈的挚爱，怕只能留下“老干体”的不关疼痒、歌功颂德，而很难留下直入我心、有感而动的理性或诗性文字。

尽管如此，在知天命之年，我依然不过是徜徉在诗情与法意之间的一位孜孜不倦的穿梭者。因此，流浪在诗行词韵中近40年，也零零碎碎地写过很多勉强叫作诗体的文字，但我很自知，距离一位真正的诗人，我还有可望而不可即的那么一厘米距离……不过，我很满足于在诗性和理性、庄严和灵动、现实和理想、诗情和法意之间的这种悠然自得、踟蹰穿行。

陇右天水学士　谢晖

2015年12月26日于星城

文明结构中的法治

——《青海法学》创刊感言

有学者强调，法治在本质上是一种文明秩序，它与道德文明秩序、宗教文明秩序一样，是人类文明秩序的一种。它尽管有利于激发人们的智性，但并不是一种绝对善的文明秩序，它可能会遗漏或忽略人的灵性和心性（於兴中观点）。尽管这种观点或许低估了法治中义务的安排对人类慈悲、怜悯、仁爱、和善等所具有的重要价值，但之于近代以来所谓“物文主义”（徐国栋语）法律观的泛滥，特别之于目下物质领域丰富多彩，精神领域颓废失落的情形，这一提醒无疑对一个国家的法治建设具有醍醐灌顶的作用。

我国作为一个幅员辽阔，人口众多的统一大国，除了对一些核心价值的认同之外，在具体的生产生活方式、主体交往方式以及心灵信仰方式上，存在着明显的差别。东部沿海地区业已发达的商贸文明、中西部地区仍然坚固的农耕文明以及西部地区久已存在、且至今保留完整的游牧文明，构成我国独特的文明结构。尽管这三种文明结构的内容间存在明显的相互渗透，尤其为了适应全球化的贸易和财富积累，商贸文明被当局刻意强调，不但在迅速变革的大传统中格外引人瞩目，而且把农耕文明和游牧文明明显地结合到商贸文明体系中。但这种情形并没有消灭三种文明的明显区别，也没有让商贸文明完全淹没农耕文明和游牧文明。

这其中的原因，或许在于商贸文明直到目前只是转型中国的一个初级事物，虽然商业的发达史远在春秋战国时期就已经燎原列国了，但重农抑商的制度安排几乎贯穿了我国整个帝制时代，商贸文明作为一种主导性的制度安排，不过是新近才发生的事。“先进的”商贸文明之所以没有淹没农耕文明和游牧文明，既在于我国商贸文明体制化的晚生，同时或许还在于虽然文明的发展有共时性和历时性之区别，但最新生成的文明对先前存在的文明有时候并不能全方位地涵摄和超越，因此，或者保留并吸收既有文明中独特的内容，或者与既有文明中的一些内容长期并存。

游牧文明、农耕文明和商贸文明，既有历时性的前后递进，也有共时性的同时存续，这或许正是后起的农耕文明没有取代先前的游牧文明，再后起的商贸文明，也没有全面取代先前的农耕文明，而是与之长期共存的缘由。这在一定程度上支持了前述结论。这种不同文明共存的文明结构对于我国的法治建设究竟意味着什么？这一问题，尚须深入三种不同文明秩序的结构体系中。

如果把人类文明秩序体系一分为三，并和前述三种文明相对应的话，可以说宗教文明秩序更多地联系着游牧文明，是游牧文明的主导秩序形式；道德文明秩序更多地关联着农耕文明，是农耕文明的主导秩序形式；法治文明秩序更多地关联着商贸文明，是商贸文明的主导秩序形式。尽管三种文明秩序本身也有交叉和共存的特征，但三者各自与三种文明更多的关联不能否认。庞德强调 16 世纪以来的人类秩序形式，由宗教文明和道德文明让位于法律文明。他虽未就此说明其中缘由，但 16 世纪以来，正好是商贸文明大发展，并日益向体制化、正式化推进的时代。那么，何以这三种秩序类型分别更多地关联着上述三种不同文明形式？

宗教文明秩序之所以更多地关联着游牧文明，是因为游牧文明所面临的严酷环境以及随季节变换而不停地转场放牧、居无定所的情形，使得牧民们面临着更多的不确定性。解决这种不确定性、收获可预期的基本方式既可以是公共约定的法律，也可以是遵循天启的宗教。就游牧文明而言，其获取财富的方式和农耕文明非常接近，都是靠天吃饭，都是血缘依赖型的文明形式，进而也都是情感依赖型、而不是理性依赖型的文明形式。但相比较而言，游牧文明更为依赖并顺从大自然。这种对大自然的过分依赖，势必忽略充分开启人的能动性和积极性，因此，人的智慧既没有驾驭大自然的能力，也不愿去设法驾驭大自然。所以，无论大自然给牧民们的一切都被视为神灵的意志，人类对之只有“言听计从”、俯首听命，遵循神灵的“降示”而为。这样，只要游牧文明不能有效地和商贸文明结盟，那么，其秩序构造形式只能更多地依赖全体牧民对宗教的信仰，即使在游牧文明中有法律和道德，也只是宗教文明秩序的副产品。道德是宗教的道德，法律也是宗教的法律。离开宗教统约的道德和法律，都是违背神意，从而不能被接受的。这正是在游牧文明中必然奉行宗教文明秩序的基本缘由。

道德文明秩序之所以更多地关联着农耕文明，是因为农耕文明主要是一种立基于血缘关系的文明形式。这一点尽管和游牧文明相似，但两相比较，农耕文明建立在对特定土地的依赖基础上，因此，定居生活赋予这种文明以独特的性格——血缘内部人际关系的调整、特别是财产继承关系的确定是家族得以延续和事业得以递进的基础。尽管和游牧文明一样，它也存在靠天吃饭的一面，但对农民而言，年复一年地在有限的土地上收获必要的吃穿，是其必须考虑的问题，因此，逐水草而居、顺四时而动的被动的游牧生活，只有发展到家族内部开启心智、团结协作、战天斗地的主动的作业，才能推进为农耕文明。故而“天道远、人道迩”，就是很现实的问题；“敬鬼神而远之”，“宁可事人，也不事神”也就是必要的选择。而事人的关键就是尊尊亲亲、父父子子、孝悌亲爱的道德伦理原则，就是要把人伦关系看成整个社会和政治统治的基础。因此，选择道德文明秩序就是农耕文明之必然。这在自周代以降，早熟的中国农耕文明及其祖先崇拜、宗法结构中不难清楚地看出。在这种文明秩序中，宗教文明秩序以及法治文明秩序，都需要服从道德文明秩序的安排。所以，宗教（祖先崇拜）一定是道德化的，法律，也自然一定是道德化的。

那么，法治文明秩序为何更多地关联着商贸文明？这是因为商贸文明不但和游牧文明类似，具有人的流动性这一明显特点，而且也和农耕文明类似，必须开发人类智慧和主动精神，才能展开贸易活动。只是和前两种文明相比，其流动性远甚于游牧文明，其主动参与性也远甚于农耕文明。尤为重要的是，商贸文明比前两种文明更注重求利，所以，“天下熙熙，皆为利来，天下攘攘，皆为利往”。这种利来利往的交流，势必形成精确的算计理性，即商贸文明必须对其生产活动的可期待利益要有基本的，甚至准确的预期，否则，求利行为就只能大打折扣。众所周知，法律就是一种约定的预期机制。它对人们在商贸活动以及为了商贸活动而展开的其他活动中，什么必做、什么应做、什么可做、什么禁做等都以契约形式作出了明确规定，并对必做、应做、可做、禁做的行为后果以明确定位，特别对违反禁做行为时如何处置以明确的定位。这大大便利了商人们从事商贸活动的行为预期，为其行为有的放矢、降低成本支出，提高贸易效率准备了条件。所以，商品（市场）经济是契约经济、是法治经济的判断，恰切地表明了市场经济对法律的高度依赖。没有法律，尽管会有市场，会有商贸，但不会有市场经济体制，不会有体制化的商贸文明。自然，在法治文明秩序中也存在宗教和道德，但那只是被结构在法治文明体系中的宗教和道德。

我国正处在三样文明和三种文明秩序并存的时代，尽管游牧文明和农耕文明在经济生活中的地位愈益式微，但在现实的文明结构中仍各自扮演着重要的角色。尤其我国所谓地大物博，更多地指向游牧文明和农耕文明发达的中、西部地区，而人口众多这一既是动力，也是压力的现实，却更多地指向商贸经济发达的东部地区。那么，如何处理这三种文明和文明秩序之间的关系，是让三者不分主次、齐头并进呢，还是要在其间分出主次，并由主导文明来结构其他文明？事实上，客观情势已经选择了后者。商贸文明已然成为主导者，把其影响力深入工业、农业和牧业等各个领域。如今，任何一种产业如果不和商贸文明结盟，则只能因固步自封而沦为某种遗产，不可能在产业竞争中拥有一席之地。在这个意义上，商贸文明是具有全覆盖性的文明，换个角度，则商贸文明必须依赖于包括工业、农业、牧业在内的实业文明才有实质意义。同样，不同的实业文明只有被带入商贸文明中时，才真正有前景。所以，实业文明体现为某种“实体性文明”，而商贸文明则体现为一种“程序性文明”。“实体性文明”尽管创造各种价值，但只有带入“程序性”的商贸文明中时，才能实现其使用价值。可见，我国当下的文明结构，必须以商贸文明为主导来结构游牧文明和农耕文明；我国当下的文明秩序，也应以法治文明秩序为主，来结构和统合宗教文明秩序和道德文明秩序。这正是法治之所以成为我国当下社会治理之中心任务的缘由所在。

世界屋脊青藏高原，不仅因为它是地球的第三极而成为一个独特的地理单元，而且因为游牧文明、宗教文明和多族群间的和谐生活，而成为我国一个独特的文化—文明板块。尽管商贸文明及法治文明秩序是我国当下主导性的文明及文明秩序，但无论商贸文明，还是法治文明秩序，如果不联系其他文明，不尊重宗教文明秩序和道德文明秩序，并把其巧妙地结构在法治文明体系中，换言之，如果不在法治文明秩序的视角重新审视、改造并吸纳宗教文明秩序和道德文明秩序，而一味以破坏旧世界的面目出现，排斥宗教文明秩序和道德文明秩序，其必然结果是法治文明秩序徒有其名，难副其实。再健全的法律也经不住人们对它的消极对待。所以，在法治化进程中，研究不同文明板块中的法律文化，并以此为基础研究不同文明板块迈向法治文明秩序的可能资源和路径，以资整个国家法治建设，是无论置身于游牧文明、农耕文明还是商贸文明环境中的法律学者们都应自觉关注和探索的问题。因此，欣悉青海省法学会将创办《青海法学》的消息后，作为在西部地区成长起来、且在青海兼职工作的一位法学工作者，我很愿意为之略尽绵力，并预祝《青海法学》因老干扶持而“新竹高于旧竹枝”！

“孟学案”三思

作者按：八月的骄阳炙烤，并没有窒息学界、法界和刊界最近就“孟学案”而展开的热烈研讨。在不少人看来，这纯粹是“法律共同体内部”的唇舌之争、文字对决，但在我看来，这场争论提出的问题，直指当代中国政统合法性和道统合法性的重大危机。倘借此争论，能深入对相关问题的探讨，所谓唇舌之争或许就会转化为重建政统和道统合法性的重大契机。另这篇文字，是陪孩子置办行装中坐在商场用手机所写，其中简陋，自可想见。

一、为何面对批评，我们如此脆弱

综观此次“学案”，涉及学界、法界和刊界。可以发现，除了刊界外表上略微淡定之外。反观学界和法界争论的主要参与方，几乎见不得对方的任何一点批评，否则必欲以眼还眼、以牙还牙，对方激烈，我比他还激烈。为何会如此？这让我想到目下吾国的部分独生子女，平时父母过于娇生惯养，养尊处优，一遇到点滴批评，便或者睚眦必报，或者闷声不乐，失却孩子应有的阳光清纯。这两个原因，前者涉及我们每个个体孤独、脆弱的心理世界；后者涉及我们每个个体所面对的政治生态以及在此政治生态下，个体变了味的“主体性”追求——个体主体性，不是向“利维坦”索取，而是和与自身身段差不多的人一较长短。原以为孟先生的回应会温文尔雅，没想到和法界两位主要当事者相比，意气用词，不说更胜一筹，但至少旗鼓相当。

二、为何面对批评，我们都捡起的是道德“武器”

在法律人（广义的）的心目中，恪守法律，非但是国民和政府的共同之德，亦且是国民和政府舍此无他的道德。德化的法律，共融了公共道德（民法、刑法的大部分原则性规定）、职业道德（职业法律对不同职业者的义务性规定）、政治道德（宪法对国家、政府和政治家的义务性规定）以及私人道德。而私人道德，除却违法的“缺德”（本属于违反公共道德、职业道德或者政治道德）外，其余皆属权利选择范畴——无论“中人道德”还是“圣人道德”，皆如此。我这里所谓道德“武器”，仅指私人道德或“权利道德”。不难发现，此次“涉案”的“学案”三方，皆以道德说事。前引张主编的文字如此；法检两位主要事主对孟教授何以由“自家弟子”做主、在“自家刊物”发文，且“隐瞒”代理人身份的质疑或批评也如此；而孟教授的“供述”中无论对“公民代理”“拔刀相助”的道德表白，还是对所谓“围殴党”的道德挞伐（“不要再像这次那样喋喋不休‘学术公器’‘职业伦理’，听说过道貌岸然吗？意思是将道德整天挂在嘴边的都是一肚子坏水，围殴党好歹也有法官、学者的光环，别糟蹋自己的形象”）和道德劝诫，都把道德立场凌驾于学理批评之上，以德性的华丽修辞反对理性的平和逻辑。在此，俨然凡是出手批评他人者，在私德上都高出被批评者一筹。于是，争论的主题便消隐，而对被批评者的道德挞伐和对自我的道德自信却凸显。何以如此？我想除了传统文化中“德教”的精神遗存之外，更与新朝以来，执政似乎永处道德顶端（所谓“三个代表”）而俯视芸芸众生不无关联。执政的示范和风化，养成我等“臣民”的亦步亦趋，只要逮住机会，必以高尚、道德示人，才可有资格说服他人，才可握住“正当话语权”。但问题是：在一个“罪制”下，谁又能是道德完人？在一个“罪制”下，任何人表白其清纯高尚，都有此地无银之嫌。这种表白不过是“捂罪”，而非“原罪”。同样，在此制下，对任何人的高尚道德要求，都不过是格外的奢侈。己所不能，奢求于人，此理焉通？

三、能不能回到争论的问题本身

我总觉得，法界争论，回到问题本身，比绕开问题而相互指责，或相互要求对方道德些更符合学术理性，也或许更见学术建树（这是否也有些“道德”标榜之嫌，所谓“人类一思考，上帝就发笑”，人毕竟是人。但人又不得不思考，否则，人类不思考，上帝就胡闹）。此次论争的问题是什么？我以为一是由学界孟教授文章所揭示的“裁判伦理”和“司法信任”危机；二是由法界两位主要参与者所指出的“学术伦理”和“学术信任”危机。学界直陈政统之弊，法界批评道统之非，就此而言，此次争论之所以能引起如此波澜，如此广泛关注，绝非偶然。在学界，不要说把学术作为道统担当，即使把学术当作自己终身志业、个人爱好者又有几人？

谢晖

2015 年 8 月 10 日于北京城乡大厦

村规民约与村民自治

人们一般称村规民约为乡规民约，即使在有关政策性文件中，也是如此。去年通过的“十八届四中全会公报”在谈及这一问题时，就这样强调：“支持各类社会主体自我约束、自我管理，发挥市民公约、乡规民约、行业规章、团体章程等社会规范在社会治理中的积极作用”，可见，即该公报仍然以乡规民约来论述乡村自治主体在社会治理中所采用的规范。可以认为，这是与我国近千年来的“乡约”理念和实践一脉相承的。众所周知，至迟从宋代以来，在我国就有怀抱大志、笃力有为的地方官吏和社会贤达主持其事，厘定乡约，与民共守。以实现“同约者，德业相劝，过失相规，礼俗相交、患难相恤”（《吕氏蓝田乡约》）的目的。自此而后，我国的乡村治理就迈向了独特的借乡约而“自治”的道路。显然，乡规民约这一词汇，就是对我国古已有之，且实践效果甚佳，不仅及于内地，甚至至今仍对韩国、越南一些地方还有一定影响的乡约一词的展开运用。

然而，如果要对其进行规范分析，则揆诸当下我国的法律，乡规民约却并非一个严谨的法律词汇，而毋宁是一个文化词汇。因为在我国当下的法律中，找不出有关乡规民约这样的规定。我们在法律上能够检阅到的，是“村规民约”这个词汇。我国《村民委员会组织法》分别在第十条、第二十七条和第三十八条第一款五处提及村规民约。其中第十条规定：“村民委员会及其成员应当遵守宪法、法律、法规和国家的政策，遵守并组织实施村民自治章程、村规民约，执行村民会议、村民代表会议的决定、决议，办事公道，廉洁奉公，热心为村民服务，接受村民监督”；第二十七条规定：“村民会议可以制定和修改村民自治章程、村规民约，并报乡、民族乡、镇的人民政府备案。村民自治章程、村规民约以及村民会议或者村民代表会议的决定不得与宪法、法律、法规和国家的政策相抵触，不得有侵犯村民的人身权利、民主权利和合法财产权利的内容。村民自治章程、村规民约以及村民会议或者村民代表会议的决定违反前款规定的，由乡、民族乡、镇的人民政府责令改正”；第三十八条第一款规定：“驻在农村的机关、团体、部队、国有及国有控股企业、事业单位及其人员不参加村民委员会组织，但应当通过多种形式参与农村社区建设，并遵守有关村规民约。”

可见，村规民约这一词汇才是当下我国法律的规范用词。之所以在此辨别乡规民约和村规民约，不是出于咬文嚼字，而是为了更好地剖析村规民约和国家法律的关联方式。村规民约与乡规民约尽管仅一字之差，但其在形式理性上却被分别归类为法律规范词和社会文化词。因此，不能不予以区别和辨析。同时，透过上述《村民委员会组织法》我们也不难发现，制定村规民约是村民自治的一项重要权利。该法第一条就开宗明义强调：“为了保障农村村民实行自治，由村民依法办理自己的事情，发展农村基层民主，维护村民的合法权益，促进社会主义新农村建设，根据宪法，制定本法。”所以，保障和实现村民自治是该法的核心要义，而村民委员会、村规民约等，都是法定的村民自治的具体方式和结果。这样一来，村规民约和国家法律的关系就理应昭然若揭。但事实上，在对相关问题的理解上，却存在一些误区。主要表现为一是把村规民约作为和国家法律对应的习惯法的一类来研究；二是把村规民约当作国家法律的对立和解构因素来研究。

村规民约固需照顾不同地方、不同村社村民们的既有习惯，甚至完全可以是不同村社习惯的再规范化（习惯本来就是规范，把习惯升华为村规民约，即“再规范”）和正式化。村规民约倘不能表达村民们的习惯，就不但失却规范的地方性事实，而且失却村民自治的本来要求，变成对村民的某种强制。它不但无法实现村民的真正自治，反而是村民自治的反对者和背叛者。自然，这样讲并不是说任何村庄习惯在现代村治治理体系中都是值得发扬光大的，是值得把其升华为村规民约的，只是强调，一个村庄如果打破既有的习惯传统，而另起炉灶，另订村规民约，并在此基础上积累传统，不仅要付出痛苦的文化代价，而且要付出高昂的经济代价。我们既有的“移风易俗”和“文化革命”实践及其效果，已就此付出了沉重的的代价，作出了沉痛的回答。

但尽管如此，村规民约一方面并非村庄习惯的复写，而每每是村规民约制定者对村庄习惯去粗取精、去芜存真，择优选择、以资今用的结果。这和现代法律对待习惯的态度在价值取向上基本是一致的。我们知道，法律的真正源头是习惯，无论大陆法系国家，还是英美法系国家，在其法律发展中都习惯扮演着举足轻重的角色，或者甚至是对习惯加工的产物。在我国，法律更是与礼俗、道德密不可分的规范，或者说，法律就是礼俗和道德的国家化、普遍化。这正是即便在近现代法律的订立过程中，清末和北洋政府依然展开大规模民事习惯调查，并对其予以加工，作为民法典制定参照因素的重要原因。村规民约的制定，更多地是在村庄习惯基础上加工的结果，同时也是村民根据现行国家法律实行自治的结果。

另一方面村规民约尽管要遵从一个地方、一个村庄的习惯，但习惯本身并非“天不变，道亦不变”的存在，反而必须随着社会经济的不同需要而变化。故而村规民约必须体现出因时而变的创造性。这样，村规民约就不仅是习惯的照搬，反而是自治的村民们基于当代变化了的实情而创造性地制作的结果。特别是近代以来，随着我国“三千年未有之大变局”、大转型，习惯的变化尽管不能说一日千里、天翻地覆，但可以肯定的是各地习惯从内容到形式都发生了重大变化，甚至从“传统习惯”转向了“新习惯”。在一定意义上，村规民约既是新习惯的认可者，也是新习惯的创造和培育者——它在国家法律赋予的权利框架内，创造并培育新习惯。

可见，把村规民约仅仅视为和国家法相对应的习惯法，显然有所误解。在我看来，村规民约与国家法的关系，毋宁说前者是后者所规定的权利的具体实现形式或落实样式。村规民约就是法定的村民自治的权利表达。没有村规民约，就意味着法定的村民自治权利被搁置或闲置着，也意味着有关村民自治的法律规定尚处于应然状态，而未转化为实践的实然状态。

不过，这并不意味着村规民约的制定一定符合现行法律的原则和规则。如在村规民约中普遍存在的对“出嫁女”土地权利的剥夺问题，就受到了学者们的广泛关注。诚然，这是值得研究的重要话题，但这并不是断定村规民约解构国家法律的依据。因为村规民约毕竟要立基于乡村社会的事实基础上。当出嫁女们依然享有婆家所承包的土地时，无论就土地经营还是土地收益而言，都存在难以克服的诸多不便。尽管它在一定程度上有违男女平等的法定原则，但严格说来，村规民约的相关规定乃是国家法律在这方面规定不详尽、不规范和不可操作的产物。换言之，村规民约中一些明显有违法律原则的条款，恰恰是国家法律供给不足的产物，而非国家法律健全的结果。国家法律的漏洞与不足必然会促使人们设法去救济。因此，村规民约是实践中救济、补充并完善国家法律实然机制的方式，也是国家法律进一步完善的灵感之源，而不是解构国家法的表现。在权利实现方式问题上，只要是国家法不禁止的领域，则政府越是放手，就越能保障村民作为主体以村规民约的方式把法定权利化为实践形式。

然而，即便如此，实践中村规民约对国家法律的违背或许是难以避免的。毕竟全国有近 69 万个行政村。这么多的行政村要按照法律行使自治权，制定村规民约，表达其自治要求，势必会对整齐划一的国家法律及其秩序在某些方面造成可以理解的背反和冲击。这种情况的存在，需要从两个方面予以补救：一方面，要求国家法律更加严谨、规范、可操作地规定村规民约可以自治的范围、内容和手段；另一方面，对村规民约与国家法律严重对立的内容予以及时矫正。这事实上涉及村民自治和国家干预的关系。严格说来，对它的干预必须有法律上的明确规范和授权。法律上的明确规范，应着意于国家管理和自治主体之间的界限，只要自治主体违背了国家管理应进入的领域，那么，就必须接受国家的干预。法律上的明确授权，则指只有获得法律授权的具体主体才有资格干预村规民约中的违法行为。对此，只有通过公民或其他主体诉讼的方式，由法院出面依法裁判，才更显正规，才更能证明国家对村民自治的重视，并避免国家有关机构借口村规民约违法而对村民自治的不是横加干涉。

总之，本文认为村规民约与国家法的基本关系是：村规民约乃是国家法中有关村民自治权利的实现方式。国家法律是村规民约得以订立的根据。作为自治权利的实现方式，村规民约是村民自治的的规范表达；作为依法而为的自治行为，村规民约需要有基本边界。这一边界不是别的，就是指其不得违背法定的界限和范围。

地方立法与法治

一个大国的法治建设，不仅需要国家层面的立法以统领全局，而且需要地方根据实际情况，借助立法来拱卫国家法治之大厦。这恰如一盘棋局，只有棋盘上的所有棋子都动，才能满盘皆活；也恰如一幢房屋，只有构建它的砖瓦椽棒皆到位，才兀然鼎力。我国无论作为在人口、领土上，还是经济体量、国际影响上都是无可争议的大国，正在寻求全面建设法治国家，与此同时，也积极设法扩大地方的立法权。特别是随着2015年3月15日第十二届全国人大第三次会议通过《中华人民共和国立法法》的修改，以立法形式明确赋予所有设区的市以立法权，从而仅仅以市（不含4个直辖市）为例，我国地方立法的主体由过去的49个，增加到了目前的284个。[①] 地方立法权主体的增加和扩大，对实现地方事权和国家事权之间的衔接，对充分

---

① 参见彭东昱：《赋予设区的市地方立法权》，载《中国人大》2014年第19期；周茂梅：《地方立法权拟扩至284个设区的市 新增235个地级市》，载《成都商报》2015年3月1日。除上述284个设区的市拥有地方立法权外，我国大陆还有省级地方立法主体31个，自治州30个，自治县（旗）120个。这样，全国共有各类地方立法主体445个。如果再加上这些有立法权的地方政府的规章制定权，则地方立法权主体更是成倍地增加。

尊重并完善地方事权及其自治，并最终深化以法治为目的的改革而言，自然是一项重要举措。但如何把这项卓越的改革方案化作地方运作事权的基本观念，并进一步推进为地方构筑其事权体系的实践，从而理解并协调地方立法和国家法治之间的关系？这是亟待解决的问题。

在我看来，所谓国家事权和地方事权的划分，一方面是要为父爱主义的国家管理模式和管理职能做减负，另一方面是要真正赋予地方主体以法律范围内的自治权，从而把中央的归中央，把地方的归地方，克服“眉毛胡子一把抓”的情形，确保中央和地方在法律上的权限明晰、责任有别。这个看上去合情合理的安排，可对于自古以来，就崇尚“天下之事无小大皆决于上……”①的国家治理模式而言，不啻是一种革命性变革。它明确地使地方获得主体资格，在地方事权范围之内，中央或上级不能横加干涉，从而真正为党的各级组织、各级政府依法执政、依法行政与责任政治、责任政府的落实奠定基础；为我们这个大国一步步迈向法治建立基石。所以，赋予更多的地方主体以立法权，不但不是对国家立法权的削弱，反而是对国家立法权顾及不到之处的必要救济和补充；是通过立法调动地方积极性、能动性，使其以主体身份参与国家法治的有效举措。

赋予更多的地方主体以立法权，还在于像我国这样国情极其复杂的大国，任何一刀切的做法，都可能会导致因为某些地方水

① （汉）司马迁：《史记·秦始皇本纪》，中华书局1959年版，第258页。

土不服而弄巧成拙，甚至适得其反。古人云：“橘生淮南则为橘，生于淮北则为枳”①，尽管它讲的是自然界的规律，但之于人类社会，之于法律文化也照例具有一定的参考意义。因为在实质上，法律是“地方性知识”②。这一结论并不否定法律的普遍性、一般性和普适性，但只有建立在“地方性知识”基础之上的法律，才可能收获普遍性、一般性和普适性。我把这种情形称为“地方性的普适性”③。漠视地方实际，忽略地方民众的生活经验，并期望法律对地方实际和生活经验革故鼎新，以全新的法律取代“落后的”地方实际和地方民众生活方式的举措，尽管其出发点或许是值得赞许的，但其效果往往耗时费工、收效甚微。它往往不但不能增进、补强法律在全国各地的有效运用、执行和遵守，反倒使人们想方设法去规避法律，复兴地方性知识，在交往中择取自己习以为常的规范交往方式和日常生活经验。

众所周知，我国不仅是一个人口、领土、经济和政治大国，而且还是个国情极其复杂的大国。这种复杂，不仅在于其所处的地理位置和自然环境上（背倚世界上最为雄伟的高山，面向世界上最为宽阔的海洋；北有接近极地的气候，南有一派热带风光；各种各样的气候特征、耕作方式、生活条件五彩纷呈），而且还

---

① （春秋）晏婴：《晏子春秋·杂下十》，载李万寿译注：《晏子春秋全译》，贵州人民出版社 1993 年版，第 293 页。

② 参见［美］克利福德·吉尔茨：《地方性知识：事实与法律的比较透视》，邓正来译，载梁治平编：《法律的文化解释》，三联书店 1994 年版，第 73～171 页。

③ 参见谢晖：《大国法治与地方性的普适性》，载《原生态民族文化学刊》2015 年第 2 期。

在于不同族群、不同地方的人民生活经验、生产方式、交往理念以及交往习惯的大相径庭上。事实上，就地域文化及其人们交往行为习惯的复杂性和多样性而言，我国地方与地方之间的差异，远甚于欧洲国与国之间的差异。我国自古是一个政治统一，但文化多样的国家。先贤们统一政治的方式，主要是借助统一文字、统一货币、统一度量衡、统一设置中央可控的地方组织和机构以及统一的驰道等法政经济安排来实现的。但即使如此，因为高山深谷的切割分隔、特殊环境的强力塑造以及地方主体的刻意教化，地方文化的复杂性并未减弱，反而在不断型塑、传承和发展。任何强大统一的国家组织都不能、也不可能、更无必要通过自上而下、事无巨细的强制来消灭其各部分之间的文化差异，强求各部分之间在文化上实现统一。

不能是因为：长久以来生长成形的地方习惯、文化和生活方式，有其自生机能，除非把它彻底、完全地打碎、消灭，否则，即使再强有力的国家统一法律，也反而会经由天长日久，被具有自生机能的地方文化所规范，甚至同化。这是所谓社会决定法律的一般规律和必然结果。法律对社会的型塑和规范作用是毫无疑义的，但只有经由社会和文化所规范了的法律，才能真正发挥这一功能。不可能是因为：即便再精明强干、料事如神的国家立法者，面对这种复杂情形，也无法在国家法律层面面面俱到地予以规范。不依靠地方立法权和地方立法智慧，很多地方的事务要么国家法律“规范不能”，白白浪费国家立法成果；要么在立法上制造法律空缺，从而令地方事务无所适从、无法可循。自然，这对国家统一法治的构建，是掣制，是阻碍，而不是什么促进。而无必要是因为：对于一个国家的法治建设而言，地方资源和文化并不是它的鼎革对象，反而是其必须借重的对象。对此，我们熟悉的历史法学及其民族精神说，已然于我们做了明确的告知：

"在人类信史展开的最为远古的时代，可以看出，法律已然秉有自身确定的特性，其为一定民族所特有，如同其语言、行为方式和基本的社会组织体系（constitution）。不仅如此，凡此现象并非各自孤立存在，它们实际乃是一个独特的民族所特有的根本不可分割的禀赋和取向，而向我们展现出一幅特立独行的景貌"。

"对于法律来说，一如语言，并无绝然断裂的时刻；如同民族之存在和性格中其他的一般性取向一样，法律同样受制于此运动和发展。此种发展，如同其为始初的情形，循随同一内在必然性规律。法律随着民族的成长而成长，随着民族的壮大而壮大，最后，随着民族对其民族性（nationality）的丧失而消亡。"①

既然国家没有必要、也不可能通过简单强制的统一手段实现不同文化之间的统一，那么，如何保障地方的行为选择、心理取向对国家的认同，对政治统一的恪守？事实上，近现代的大国，大都采取共和制原则以确保之。我们知道，自从民国代清而改朝

---

① ［德］弗里德里希·卡尔·冯·萨维尼：《论立法与法学的当代使命》，许章润译，中国法制出版社2001年版，第7、9页。

换代以来，我国在政治体制上就采取了共和制模式，无论“中华民国”的雕琢，还是“中华人民共和国”的称谓，都含有共和的意思。特别是后者，更是由人民“出面”、庄重、严肃地修饰共和二字。完全可以认为，自封建而专制、再从专制而共和，这是我国信史中政治发展史上值得特别关注的两大里程碑式事件。但是，在既往的学术研究及政治宣传中，对共和一词不求甚解，使背负了如此重大使命的词汇并没有“因词取效”，这实在是“词的浪费”！事实上，在国名中嵌入共和这个词汇，表明我们在价值理念上与近现代世界潮流的若合符节，是我国在政治上从因循守旧、固步自封，迈向开放自信、海纳百川的关键举措。因此，这绝不仅是一个名称的改变，其实践必然会导致实质的嬗变。

在实质上，共和是对一个个具体的国民或人民的尊重。国家是每一位人民的，因此，我国宪法在规定国体之后，紧接着就强调“ 中华人民共和国的一切权力属于人民”。对国民或人民的宪法尊重，其必然的逻辑投射是对不同地方国民所赖以交往的文化环境、传统习惯、生活方式以及其行为选择的尊重，换言之，必然投射向对地方性的尊重。只有充分信任并尊重公民，公民才能参与到共和体系中去；同理，只有充分信任并尊重地方性，地方才能放心、大胆地以主体的身份参与到共和国家的建设中去，并与此同时，担负起对共和国家的政治—法律责任。对地方及其事权的提防、不信任和排斥，只能导致这样的结果：形式上尽管地方无条件地服从中央，但实质上，在地方的心目中，所谓国家大事，不过是“肉食者之事”，地方也不过是食人俸禄，忠人之事而已。地方一旦强调其积极性、主动性，坚持地方事权和“事责”，不但无助于国家（更遑论参与共和国）的实践，反而会被疑怀有二心，横遭戒备。既然如此，谁愿意自讨苦吃、自我罪受，把不疼的手指往磨眼里塞？

此种剖析，进一步反证了国家扩大并赋予地方立法权的意义：它不仅是地方行使其事权的一项重要举措，而且只有确保不同的地方能行使这一事权时，才表明地方参与到共和国家的实践体系中，才使共和国能名实相符。在这一视角，地方立法权乃是地方以主体身份参与共和并实现共和，真正使我国迈向共和国家的关键所系；进而也是通过地方立法权的拱卫，健全、完善整个国家法律体系，并以此为基础，推动国家法治建设的前提。

尽管从国家层面看，在一定意义上，我国的法律体系已日臻完备。众所周知，2011 年 3 月在第十一届全国人大第四次会议上，吴邦国代表全国人大宣布：“中国特色社会主义法律体系已经形成”，但与此同时，他也突出地强调：“立法任务依然艰巨而繁重，立法工作只能加强不能削弱。”① 不过在中央层面是如此，但如果我们把视角下移到地方层面时，完全可以说我国各地方根据其实际的立法空白还很多。既有的地方立法，缺乏根据地情的

---

① 吴邦国：《中国特色社会主义法律体系已经形成》，载 http：//news. xinhuanet. com/legal/2011 –03/10/c_ 121170711. html，最后访问时间：2016 年 12 月 9 日。

创造性，或者过于拘泥于国家立法，使地方立法派不上实际用场；或者地方立法之间相互抄袭，千地一面，缺乏地方特色；或者即便有地方特色的地方立法，因为地方法律不具有“可诉性”特征，从而仅仅是司法的参照，而不是其根据。① 这使其应有的社会作用和地方治理作用也大打折扣。因此，地方立法的完善，不仅需要赋予更多地方主体以立法权，扩大地方立法主体根据地情而立法的内容和范围，使地方立法真正表现出地方性，而且要在此基础上，使地方立法在制度层面成龙配套：地方立法不仅是地方行政管理活动的依据，还理应成为处理该地方管辖的当事人之间各类纠纷的重要根据。所以，地方立法不但任务艰巨而繁重，而且如何从地方立法转变为地方法治，更是任重道远。

或许对地方立法的过于强调，会引来这样的忧思：地方事权一旦导致地方当局谋求强调地方利益，不愿服从中央安排，引发国家管理混乱咋办？确实，一直以来，在我们政治观念和政治文化的深处，我们最担心、最优思、从而也最提防的问题之一，就是地方势力一旦坐大，危及中央权威和国家统一时该怎么办。因此，在古代，中央政权宁愿通过郡县制的机制来设立类似派出机

① 这种情形中，在把司法权作为“中央事权”这一观点的影响下，显得尤为突出。它意味着对司法权而言，地方立法无关紧要，它最多只是司法的参照，甚至只是司法中拟考量的一种事实因素，而不是规范依据。这样一来，地方立法权的扩大，对以司法为核心的现代法治而言就增益有限。所以，我不赞同司法权是中央事权的这种说法。参见谢晖：《审判独立：司法现代化的基本精神》，载《人民法治》2014 年第 12 期。

构的地方政府，也不愿轻易地看到拥有过大的事权的地方，同时也不会让地方政府负有“事责”地运转，即不愿看到事权、事责相对自治的地方政府的存在。因此，“天下大势，分久必合，合久必分……”①，“一统便死、一放就乱”的历史往复循环，就一直困扰着国家的整体发展。所以，在此必须指出的是：强调地方拥有立法权等地方事权，绝不意味着是地方的“拥兵自重”、各自为政，进而蔑视中央的权威，以地方利益损害国家利益，以地方立法破坏国家统一法治。

事实上，与此恰恰相反：一方面，所谓地方事权，必须是和地方事责相对应、相制约的概念，两者是一对一体两面的概念，即只要强调地方事权，就必然意味着地方事责，这正如只要强调权力，就必须强调责任，从而权力和责任体现的是“一体两面规则”② 一样。无论事权还是事责，这些概念本身是规范化、法治化的产物。规范在先不存，则事权也罢、事责也罢，不过是纸上谈兵。而规范在先本身说明，不仅事权与事责之间存在着内部制约，而且它们都受其规范（法律）的制约。另一方面，地方事权和中央事权之间尽管有分工，地方不能染指作为中央事权的全国统一立法，中央不能没有法律依据地干预作为地方事权的地方自治立法，但这种分工，本身意味着有国家统一法律在先，中央和地方两者的立法权限划分，是立法规制的结果。因此，无论中央

---

① （明）罗贯中：《三国演义》，人民文学出版社 1953 年版，第 1 页。

② 参见谢晖：《法学范畴的矛盾辨思》，山东人民出版社 1999 年版，第 303～319 页。

还是地方，在既定的法律面前，都是服从和遵守法律的主体。地方在其立法中一旦乖违国家统一立法和法律的原则、规则，中央则应理直气壮、旗帜鲜明地依法强制维护国家法律的权威。同样，中央对地方的种种行为，一旦缺乏法律根据，则地方可以依法据理力争，以维护全国统一法律的尊严。

可见，中央和地方立法的划分，不但不会损害中央权威，反而会减轻中央负担，调动地方立法的积极性和主动性，使其积极参与到国家整体的法治构建中，从而最终拱卫和强化国家立法的权威，增益于国家法治整体的权威；不但无损于国家整体利益，而且随着各地方主体之间的相互竞争，凸显地方分工的效率，实现“小河溢流大河涨”的这种地方—国家利益共涨机制；不但不会危及国家的统一和民族的团结，而且只有在充分尊重地方事权的基础上，才能维护中央和地方之间、各不同民族之间以法律与法治为基础的“有机团结”①。一言以蔽之，地方立法是一个大国统一法治建构中不可或缺的有机组成部分。地方立法的缺失，损失和影响的不仅是地方立法本身，而且是一个大国法治建设之大业。对地方立法不能实现这一层次的理解，就可能会陷入林毓生所担心的那种情形：

“当你觉得有几个口号对你很有用的时候……而不知道那些口号所代表的观念的复杂性和它们在特殊历史情况下演变

① “有机团结”是“机械团结”的对称，这是埃米尔·涂尔干提出的一对概念。参见［法］埃米尔·涂尔干：《社会分工论》，渠东译，三联书店2000年版，第33～93页。

出来的性格；……把……一些观念从它们的历史的来源中切断，断章取义地变成了自己的口号的时候，自然就会犯形式主义的谬误。”①

本文原载《法治甘肃建设研究》2016年创刊号

① ［美］林毓生：《中国传统的创造性转化》，三联书店1988年版，第10页。

“场域公共秩序”导向的民间法哲学

——姚选民《民间法哲学论》序

从1989年关注“回族法文化”这项课题的研究起算，我认真关注并积极推进民间法话题的研究已整整30年了。这期间，所见到的绝大多数相关成果是以“实证研究”为特点的。无疑，对在学科上应属于法律社会学或法律人类学研究对象的民间法问题而言，首在实证研究，这是毋庸置疑、天经地义的。但不得不指出的是，我国既往的相关研究，多见材料，罕见学理。似乎实证研究，就是材料的堆砌、事实的陈述、案例的解剖，而不需要什么分析工具、知识基础以及学理框架似的。其实，这里明显存在着双重误解：既是对实证研究的误解，也是对理论建构的误解。

对实证研究的误解，在于我们通常所钟情的“实事求是”“用事实说话”“事实胜于雄辩”等格言。但实证研究，并非只是个案、材料和事实的罗列。所谓“实事求是”，目的是要在事实中寻求其所蕴含的道理，是把零乱的事实升华为具有逻辑性的道理。所谓“用事实说话”，照例是要最终以事实来讲理，他不是将事实搁在纸上，而是要透过事实把道理搁在纸上，搁在人间。即便“事实胜于雄辩”，也不是用事实否定雄辩，而是说只有事实能够证明的雄辩，才是真正的雄辩，或者只有经由事实，才能获得更能说明真相的雄辩。

可见，汗牛充栋的民间法事实，虽然是民间法研究的前提和对象，但并非民间法研究本身。民间法研究，更应关注如何对民间法事实进行搜集、采访、整理、命名、分类、梳理、提升，即如何把民间法的事实纳入民间法的学理框架中。如果民间法已经有个学理框架模型，那么，民间法研究的基本套路，就是把民间法的事实代入这一框架中；如果民间法尚未有其学理模型，那么，民间法研究的基本出发点，就是透过相关材料，架构其理论框架或分析模型。显然，实证研究，至少是资料与学理并重的事业，是在资料基础上的研究，而不是把资料搁在那里，就想当然地成了研究。进言之，实证研究及其成果本身就是一类分析方法，一套学理体系，一种知识类型。

当然，这样讲，并不是说实证研究和理论建构之间没有区隔，完全等同。诚然，在学术研究的实践中，实证研究就是实证研究，理论研究就是理论研究，两者之界限无须讳言，否则，就没有必要单独开列这两个不同的概念了。也正因如此，民间法在实证研究之外，还存在此基础上如何提升其学理水平的问题。这意味着，民间法的实证研究固然需要理论框架和分析方法，甚至每种实证研究，如果称得上是真正的研究的话，那么，本身也在提供并丰富着相关理论。但是，这并不意味着实证研究就包办了一切学理，反之，诚如前述，实证研究和它的理论建构之间还存在着明显的区别。因之，实证研究不是止步于实证本身，而是需要在实证研究基础上，强化诸如概念解释、类型划分、情境描述、功能阐析、工具开发等理论提升的工作。如此坚实、深入且实用的理论提升，既象征着实证研究之水准，也支持着实证研究之深化，还标志着一个研究领域的成熟。

这对民间法的研究而言，尤为需要。这是因为一来如前所述，我国目前民间法的研究基本上处于资料搜集、整理和简要分析的实证阶段，即使实证研究自身的方法，也远没有被系统运用，自觉贯彻，因之，其学理水平尚不尽如人意。二来民间法虽然属于法律社会学和法律人类学研究领域的子项。但后二者除提供了民间法研究的可能方法外，并不能包办民间法研究的具体问题、理论和方法。三来民间法研究中所涉及的一系列概念及概念体系，如社团规范、财团规范、政党纪律、社区规约、地方（民族）习惯、习惯法、宗族法、宗教法、乡规民约、网络公约等，都有各自独特的、其他学科的研究无法替代的内涵，而这些概念及制度事实，又是通过何种机理、动力来调整、规范和结构社会事实的？这些概念自身又是如何演变的？把它们共同结构在民间法这一概念体系中的基本理据是什么？显然，这都是在民间法研究的理论提升中应予充分审视的问题，也表明民间法研究的理论提升这一话题，并不是民间法研究者们的自说自话，而是这一研究能够在理论和实践上真正有所作为的必要举措。

任何一项学术研究的理论提升，都不可避免地要从其基础理念开始。民间法研究的理论提升也是如此。从目前国内的研究情形看，有关民间法理论提升的基础理念，大体有如下几种：

1. 以社会学中“小传统”的概念为基础理念（如谢晖《大、小传统的沟通理性》、黄金兰等的《小传统的法治面向》等）；2. 以经济学中“非正式制度”的概念为基础理念（如徐昕、桑本谦在经济分析视角对“私力救济”“私人间监控与惩罚”的剖析；赵海怡在制度经济学，特别是非正式制度视角中对民间法的分析等）；3. 以人类学中“地方性知识”的概念为基础理念（如谢晖在此基础上提出的“地方性的普适性”“个体性的普适性”等概念）；4. 以法学中“民间法”（如公知的梁治平的相关论述）或“习惯法”（如李可等的相关论述。需再次指出的是：不乏一些学者将这两个概念混淆的情形，但事实上，两者并非等同的概念，而是种属关系和种属概念）的概念为基础理念。但遗憾的是，在上述基础理念中，虽然“共治”“微治理”等政治学概念偶尔被民间法研究者提及，但以类似政治学概念为基础理念，以提升民间法研究的理论者，尚未出现。

这种情形，或许要被呈现在读者面前的这部书所打破。姚选民博士在他的博士后研究报告中，就颇具创意地提出了“公共场域秩序”的概念，把主要运用于政治学的“公共秩序”一词，经过修饰改造，作为建构其“民间法哲学”的基础元素和理念。作者指出：

“本书所探讨或讨论的‘公共秩序’主要是指政治学意义上的公共秩序。‘场域公共秩序’，主要是用‘场域’这一建构元素来有力地呈现公共秩序的结构层次性，并没有增添公共秩序概念的内涵要素，只不过，是旨在让公共秩序概念所指涉的外延内涵能够更形象、更有力地呈现出来。主要基于对公共秩序概念的分析，所谓‘场域公共秩序’，主要是指国家或全球社会范围内不同区域或领域（包括国际区域或领域）亦即各种场域法域（包括国际场域法域）中社会主体（包括国际法主体成员）集体地通过以一定强制力为潜在后盾的非强制性手段如民间法规范（包括国际‘民间法’）来支撑的社会主体间的相对稳定关系体。”

借用这一基础理念，作者把民间法的相关基本概念予以重新组织和结构，并寻求民间法的基石概念、基石范畴、基石法意、基石法理等。作者把“场域公共秩序”中的场域，从人们习以为常的“地方”、国内延展到国际视野中的国家、跨国组织等，从而在作者的理念中，作为结构、缔造“场域公共秩序”的民间法，不仅是内国的地方性的，而且是跨国的和国际性的，因此，其所结构的不仅是内国之地方的“场域公共秩序”，而且也以“国际软法”和“区域国际法”的方式结构国际的“场域公共秩序”。这样一来，“场域公共秩序”这个政治学的术语，就是理解作者之民间法哲学构建的“元概念”之一。

在一定意义上，我们可以将作者对民间法哲学的此种努力。视为借由功能视角的尝试——“场域公共秩序”是所有民间法之目的所向，民间法的功能，端在于“场域公共秩序”的需求及其程度，以及民间法对这种需要的供给及其程度。而“场域公共秩序”的功能，除了对民间法的出场发出了需求指示之外，还是测评民间法是否满足其宗旨——“场域公共秩序”的基本标准。既然是一种目的—技术构造的结构—功能关系，两者各自在结构中的权重就并不平衡，就“场域公共秩序”导向的结构功能关系角度来说，这是一种目的，基于“民间法”调整和具体结构的结构功能关系角度来说，也是一种技术。

尽管以“场域公共秩序”为基础的民间法哲学建构，为我国正在发展中的民间法研究之理论提升，开发了一种可以期待的进路，但这仍应被视为目的—外部导向的民间法研究，如果把法治这一追求作为我们这个时代的“场域公共秩序”的话，它毫无疑问，仍是在“法治”目的导向下的民间法研究，因此，如何把这种外部导向的民间法研究切换或至少关照到内部导向——规范自身的导向民间法研究层面？这是这许多年来，我在尝试了不同进路的民间法理论提升的工作后所思考的重点：我越来越倾向于开发一种在不忽视外部导向的前提下，从民间法之规范内部寻求民间法法哲学的进路，我也期待（姚）选民在目前研究的基础上，能够适当地把研究的目光位移到民间法规范内部的知识发现上。

是为序。

谢晖

2019 年 6 月 15 日于兰州

以学之盛，促法之成

——“文翰法学文丛”总序

纵观中外历史上重大的社会变革，即使没有重大理论的创新、突破做先导，但至少也有重大理论与之伴随。因此，重大理论在社会变革中从来没有缺席。古代社会，重大理论的创新突破，多伴随着一个“乱世”——除了古希腊的个别城邦及古罗马的个别时代以外，其他地方和时代，大率如此。但近、现代社会则与之不同，因为法治对人们思想自由、学术权利的体制化保障，使得学术创新者获得了不惧任何非法干预、免于任何权力恐怖的“护符”。因之，即便天下承平，秩序如常，也不妨碍学者大胆的学术创新和突破。

我们理应处在这样一个时代。学术创新和社会各行各业的创新一样，应当是这个时代的突出特征。这种创新，既应体现于自然科学领域，也应体现在人文社科领域。特别是像市场经济这样的经济经营方式的转型，民主政治这样的政治管理模式的转型，多元思想和行为这样的社会表达和参与机制的转型，以及对这些转型及其成果进行加总调控的法治这种社会—国家治理方式的转型等，都需要人文社科领域、特别是社科领域学术研究的重大创新和突破。

或以为，这样的社会转型，在西方已经完成，且已然有西方学者所提供的重要理论根据，因此，后发达国家学者的任务，只需眼睛向外，虚心学习，大胆拿来、以为我用就可以了——这就像我们的立法者拿来法人制度、股份制度、物权制度、听证制度、律师制度、控辩式审判制度等制度一样。此种观点，看似在理，但不可否认，它严重忽视了纳入结构中的具体要素之特征。即便我国当下和西方国家一样，应处在一个共时性结构中，但任何结构，都是由要素构成的，要素和要素之间的不同和互需，才是将其结构在一起的逻辑前提。对要素特征的忽视，必然影响要素被结构后的功能。

毫无疑问，在当代世界的结构体系中，无论从地缘政治考量，还是从制度模式观察，无论从经济体量思忖，还是从文化传统审视，我国都是世界结构体系中最重要的要素之一。既然如此，学术研究就不能仅仅大而化之地一味关注我们被结构其中的结构本身——尽管对它的研究是十分重要且必要的，甚至还是主要的。但与此同时，如果我们忽略了对作为结构要素的我们自身的研究、了解和把握，那么，我们被结构其中本身就或者是被裹挟的，或者是盲目的。

可见，在眼睛向外的同时，时刻不忘眼睛向内，对国情本身深耕细作——“认识你自己”，发现蕴含在这个国度的独特的政治、经济、文化以及法治智慧，并把其结构于全球化的规范交往体系中，这才是我们作为一个大国参与国际结构的用意所在，也是彰显我们这一要素在世界结构体系中不可或缺的根据所在，进而，我们不但知道自身需要被结构，而且懂得如何去参与结构，在结构中去弊兴利，去劣存优。否则，我们就不是国际结构体系的参与者、游戏者，而仅仅是被裹挟着，或者事不关己、纯凑热闹的看客。

陈述如上管见，是说学术研究和创新，对我国目前正在推进的各项社会——制度变革而言，不是点缀装饰，不是附庸风雅，更不是可有可无的事体，而是社会变革必须倚赖的思想资源、路径设计、对策思路，或者说是社会变革不可或缺的图纸和蓝图。固然，有了图纸或蓝图，未必一定能建起凌云大厦，但可以肯定，没有图纸或蓝图，凌云大厦就永远是可望而不可即的海市蜃楼。回想近代以来我国的诸次重大社会变革，像孙中山先生《建国大纲》那样高屋建瓴、立论详致、作业系统的论述，尚不多见。因此，不少社会变革措施，所遵循的是一条"摸着石头过河"的道路，纯粹凭借经验。尽管这种情形在体制变革的初期收到了很好的效果，但当体制变革进入关键期、深水期、阵痛期时，人们深感理论准备不足所带来的种种问题和困惑。

正因如此，推动学术研究的繁荣，以资法治国家的建设，是法学学术研究和国家法治建设之间的一种必然逻辑关系。有一种观点，强调学术研究只管学术本身，勿问社会实际效果，否则，既影响学术研究者的专心致志，也因为功利因素影响，导致学术研究往往功败垂成。对这样的观点，我基本是赞同的，学术研究者就是要以学术为业。但这一观点是有适用的主体范围的。对于专门从事学术研究的学者而言，心无旁骛、专心致志搞学术，对学术之外的一切保持淡定态度，自无不可，且必须如此。但对社会其他主体而言，期待学术研究能够带来实际的社会功用，不但无可厚非，而且理所当然。学术研究不是不参与社会事务的。反之，学术研究作为社会分工的一部分，只有以分工之成果参与社会中，才能彰显其价值。即使学术研究者们自身对参与社会分工不以为意，但从整个社会的需要和供给而言，一切学术研究，都是为了满足社会需要而予以供给的，否则，学术研究及其成果尽管可以实现满足研究者好奇、探索、愿望等精神需要的功能，但对整个社会需要和社会发展而言，则功用甚微。

法学研究自来就是，或主要是一种致功的学术产业。即使一位法学者不太看重这一点，但就整个社会而言，对法学的基本需要，就是期待它能够在国家法治——立法、执法、司法以及法律运用和遵守的实践中发挥指导性的、证成性的或说明性的功用。法学研究毕竟不是文学、戏曲或其他艺术，以直接满足人们的精神需要为旨趣，因此，抛弃了对致功的关注，其纯粹精神享验的作用就主要存在于极个别的专业研究者身上，就无以由此出发，辐射推演到更广泛的社会主体。可见，法学者对其学术研究之于法治发展的可能贡献，即使不去刻意关注，但也不能漠不关心。在此意义上，法学之隆盛，其目的就是资助法治之成长。

职是之故，甘肃政法学院和法律出版社联袂决定出版“文翰法学文丛”。丛书之所以如此命名，盖有如下数因：一是为纪念为我国、特别是为当代甘肃法学起到了奠基作用并作出过卓越贡献，并大半生扎根甘肃高校，奉献陇右学坛的著名法学家吴文瀚先生。二是陇右虽僻且贫，但当代中国法律学坛，活跃着颇值关注的一批陇右学者，从法学理论、法律史学、国家法学、国际法学，到民商事法学、经济法学、刑事法学、诉讼法学等，陇右都有相关学术领域堪称代表性的人物。此种情形，正是曾生活在偏僻且贫瘠的陇原儿女对“文翰精神”之追求在法学领域的写照。三是甘肃政法学院，乃共和国成立以来第一所省属专门政法大学，开启了我国专门政法大学在“五大”之外，再加“三小”（甘肃政法学院，山东政法学院和上海政法学院）的成长格局。文翰先生生前对甘肃政法学院关心有加，这所大学的师生们也时刻以践行“文翰精神”为尚。

甘肃政法学院自1984年成立以来，不仅为西部地区、也为全国培养了7万余名法学和公安学（警察）人才，而且其不少师生一直崇尚并致力于学术研究，有些学者的学术研究，不但在陇上法学界颇有影响，而且在国内法学界也占有一席之地。从甘肃政法学院走出的学子和学者，已在复旦大学、吉林大学、华中科技大学等著名高校贡献其学术智慧。近年来，学校本着科研、教学相互发明、相互促进的精神，在政策上鼓励师生们积极从事科研，而工作在这所大学的法学老师们，也在繁重的教学任务之余，自觉投入精力，认真从事学术研究。

为了集中展示本校师生的科研成果，并为推进学校科研工作更上层楼，学校在法律出版社的大力支持下，决定出版这套文丛。文丛的收入对象，为甘肃政法学院在校师生的法学学术作品；收入的基本条件，是首次出版，或者之前在法律出版社出版，且经过学校和出版社审定学术规范可靠、学术视角独特、学术质量过关的作品。

写书难，出书也难。感谢法律出版社、特别是周丽君编审在出版资源十分紧张的情况下，对甘肃政法学院、也是对西部法学研究的鼎力支持。这套丛书之序，本应由甘肃政法学院校领导来书写，我和法学院王宏璎院长曾多次请求李玉基或焦盛荣两位领导赐序，但他们都谦虚地让我直接作序。如此耽搁快一年时间，法律出版社一直在催促此事，故只好恭敬不如从命。在此，我也对甘肃政法学院校领导们如此礼贤下士，尊重一位外聘学者的精神诚表谢意！

但愿此文丛之出版，能够进一步激发甘肃政法学院法学学子投入学术研究的热情和信心，凝聚全校教师对教学、科研同等重视的共识，并借之推助甘肃政法学院学子的法学学术研究成果对我国、特别是对我国西部法治事业的可能贡献。

是为序。

陇右天水学士　谢晖

于广州

下编

演讲与访谈

从权利的角度看法律[①]

——在上海财经大学的讲演

法律的核心在于权利和义务，但在现实生活中我们谈论法律时，却很容易把权利给忘掉，反而更多强调的是义务。这样，法律权利就被义务观念、强制观念冲淡了。法律未能成为我们生活的必需品，反而成了弥补品；法律没有存在于我们的日常生活当中，而运行在违法后的追究责任当中。如此一来，我们法科学生所追求的法律怎么能实现借助法律的社会之治呢？我们为什么要接受这种纯粹义务的法律统治呢？就这样的问题，我想跟同学们作几点交流。

一、权利是法律和法学的核心范畴

美国一位经济学教授曾告诉他的学生，只要教会鹦鹉说供求，它就会成为一位经济学家。后来我在一本书中是这样演绎的：只要教一只鹦鹉学会说权利和义务，这只鹦鹉就是一位伟大

---

① 本文是2008年3月在上海财经大学同题演讲的录音整理删节稿。由上海财经大学法学院院长助理曾坚老师整理出了主要观点。在此特别向他表示感谢！此外，本文主要内容曾以《以权利看待法律——在上海财经大学法学院的演讲》为题发表于《东方法学》2008年第3期。

的法学家。在座的各位在漫长的学习过程当中，究竟要学习什么呢？其实就是要学一对范畴：权利和义务。法科学生在大学学的东西，都可以归纳为“权利义务”这四个字。权利和义务是法学中核心的范畴。但在现实生活当中，人们一谈到法律，就敬而远之。我们的公民一谈到和法律相关的事情，就想当然地感觉到：这是一件非常严重的事情。我曾经常问我的学生，有时候还让他们写出来：“你们跟法律打过交道没有？”结果有些同学写的是“没打过交道”；有些同学写的是“打过交道”。那些写打过交道的同学就举例说家里打过一些官司、参与过一些案件等。我启发道：“那么我们在课堂上是不是跟法律打交道呢？”结果大家都联系不起来。再进一步设问，是不是我们在任何时候都跟法律打交道？学生们还是想不起来。我转而问另一个问题：“各位有没有过违法行为？”大家都一口否定说没有。那我就下去检查，结果发现：有的同学用的是某某法院的稿纸，有的同学用的是某某检察院的稿纸，也有的同学用的是某某工商局的稿纸……这样我就继续追问：“那你用的稿纸是集体的、单位的，现在你拿来用，那算是不是违法行为？”这些同学一听，脸一下就红了，说：谢老师我没想到这是违法行为。当然，这样做的不只是学生。我本人曾经给香港的一位友人寄信，寄的是私人信件，用的却是学校的信笺，他就跟我说：“亏你还是教法律的老师，在中国香港，即使普通公务人员也不会做出这样的事情。”在中国香港，法律上的权利和义务关系是很清晰地分开的。前些年我到美国去拜访一位在美的中国著名的学者，他也是一个地方政府的高级主管，使用电话当然非常方便。我就向他请教了一个问题："你会不会用你办公室的电话给国内打电话?"他说："从经济上说没有必要，再就是如果这样做，一旦让别人知道我用的是办公室电话，会影响到我的声誉。"大家想想，在这背后，就隐藏着另一个问题，即尽管我们强调权利与义务是法学的一个核心范畴，但在实践中，权利义务被人们的理解、运用却是跛脚的。

我们一定记得，在"依法治国"方略提出不久，又提出所谓"以德治国"。"以德治国"的口号提出伊始，山东一个地方政府就邀请我去讲解，我告诉他们我对这个没有研究。他们说谢老师你以前给我们讲依法治国讲得很好，讲"以德治国"肯定也会很在行。我主要讲了对"以德治国"的解构，当地领导倒也听得津津有味。此后，我给很多地方讲过这个题目。具体内容大家如果感兴趣，可以看看我的《法治讲演录》中的《德性的法治》这一讲。为什么我反对德治？其中原因之一是：在法定的权利与义务之外，再提出所谓自律的，甚至他律的道德治理，就会导致人们在日常交往中，看到或亲历的更多是义务，从而导致法律和社会治理缺乏对主体的亲和力、缺乏以人文精神为主导的对主体的尊重。在现实生活中，办很多事情的时候，大家更容易联想到的是被迫与强制，欠缺一种主体对法律的自觉。法和人们的需求相比较，它只是个外在的东西，它不是与人们的内在需求相吻合的，这样，就很难产生主体对它的亲近感。而通过赋予权利、张扬权利，可以有效填弥人们和法律的这种距离，形成人们对法律的自觉。这就是为什么法律必须强调权利的原因。

二、权利在理论上的深化和现实中的放逐

权利概念自从近代以来总是被法学理论界不断地张扬，权利与义务也被人们比喻为法律之王冠。那么，什么才是王冠上的明珠呢？如果用徐显明的话说：那就是人权！大家可以回顾一下，自 20 世纪 80 年代开始，法学就一以贯之地张扬权利，权利研究成为我国近二三十年来法学发展的一个绝对的重心。

有些同学可能知道，在 20 世纪 80 年代中后期，有一场非常重要的法学学术争鸣，我个人认为，那不只是法学领域的学术争鸣，这次争鸣甚至波及整个社会科学界。这个争鸣就是权利本位和义务重心的争鸣。很多学者都参与了这次争鸣，其中，权利本位论的代表人物是现任吉林省高级人民法院院长的张文显①教授，他认为，在整个现代法律体系当中权利应是本位的。他有一个论断，从人类历史看，前资本主义社会的法律是义务本位的，资本主义社会的法律是权利本位的。他认为社会主义法律是新型权利本位的法。这样他就把权利本位一分为二。与权利本位对应的观点是"义务重心说"，主张这一观点的代表人物是如今在中央党校工作，当年在安徽大学工作的张恒山教授。他认为从整个人类的法律起源看，法律来自对人类行为的禁忌，因为有禁忌才产生了法律，如果没有禁忌是不会产生法律的。所以法律起源的逻辑起点就是禁忌和义务。法律是用来保障人们交往的有效性与有序

① 2008 年 1 月至 2013 年 3 月担任吉林省高级人民法院院长。

性的，他认为只有义务才可以规范人们的行为。具体的理由是，任何人都是喜欢权利的，但人们对义务却都不愿意履行。公权组织就是要通过义务的设置来使那些只享受权利的人同时也学会履行义务，所以他说义务是法律的重心。当时就这样两种观点，在国内法学界形成了非常大的争论。我个人认为这次的讨论贡献非常大。它最后形成一个结果，就是绝大多数的法学学者几乎一边倒地支持权利本位。

1992 年之后又有一个重大的讨论，就是关于人权的讨论。人权问题的讨论实际上接续的是权利问题的讨论。但参与人权问题讨论的就不只有法学界的学者了，还有社会学界的学者、哲学界的学者、政治学界的学者等，他们都把自己的学术触角伸到了自己的领域之外，开始探索权利问题，尤其人权问题。经过这次讨论，对人权问题，在我国法学和其他学科的贡献已经达到了一种前所未有的程度。

人权在政治上的解禁是从法学开始的，为什么对人权问题的研究并没有改变我们的一些固有观念呢？很多人认为，法律只是社会治理的一个方面，如朱景文教授就特别强调社会的综合治理，其中包括宗教的治理等。我认为这种说法看起来很有道理，但是实质上有问题。为什么我们要把宗教的治理和宗教信仰排除在法律之外呢？宗教信仰无论在中国，还是在西方都在法律里规定了的啊！还有大家比较熟悉的朱苏力教授，早些年我们在湖南共同参加了一次会议，其中讨论的一个主题就是权利问题。朱教授提出法律的作用是相当有限的。当然，我也知道法律的作用是有限的，但是，如果我们笃信法律，我们就应该相信法律是可以广泛地调节人们之间的交往关系的。如果认为法律是如此之有限的话，我们还强调法律干什么呢？还能指望通过法律来治国吗？这些学者之所以认定法律的作用非常有限，主要就是因为人们把法律建立在义务这样一个基础之上，而把权利放逐于法律之外。当然，这并不是说这些学者不知道权利、不关注权利，而是因为一种惯性，一旦谈到具体问题时就把权利给放逐了！我们在日常生活中能感受的更多是一种法律的义务感而不是权利感。我们通常讲所谓私权神圣，但在实践当中却不是这样的，实践当中我们更强调的是强制、义务。马克思曾经讲过这样的话（大意）：“对法律而言，除了我的行为，我便不是法律的调整对象，我和法律打交道的唯一领域就是我的行为。”在马克思看来，只有行为才是人们跟法律打交道的领域，那么思想呢？也许你的老师讲课时会告诉你，思想是不受法律调整的。那我要告诉大家，如果我们转换个视角，从权利角度讲，思想肯定要受法律调整，因为思想是自由的，思想是我自由的权利领域，这种权利受法律保护。行动既可以强制，也可以放任，思想却绝对是放任的，是法律放任性地调整的内容。思想不能进行任何强制性调整。

当然，这里涉及法律的调整方式问题，长期以来，和过分强调义务相关，在法律调整上，我们也是过多地强调强制性调整，而对放任性调整视而不见。甚至长期以来，没提出放任性调整的概念。这样，权利虽然被学者们喊得山响，但权利的实现和实现方式却很不尽如人意！

记得梁漱溟先生在我国实行普法计划伊始时曾激动地讲过：只要持之以恒，经过一段时间的努力，我们终将会走上现代法治国家道路的。

三、认真关注权利

为什么要认真关注权利？我们先从德沃金的一本书谈起。大家知道，德沃金有一本书，叫《认真对待权利》，书的内容我们不谈，我仅仅从这本书名出发，引伸一下我的观点吧。长期以来，我们的法律思想家所关注的主要是义务。故此才有一个结论：法律就是主权者的命令。主权者之外，对其他人而言，人们只有服从法律的义务。

布赖特在研究法律社会学的时候，就得出这样的结论（大意）：对法律而言，越富的人法律越少，越穷的人法律越多。依此类推：政治地位越高的人法律越少，政治地位越低的人法律越多；知名度越高的人法律越少，知名度低的人法律越多。大家或许要问：这样的一个比例关系，究竟是以什么作为标准的呢？显然是以义务作为标准的。因为如果从权利出发，我们或许会在社会实证意义上得出完全相反的结论。像布赖特这样的法学大家在研究法律时是以什么为标准的？他也是以义务为标准的！所以，德沃金的这本书给我的启发，不只在其内容上，而更是在认真地对待权利的立场上。

如果法律规则仅仅是义务，那么法律的合法性何在？我曾跟一位先生讨论过一个问题，他现在是某省高院的院长，他强调说法律不是万能的。我就这样告诉他：“那要看从什么视角看，如果从义务视角看，毫无疑问，法律不是万能的。如果从权利与义务的角度讲，即使法律不是万能的，我们也应该使法律发挥更大的作用。没有法律是万万不能的，离开权利关注的法律也是无所作为的。一旦把权利概念引入法律，法律在调整人们的交往关系中往往是万能的。”是啊，不仅仅是在政治问题上涉及权利义务问题，还有在经济问题上、在文化问题上、在社会问题上，等等，总之，凡是人们的交往关系，不论是作为的交往关系，还是不作为的交往关系，都应当受法律调整。由此足见法律的“万能性”。原因何在？就在于法律对人们权利保障的不可或缺。

我曾经发表过一篇题为“入世与我们的法律意识”的小文章，其中谈到，对于“入世”问题，我国的经济学家们在积极参与，而我们的法学家却很少参与，由此我批评了法学家在重大问题上参与的不足。结果我尊敬的一位教授，在一次会议的发言中就说：“我最近看到一篇文章，这篇文章说在入世过程中法学家贡献不足。这是对法学界的苛刻要求。”（因为那篇文章用的是笔名，这位学者并不知道是我写的。我当时告诉他，他反而多少有些不好意思了）。显然，在他看来，法学家在入世问题上的作用是有限的。但其实据我所知，日本就不是这样，有不少日本的法学家就非常熟悉世贸规则。在这个问题上当时我国法学家尽管没有研究或研究不够，但不等于说法学家就不会有作为。这也说明我们站在法律视角对这一问题的分析能力不足。最后就导致了很多似是而非的口号，比如说在整个经济发展当中，我们强调要把行政、经济、法律三手段并用，其实，这种口号无形中就降低了法律的权威调整地位。现代国家对市场的治理手段、对整个国家的治理手段应该只有一种，那就是法律手段。政府对经济的调整手段归根结底是“经济的法律调整”，政府对行政的调整归根结底应是“行政的法律调整”。尽管我们有政府对经济的宏观调控，但我们今天是一个什么样的状况呢？一言以蔽之，往往是一种没有法律根据的宏观调控。所以，站在法治立场，我坚决反对说要通过经济、法律、行政多手段并用的方式来治理国家，来调控社会和经济。在我看来，国家所有的治理手段，都应当纳入法律的框架，否则，我们的政府作为一个对社会具有全方位协调、控制的机构，如果在法律之外对社会实施管理，那么这个国家的法律秩序就荡然无存了。

任何一个国家都不可能只用强制作为手段来治理社会，即使一些人们想象得十分专制的古代中国，也奉行教化的治理为先，反对不教而诛。而教化的治理又强调寓教于乐。所以，把纯粹强制作为治国方略，除非治理者真是傻瓜！把法律和法治当作纯粹的强制，并把这种强制作为治国方略，那就更是傻瓜了！治理社会，主要依靠的应该是人们的自觉和自治。而自治和自觉的关键是什么？是人们的权利要求。一个人自出生以来，他都在和法律打交道。但这不是说人们自出生以来，就是根据法律做奴隶，而是根据法律成主体。比如说我们对物的所有权，它就是一种对世权。它表明一个人在世界所有人面前，因为该权利的存在，而成为堂堂正正的主体——我可以拒绝一切人对它的侵犯，我因为拥有了它而更像个独立、自治的人！所以，权利增一分，人格正比例增一分，主体地位也增一分，人们的守法观念、义务意识也同样增一分。问题是，在日常生活中，人们常常不知道理性地行使权利。

我曾亲历过这样一个案件：在陕西有一个县，出产的西瓜非常甜。但自从有一家化工厂建在那里以后，那里的西瓜就不甜了、变酸了。后来农民通过工厂的技术员才知道，原来是该工厂排出的废水、废气致使土地、空气变酸，西瓜才变味的。在这里，其中的权利问题及责任问题是很清楚的，但是，农民们却采取一种非理性的方式来处理——他们把该厂所有的进出口道路全挖成壕沟，致使工厂需要的原材料进不去，产品出不来，于是，工人和农民只好打群架。最后结果是两败俱伤。后来，当这一案件诉诸法院后——这个案件因为当时国务院主管石化企业的一个主管部门（这个部门叫什么名字，我忘了）的处长应诉，所以曾被称为中国行政诉讼第一案，在央视新闻联播还报道过——经过舆论呼吁、多级审理，才算比较完满地解决了。可见，作为法律治理下的人们，就应该学会用法律理性来处理问题，维护自己的权利。其实，在法治国家，即使对激情的控制，也应是纳入法律框架的。据闻当年布什总统在“9·11”事件之后一直喊着要动武，上任不久，他的国家就遭遇如此劫难，他的激愤是可以想见的。但布什还是迟迟没有动武，原来他在做两样工作，一是他和他的幕僚们在估测这场战争是否可以取胜，二是在寻找法律上动武的道义根据。据说，他最后在对阿富汗开战的时候，居然引用了 70 多部国际和国内的法律以说明动武的合法性。虽然真伪尚待考证，但从这一事件看出，在法治国家，则需要用理性来战胜激情。所以，我以为，在制度方面，特别是在权利理念方面，我们的确需要向先进国家学习。特别在政治家的理性方面，在政治家对国民权利的保护方面，在国家遇到决策重大问题时，我们最好是用理性而不是诉诸激情。这样，才能尊重法律，保障权利。

四、关注权利就是关注我们的自由

最后我要和大家讨论、交流一个问题：关注权利就是关注放任、关注我们每个人的自由。

谈到自由，它是一个美好的字眼。我认为法律有两大最高价值，一个是自由，另一个是秩序。如果说秩序主要是通过义务来实现的话，那么自由则主要是通过权利来实现的。所以，在现代法律当中，如果一个人不尊重别人的权利，别人也不会尊重他的权利，那么他就不是一个自由的人。为什么权利和自由联系在一起呢？第一，权利是选择性规范；第二，权利的调整方式是一种放任性调整。我们要通过关注权利来关注我们每个人的自由。有自由的我们才是有人格的人、才是有主体地位的人。秩序有两种，一种是有自由的秩序，另一种是无自由的秩序。一个法治社会需要的是自由秩序，而不是纯粹强制的、高压的秩序。现代社会中的秩序，是通过人们的对话、交涉、商谈而形成的，而不是通过训话、强制，甚至镇压而形成的。而对话的基本结果，是在宏观层面形成一个国家的法律，在微观层面达成人们交往的契约。显然，这是一个权利主导地作用于其中的过程，也是一个自由的过程。所以，我殷切地期望在座的各位在给别人讲解法律问题的时候，一定首先要从权利视角来关注法律，而不仅仅是从义务视角关注法律。这样，我们才有更多的自由，也才有更多的理性秩序。

好了，我的主题报告就到这儿，谢谢大家！我在这里，在剩余的时间里，也愿意和各位聪明的同学们继续进行对话和交流……

司法改革的核心，是法院依照法律规定独立审判

一、司法改革应围绕法院依照法律规定独立审判进行

蒋保信：随着冤案的曝光，现在也在强调“以法院审判为中心”的改革，公安、检察都应该配合法院。

谢晖：是，在司法改革当中，毫无疑问应该这样做。

严格地说，检察也罢、公安也罢，其实都不属于司法的范畴，它们履行的是行政权。考虑到中国目前体制的特殊性，我们一般从广义的角度，把“公检法”都纳入司法的范畴，但这是没有经过认真论证的概念和制度，也是我们将错就错的概念和制度。严格意义上的司法，所指的就是审判，即只有法院才承担着司法权。或者说，所谓司法权，指的就是法院的审判权。因此，司法改革的核心，毫无疑问就应当围绕着法院依照法律规定独立审判。

司法是要解决社会纠纷的。在任何一个地方，任何一个国家，日常交往中最让人感觉困难的事情就是纠纷的解决。尽管行政机关看起来日理万机，要处理的事情非常多，但是行政机关所处理的问

题多数是按部就班就能解决的，如交警指挥交通，这是在城市的日常生活中经常发生的，太常见了、太普通了，以至于我们感觉不到这样一种事情有多么重要。但是司法要解决的问题，往往是有争议。如一例刑事案件，公诉方是国家（检察院代表国家进行公诉），被告方是嫌疑人，有些还可能涉及人命，因而法院一纸判决可能关系到一个人的性命保还是不保，就像刚才谈到的呼格吉勒图案。即使一例民事案件的裁判，也往往涉及、关系当事人财产的增加或者减少。有些案子的涉案金额，动辄数千万甚至上亿元。法院的一纸判决，可能意味着被告损失很多财产，而原告得到很多财产，或者相反。正因如此，法院的裁决是非常重要的，它直接关系公民的财产、荣誉、自由和生命。

所以说，法院处理的问题，都是一个国家的核心问题。从这个意义上讲，中国司法改革的核心就是法院的审判权。

二、建构法治社会的两种路向

蒋保信：从法治的进程来说，法治社会的建成，好像不是执政党主动建设的结果，因为任何一个权力都不太愿意把自己送进笼子里，只能是被动的，英国就是这样的。

谢晖：是的。在世界史上，法治社会的建设有很多不同的类型。第一种是自下而上的变革，最典型的就是英国，刚开始是从民间开始的，通过社会的变革及其压力，不断促进皇权（或者说政府）的变革。这种自下而上的变革，可以称为经验主义的法治进路。这种法治进路的特点是比较稳健，不论英国的法治进程也罢，美国的法治进程也罢，虽然都包含理性建构的因素，但主要是靠人民经验推着它走，靠社会变革推着它走。

还有一种法治化进程，是自上而下的，有些人把它称为理性建构的法治化进程。最典型例子的可能就是日本，它的改革就是自上而下的，从皇室开始主导改革，先是借鉴德国经验，在“二战”之后又取法美国经验。日本这种自上而下的改革，有一个非常重要的文化基础。在历史上，日本有着相对自治的武士阶层，而武士阶层对皇权起着非常重要的制约作用。武士阶层和幕府阶层的一些要求，往往能够在皇权那里得到回应。虽然武士阶层和幕府阶层并不是统治阶层，而是粘附在皇权周围的一种具有独立性的力量，因此，仍然可以说日本的变革是自上而下的变革，是一种理性建构的法治路向。

理性建构主义的法治路向和经验进化主义的法治路向，在有些国家的法治进程中并不是完全割裂的。比如在法国，拿破仑法典以及法国当时宪法的颁布，都具有明显的理性建构主义色彩。但这种法律上的理性建构，它的推动因素还是整个社会的需要，尤其是由第三等级推动的法国大革命，直接导致了旧政权的倒台，这使得新政权无论如何都得考虑民间需要。日本的法治化从借鉴德国到取法美国，事实上也经历了一个从理性建构到经验进化的过程。英美的经验进化主义法治进路，也绝非抛弃了一切理性建构的因素。

三、社会的需要是法治变革的基础

所以，法治进程虽然有如上不同的模式，但不论是经验进化主义的法治还是理性建构主义的法治，在我看来都需要有个支撑，这个支撑就是社会的需要。只是有些国家社会或民众的素质比较高，社会的力量比较强大，民众就直接提出这种需求了。而在另一些国家，民众自身可能并没有直接提出这样的需求，但是社会的上层精英，或者政府中的有识之士，他们反而率先代表社会进程，提出了这种需求，并且推动法治改革。社会的需要，是法治变革最重要的基础性因素。没有这样一个基础，就不可能搞成法治变革。

今日中国的法治建设，是在执政党领导下的法治变革。从外观上讲，它似乎是一个典型的理性建构。但从本质上来讲，这种变革是社会需求的结果，它从小岗村的村民搞土地承包制就开始了。小岗村的村民首先搞了土地承包制，是以什么方式进行的？契约方式。这说明了什么？说明这些农民已经开始关注规则了。他们在生死协议书上按了指印，等于是签了一个生死契，通过契约的方式来对自己的行为负责。而契约是什么呢？契约是法律最核心的理念，民主政治的四大原则之一就是社会契约。当中国最普通、最基层的村民开始运用契约的方式行动时，说明他们呼唤着法治。

四、应强化具有工具理性的法律工具主义

蒋保信：下面想请您谈一谈法律工具主义，因为现在社会上有些人担心中国还会走古代法家的老路，搞商鞅那一套。

谢晖：早在1994年，我就在《中国法学》上发表了《法律工具主义评析》一文，严厉批判法律工具主义。把法律当作工具看待，比如把它当作执行道德的工具、执行政治的工具、执行政策的工具、促进经济的工具等，这样的观点，毫无疑问我们是要批判的。

但严格来说，我在该文中所讲的法律工具主义，是一种实践形态的法律工具主义，并不是西方人在学理上所讲的法律工具主义。学理上的法律工具主义它强调什么呢？强调工具理性。马克斯·韦伯等人把理性分成两种，一种是价值理性，另一种是工具理性。有些人把价值理性叫作实质理性，把工具理性叫作形式理性。

所以，关于法律工具主义，我想分两层来谈。第一层是作为工具理性的工具主义，或者说作为形式理性的工具主义，我们不但需要它，还应大力强化它。因为法律本身就是一种术，罗马人是非常讲究法律的，罗马法学家就说过："法律是公正善良之术。"有些人把这句话理解成"法律就是公正善良"，这是不对的，因为法律只是实现公正善良的技术、手段。讲到这里，我们就需要辨析一个问题了。法律既然是手段，而在我们中国人看

来，手段是次要的，目的才是重要的。为了目的，我们中国人可以不择手段，“宁可错杀一千，不能放过一个”。在中国古人看来，目的就是道，道是主要的；而手段是器，器是次要的，“君子不器”，君子只能追求的是道。但是中国古代所谓的道，本身就有道路的意思，也有规定性的意思。严格地从哲学角度来讲，道路和规定性本身都包含技术。在这个意义上讲，我们今天要对中国传统的道器之说，重价值轻工具的观点，进行一些反思和辩驳。所以，形式理性意义上的工具主义，或者说工具理性意义上的工具主义，并不是我们传统中就拒绝的东西，搁在今天，则更是我们一定要弘扬的内容。

法律的统治，是把具体问题代入一般性，代入形式当中。一个案子即使再复杂，即使和别的案子有多么不同，我们都要拿法律的标准去衡量。法官针对不同的案子都有自由裁量权，但是法官的自由裁量不能违法，这是一个底线。这个意义上的法律工具主义，我们应该弘扬，一定要弘扬，要用形式理性来结构实质理性，要用工具理性来结构价值理性。

蒋保信：强调工具理性，其实也等于是强调程序正义，从而实现从“宁可错杀一千，不能放过一个”到“宁纵一凶，不枉一人”的转变。但在现实中，有些事情看起来是符合程序的，所有该走的过场都走了，但最后也不能实现实质正义。这个问题怎么办？

谢晖：法律的工具理性，确实有法律程序正义的一面，但不仅是法律程序正义。因为法律作为工具理性，已经把价值理性或者实质理性结构在法律体系中。在这个意义上，法律工具主义和法律程序主义可以是等同对待的概念，法律工具主义也罢、法律程序主义也罢，都强调法律承载了程序（形式）正义和实质正义。至于您说的现实生活中所出现的这种情形，一方面可能与法律，特别是成文法律本身存在的问题，如机械性、片面性、过于形式性等相关；另一方面也与司法体制、司法环境以及司法者的素质相关。程序被机械地代入虚假的事实中，而不是通过开放性的程序辩驳、交涉以确证事实的真假，使形式正义的法律导出实质正义的裁判结果。这一切，都说明尽管我们也强调程序正义，也强调法律的工具理性，但无论在理论上、立法上还是司法上，对这一问题还缺乏更缜密的论证和更严谨的实践。

第二个层次的工具主义，则是把法律当成执行不同时期政治任务工具。我国在1949年以后所讲的法律，是执行道德任务的工具，执行政治任务的工具，也是实现领袖意图的工具。对于这样的法律工具主义，我们当然是要反对的。为什么？因为它使政治问题、经济问题、社会问题、政策问题、道德问题等等，都游离于法律之外，并最终解构了法律。虽然从终极意义上讲，法律受社会决定，道德观念的变迁一定会决定法律观念的变迁，经济在最终的意义上也决定法律的内容。但人们一旦根据社会的道德、经济、政治等决定因素制定了法律之后，就一定要强调法律的工具理性对所有道德问题、政治问题、社会问题、经济问题、文化问题，包括执政党的政策问题的调整性，即上述都被结构到法律的程序框架或者工具框架当中去。只有这样，我们的社会才是有序的。当法律不符合新出现的事物时，或者不符合某个地方的实际时，就要对法律进行相应的修订。而这种修订，仍然要根据既定的法律程序来进行。比如说法官遇到了一个全新的案件，过去的法律没有涉及到相关规定，那法官就要进行漏洞修补。但在修补漏洞的时候，要遵循法律规定的正当程序和符合司法经验的司法方法。只有这样，所有人才会把法律当回事，才能真正地树立一种工具理性。否则，法律就只能是笼子的耳朵——摆设。

法治是一种非常独特的统治，它把我们过去认为次要的工具性的东西变成主要的，而我们过去认为是主要的价值性的东西，虽然也很重要，但只有把它结构到法律当中时才更加重要，才具有合法性。正是在这个意义上，规范法学派提出了一个观点，尽管它不完全对，但它又非常有意义，即“恶法亦法”。我也认为，恶法胜于无法。坏法律虽然不完美，但它能让我们有个预期。如我们今天的金融法虽不好，存、贷款利息差距太大，存款利息明显有些低，但是它能保障我们把钱存在银行里面是大体安全的。如果没有这样的金融法作保障，仅仅靠银行的口头承诺，我们还敢去银行存款吗？多数人肯定不敢去了。所以，从这个意义上讲，形式不完美的坏法律聊胜于无法律。当然，我们一定要追求形式完美、能够把法律的工具理性和价值理性兼容并包的好法律，一定要追求良法的统治。这也要求追求法治，就必须反对第二种意义上的法律工具主义——法律是政治奴婢、经济奴婢、道德奴婢、文化奴婢以及政策奴婢的工具主义理念。

蒋保信：其实还是主张渐进变革，慢慢将恶法改造成良法。

谢晖：有一定道理。从恶法到良法，当然需要一个过程。在美国建国初期，长期以来它的宪法规定只有白人男子才有选举权，到了1870年代才赋予了黑人男子以选举权。而美国女子的选举权，是1920年才写入宪法的。这说明从有法统治到良法统治，要有一个过程。

五、司法不能搞地方化，但要保有地方性

蒋保信：现在的司法改革还涉及一个重要问题，就是地方化和地方性的问题。您是主张司法要有地方性的。

谢晖：是的，我和绝大多数学者、法律人一样，反对司法的“地方化”，因为司法一旦“地方化”（彻头彻尾、彻里彻外），逻辑上就意味着不需要存在国家司法，也不需要存在最高人民法院了，最高人民法院也就被架空了，所以司法当然不能地方化。但是，司法一定要强调地方性。地方性所指的是：在一个国家尤其是一个大国，除了全国统一的事务之外，还要考虑到地方的独特性。中国是一个区域文化和地方区情的分割性非常明显的国家。尤其是我国作为单一制的国家，更强调国家立法的统一性。但同时我们又要赋予地方立法权。在十八届四中全会的公报当中，还提到要赋予设区的市以地方立法权。例如，岳阳市原来就没立法权，但将来岳阳就有地方立法权了。

六、用法治改造中国的熟人社会

蒋保信：我们中国是个人情社会，做什么都爱找关系。人情

社会是不是不利于法治社会的建设？或者，这是个伪命题，因为我国香港、台湾，新加坡都是华人社会，但都建成了法治社会。

谢晖：这是个很现实的问题。说它是个伪命题，我不赞成。因为传统的中国，确实是更加注重关系的社会，它是建立在熟人基础之上的社会，是建立在我们村落生活基础之上的社会。村落社会一定是熟人社会，你在村庄里面长大，肯定跟村里人都相互认识。即使再大的村庄，也不过上万人，仍然是熟人社会。在熟人社会里面，它当然不是说没规则，但它的规则是熟人之间的规则，熟人规则更多是强调情感。中国现在的重大问题是，我们把整套熟人社会的观念和规则代入了陌生人社会里。尽管明明有相关法律在那儿放着，但是我们仍然要找熟人。这样一来，我们就自觉不自觉地把熟人关系的理念、经验和规则带入陌生人社会中了。所以，今天的中国确实存在熟人社会问题，也存在一个陌生人社会的熟人化问题。这对法治而言，显然是不利因素。

但是，随着中国社会人口流动性的进一步发展，随着中国城市化不可阻挡的推进，熟人社会尽管仍然存在，但也在渐渐退化。这几年在我国人们越来越注重诉讼，越来越注重通过法院来解决纠纷，越来越注重自己的权利，就已经彰显了这一点。过去，我们在熟人之间主张温文尔雅、互谅互让，而在陌生人之间，却事实上经常争权夺利、锱铢必较。但是现在，我们也逐渐把陌生人社会的规则引入熟人社会中了，比如夫妻之间要建立风险财产协议。再比如说，父母要给孩子赠房子，但会跟孩子签一条保留条款，明确规定这个房子可以赠给孩子，但孩子处理这套房子时须征得父母的同意。所以，我们要看到在我国所存在的两个方面的事实：一个方面，我们仍然是个熟人社会，熟人关系极大地腐蚀着陌生人社会所该遵循的规则；但另一个方面，陌生人社会的一些规则，也在渐渐地改造着我们中国的熟人社会。这两个现象同时在双向地、互向地发生着作用。

这种情形说明了什么？说明了我国确实在面临着一个巨大的转型，也是三千年未有之大转型！但是这种转型，有些是随着社会发展而很自然转型的，我刚才讲的这两种情形都具有自然转型的特点。而我们现在要做的工作是利用法律、利用法治，能动性地促使陌生人社会的规则更多地影响我们的既有的熟人社会关系，把中国社会建成一个不依赖关系，而依赖法治、依赖契约，就让陌生人们安定相处、和谐相处的社会。

当然，熟人社会的关系，也有很多优秀的方面，比如注重人情，注重相互谦让。也可以把这些因素，嵌入现代法律当中去，嵌入法治中去，使它由熟人之间的相互尊重变成超越熟人的人人尊重，像孟子讲的那样，“老吾老，以及人之老；幼吾幼，以及人之幼”。

毫无疑问，我们已经进入了一个陌生人时代，但熟人社会的关系也确实还在影响陌生人规则的建立，这是一个事实。同时，陌生人的规则也在影响着熟人社会，这是另一个事实。我们要借社会转型的机会，既要建立一种适应陌生人交往的规则。也要不失时机地摒弃一些熟人社会的糟粕——如过分依赖关系、过分看重面子，人情甚于原则等，这些是需要破除的。因为熟人关系对中国的负面影响是巨大的，所谓“四川帮”“秘书帮”“石油帮”……完全是把熟人关系带到了陌生人社会中的典型例证，它只能导致“圈子文化”。破解这种“圈子文化”的基本方式，就是以契约化的法律和法治，来一视同仁地规范所有人的交往活动，用法治来改造中国的熟人社会。

游戏规则与法律治理

姜：谢老师，您好！应《体育与科学》杂志的邀请，我们做一个学术对话，这次对话我们确定的主题是“游戏规则与法律治理”。我们将从游戏规则出发，再聊到体育规则，最后来看游戏规则与体育规则在我们国家的法治事业能够产生什么样的有益作用。我们大致围绕这个主题去聊，可以吧。

谢：非常感谢你的邀请，也非常感谢《体育与科学》杂志设计这样一个话题以及对我们的这个对话安排。我对你和杂志社安排的这个话题很感兴趣，不过，说实话，我对具体的、专业的体育规则并不十分熟悉，但对体育规则作为一种游戏规则还是愿意作一些思考。

姜：好。谢老师，我知道您这些年来一直在从事民间法和法哲学的研究。我这几年开始转向了对于体育法学的研究。我在研究体育法学的过程中，特别是研究体育法学的内涵过程中，阅读过一些西方的哲学文献，发现西方的学者，特别是一些哲学学者在研究规则，涉及规则问题的时候，很多是从游戏规则的研究开始的。比如说语言哲学家塞尔，他在研究游戏规则的时候，就把游戏规则划分为构成性规则和规制性规则。在一些研究体育哲学的学者当中，也把体育规则划分为构成性规则，也叫比赛规则，比如说一个体育的游戏，是怎么构建而成的，因为体育比赛很多都是先有规则，然后才产生了一个体育比赛项目，我就想呢，像这些哲学上的规则，对于体育法的规则，或者说是体育法学会有什么样的启示意义。我总觉得他们之间会有这样一个关联关系，这个问题我不知道您是怎么思考的?

谢：从本质上讲，人是一类游戏性的动物，人的天性就是游戏。无论是你刚刚讲到的塞尔，还是我们都熟悉的伽达默尔，他们都把人作为一种游戏的动物来进行研究。我曾经看过一本书，一位荷兰学者写的，书名叫《人——游戏者》，写得非常棒的一本书。她谈到了体育游戏，谈到法律游戏，谈到我们日常生活中的其他游戏。所以，许多学者都在关注人的游戏本性。总而言之，人就是一类游戏的动物。人在游戏时总有它游戏的对象，这个游戏的对象，我个人觉得应当涉及三种关系。第一种关系就是我们经常讲的天人关系，人是在大自然与人的关联关系中进行游戏的。很多游戏对象都是人对自然的征服、适应过程之中产生的。第二种关系，我们可以把他界定在群己关系当中，即人和人，或个人与他人的交往关系当中，人与人的关系也就是我们所讲的社会关系，这一种游戏就是个人和他人的交往过程当中产生的。我们现在所讲的体育竞赛等，严格说起来就是一种群己关系的游戏。第三种关系，完全属于我们自娱自乐性质的。这种关系我把它理解成另一种关系，即身心关系，我们经常讲身心和谐，身心健康，就是在身心游戏中要实现的。在我看来，这三种游戏，无论是哪一种游戏，都是和规则紧密相伴的。天人关系的游戏所必须遵从的是大自然的准则，人应当服从于大自然，大自然给人的约定，那就是人的行动界限，这是我所理解的天人关系的规则。群己关系的规则，更多地体现为我们所讲的权利与义务相互性的规则。在群己关系中，无论是体育竞赛，还是我们日常生活中的契约关系，都要遵循一对最重要的规则，那就是权利和义务规则，因为它强调的是交往的相互性。而涉及身心关系的游戏，或许与我们所讲的体育关系关联不大。但我觉得身心关系当然也涉及一定的规则，而这种规则，可能更多地涉及心理学上的规则，这恐怕不是我们今天所要探讨的对象。体育关系是一种什么关系呢？我个人认为，从宏观上来讲，应当把它界定在群己关系中，其所遵循的规则，应当是群己关系的规则。从这个意义上讲，我个人觉得，虽然我并不研究体育法，也没有特别关注过体育法，但就你刚才讲到的体育组织的规则、竞赛规则对体育法的意义而言，我相信，反倒是这样一些体育规则，可能对现代国家的法治而言，一方面，具有共通性；另一方面，具有很大的启示意义。因为从一定程度上讲，体育竞争所形成的规则往往是自发规则，用哈耶克的话来说，它是一种自生自发的秩序。它不是我们所讲的创制性秩序，它就是自生自发的一种渐进性的规则。这种规则对于一个国家的法治建设来说，意义可能更大一些。至于你刚才谈到的在社会交往中或者是在法律规制中，体育规则对社会和国家治理的意义，尽管我没有更多的研究，但是我初步的想法是：体育游戏规则自生自发地形成的过程（尽管体育规则并非全部是自生自发的）、体育自治的秩序形式等对国家法律的体系化、国家治理的法治化可能会有很大的帮助。

姜：谢老师，我在研究的过程中也在思考一个问题，在读到体育中的构成性规则和规制性规则的时候，就有一种联想，在英文里，构成性规则就是 constitutive rules，我们国内有的把规制性规则翻译成 regulative rules. 我看到 constitutive，就想到宪法，为什么呢？一个体育比赛的游戏规则，也就是比赛规则，作为体育比赛的构成性规则，是否与宪法所构建一个国家的基本法律制度异曲同工？当然西方学者在研究体育法规则的时候，其研究范畴更加宽泛，除了构成性规则，还有规制性规则，有的学者又把规制性规则分为惩罚性规则，还有的再加上辅助规则，辅助规则就是指在某些体育比赛中，比如对服装有特定要求，那就是辅助性的规则，它对比赛构成本身不产生直接的影响，但这些规则都被视为体育规则。特别是在体育这个行业的发展当中，逐渐形成了一种自我运行的规则体系，比如我刚才说的比赛本身，比赛有自己的法官裁判，裁判发生错误，它也有自己的上诉机构，上诉机构也是体育内部的一个纪律处罚机构，那么对于这个体育协会的处罚机构，不服还可以继续申诉到国际性体育联合会的申诉机构。对国际性体育联合会的裁决不服，最后还必须得上诉到一个全球统一的“法院”里面，这就是在瑞士洛桑的国际体育仲裁院。就此而言，就形成了一个体育内部的“司法体系”，我觉得这样一个体系，足以构成一个独立的体育王国，体育王国里面有一套独立的规则体系。那么由此，我就想到您刚才所提到的，体育实际上也是人与人之间交往的一种游戏。事实上，有游戏规则，也有违反规则之后的法律救济机制。这个救济机制，当然有些人认为不是法律，但是它形成了这样一套救济机制。那么反过来，我们看一个国家，在宪法的统筹之下，也事实上建立了一个自上而下的体系。那么我想，这样一个自主的“法律”体系，它和国家这种官方的法律体系之间，可否将两者进行类比呢？

谢：国际体育组织和国内体育组织，他们所展开的体育活动，以及相关规则，在一定程度上已经实现了我们法学界所一直追求的法治状态，并且其法治的程度之高，可能是国家法，哪怕是西方法治比较发达的国家，未必能够与其相比较的。为什么会这样？游戏可能分成几种，一种是非正式的游戏，另一种是正式的游戏。被人们纳入“体育”之中的游戏，应当说体制化的、机制化的和正式化的，它已经完全是一种体制化的游戏。这种体制化的游戏，它的规则，既有构成性规则，所谓构成性规则，就是不但能表达某种运动自身之规律性的规则，而且在此基础上能创造某种新的事实的规则。按照这种规则，则规则在创生新的事物。与此同时，还有你说的规制性规则，它是对符合或违反既定事实进行处置（肯定或否定）的规则。人在面临各种各样的选择过程的时候，总要选择一种最优的那种——至于是否真的最优，则另当别论。在体育比赛规则的选择中也是一样。选择那种最优的，最有利于监管官员，最有利于运动员发挥其比赛水平，最有利于运动员创造更佳成绩，最有利于实现比赛的公平展开以及最有利于体育管理效率的规则——这都是体育规则形成过程中的自然的、也是必然的选择。这样的规则实际上比人为创制的规则更加可取，所以，对构成性规则不能不重视，但应适可而止。国家法中的很多规则，是人为创制的，过分强调构成性，但其适用效果有时反而不及体育规则一类的自生自发规则。就此而言，相对于国家法秩序，像体育规则所构建的这种秩序可能是一种更有效率的秩序。而且，正如你所说，放眼全球体育领域，这种秩序的发展已经相当完备，已经成龙配套，成为一种完备自洽的体系。

姜：嗯，实践中的最优化选择形成的规则是一种大家都接受的规则。

谢：我想你说的构成性规则遵循的是人为建构的原则——当然，在体育比赛和管理中，肯定会有人为建构的规则，如大多数比赛规则就是人为建构的。如排球比赛，为何是五局三胜的决胜制？这显然就是人为的一种构成性规则。而规制性规则则遵循的是对一种既成事实的肯定和承认，它既是一种自然选择的结果，也是人们社会博弈的结果。而第三种规则，奖罚性规则，这是任何一种体育比赛必须有的一种规则，也是国家法所必须有的。没有这样的规则，体育比赛就不可能保持严格，国家也就不可能有秩序。所以，奖惩在法治国家也罢，在体育王国也罢，都是规则得以贯彻的保障。试想，一个国家有民法规则，有行政法规则，但是没有保障民法和行政法的奖惩机制，没有民事制裁，没有行政制裁，相关的规则将如何保障呢？那它只能是没有牙齿的法律。即使法律很好，也没有力量。同样，如果一个国家有刑法规范，但如果该规范只是停留在禁止性规范的状态，而没有对违反禁止的行为作出刑罚的制裁性规范，那么刑法还有什么用？刑法就没有任何力量了！从这个意义上讲，现代体育领域业已形成的那种体制化、系统化、全方位表现各类规则的治理机制——无论它是国际体育规则也罢，还是国内体育规则也罢，对国家法治来讲具有全方位的启示。这个启示就是，第一个方面是，国家法律规则要尊重一个国家的内在规定性。用黑格尔的话讲，就是事物关系的规定性，也就是要遵循事物的自生自发的规则。第二个方面是，在国家建设之中，究竟要走什么样的规则之路？比如中国和美国的规则之路，是不是要完全一样，有没有可能完全一样？关于这点，对任何国家而言都是一个博弈和选择过程，每个国家都会彰显其构成性的一面，以构成性规范来表达。只有这样，一个国家的法治才能作出一点自己的成绩和贡献。所以，国家要推行严格法治的路线，不妨从严格的体育规则中汲取经验。我们知道，任何一项体育活动都是非常严格的，严格到什么程度呢，比如兴奋剂，哪怕是运动员不小心吃了一味中药，而这种中药中恰巧含有国际反兴奋剂规则所禁止的成分，也必须对此承担责任，接受处罚。体育规则的这种严格性带来了体育界的朗朗晴天，这难道不能被一个国家的法治建设所镜鉴、所遵循吗？不得不说，目前国家的法治建设，远远不及体育领域的规则之严格。如果我们的法治建设能像体育界那样，遵循如此严格的规则，我们的法治就会大大地向前推进一步。所以，国家的治理者应当学习体育竞赛的治理者们，应当向他们遵循体育规则那样遵循国家法。

我最近在特别关注我国在2022年的冬奥会的举办协议，因为国际奥委会改革方案已经把国际奥委会举办奥运会过程中与东道国签订的所有文件公开。我最近在研究这个方面，发现一个非常有趣的问题。在奥运会举办城市协议里，主办城市方，在协议里大概是第68条，承诺放弃对国际奥委会行使一些国家权利，比如说，如果参赛者面临安全问题，或者国内发生战争内乱等一些原因，国际奥委会可以单方解除合同，而且解除合同以后，因解除合同给东道国主办城市所造成的任何损失，是不能索赔的。还有，对于国际奥委会的合作方也不能索赔。另外，还要放弃对国际奥委会收入的征税权。于是就产生了一个问题，一个主办方的城市当局或者说是国家当局在这样的协议中，放弃了这些权利。同样，在争端解决的条款里，也承诺举办城市和国际奥委会发生的争议全部要诉诸国际奥委会的争端解决机制，也就是瑞士洛桑的国际体育仲裁院来裁决双方的纠纷，而且适用的法律也只能适用奥林匹克法。如果上诉到国际体育仲裁院，不服仲裁院的裁决也只能适用瑞士法来裁决。这就等于是一个主权国家或者说一个当局，放弃了本应该适用自己法律的权利，也就是说，一个主权者不得不服从国际非政府组织所制定的规则。我对这个的感觉是，包括在国际法里，国际非正式规则是个非常有趣的现象，但具备什么样的条件，才能做到这一点。另外，作为主办东道国来说，它放弃这样一些权利，是否应该有一个法律程序，我觉得在国内法中是应该有个法律上的程序的。比如说某一城市政府，不应该没有经过本城市的法律程序或者说国家程序就把这项权利通过协议让渡给非政府组织。您怎样从理解国家法和国际社会非政府组织之间的关系上来解释这个问题？

谢：可以看出你对这个问题研究得很深。我觉得这个问题涉及契约的问题，所有的体育活动，尤其是公共体育活动，包括你说的体育方面的非政府组织所组织的公共体育活动，总要有一个承办方。该组织和承办方之间，严格说起来就是一种契约关系，但是契约有多种。

姜：关键是这个契约的性质是什么？

谢：一种契约是完全性契约，它完全建立在平等基础上，不但是自愿的而且是平等的。

姜：这就是我们说的平等主体之间的民事合同。

谢：对，另一种契约，我称为不完全契约，或者用桑本谦的话来说是一种弱的契约。强的契约和弱的契约是不同的。强的契约必须是双方自由意思的表达，可以完全强制执行。弱的契约，或者叫不完全契约，应当是非对等情况下建立的契约。事实上，我认为，你所讲的情形，就是如此。因为一个国际组织，不论它是政府间的还是非政府间的，只要有国家加入这个组织，就得遵守这个组织的规定，就和它建立了一种契约关系。主权国家加入国际组织就是这样，哪怕是非政府组织，一个国家要加入，就可能面临和组织本身的不对等的地位。当然，在国际法上有一种保留机制，对有些条款不服从可以保留。但在非关键之处保留是可以的，而在关键之处、在原则问题上保留，那就不如不加入了。当然，相关组织也不会让你加入。同样，对于国际体育组织和国际竞赛的一些规则，即使它是非政府、非官方的国际组织，既然一国已经申请加入，就要服从这个组织的规则，因为这个组织成立的时候，已经规则在先。就应服从这种不完全的契约。当然，你这个例子也说明当今国际非政府组织的力量也越来越强大。

姜：传统上好像一般认为政府间国际组织力量是最强大的，非政府组织处于边缘地位，而这个例子则说明了国际非政府组织力量也可能十分强悍。

谢：是的，对于强大的非政府组织，有时实际上往往是政府在作为后台，政府作为实际的控制者，如很多国家的奥委会就由政府资助。此类组织，适用的是创始国可以制定规则，非创始国，也就是后来加入的国家只有在对既有规则认可的前提下才能加入。当然，在个别地方可以保留，但在原则上，主要规定上，则必须服从。所以从这个意义上来讲，即使一个主权国家，它在加入一个国际组织的时候，即使是加入非政府之间的国际组织的时候，也存在一个要服从这个组织既有规则的问题。既然要服从，在一定意义上，国家就必须放弃自己的一些权利，甚至局部的主权——尽管规则不是我制定的，但你制定了之后，只要我加入了，就应尊崇你制定的规则，等于说我接受了你的规则。这显然就是一种弱的契约。对于国家来说，既然加入这个组织，就要信守其规则——因为契约是不可违背的，除非其主动申请退出这个组织。当然，即便退出，也还是要经过正当程序的，退出也不是经过申请立马就可以实现的，还要经过退出的约定程序。

姜：是的，协议是有一条是专门规定退出程序的。

谢：所以对于你提出的这个问题，如果我们能引入这个非完全意义上的契约，或者弱的契约概念，可能会比较好解释，但归根结底，这仍然是一个契约问题。

姜：那么我刚才提到的第二个问题，比如国家把一些本来属于国家的主权范围内的事情让渡给了一个非政府组织，从国内法来讲的话是不是应该有一个法律的程序？因为我注意到关于奥林匹克立法的问题，我们国家在2008年奥运会的时候就有过一种争论，一种观点认为我们应该建立一个统一的完整的奥林匹克法。就是把涉及奥林匹克运动中国家应该尽到的义务或者享有的权利进行一体性规定。还有一种说法是，利用我们现有的民商法、知识产权法等，对比国际奥委会要求的对奥林匹克的标识、知识产权、商事权利等的保护以及其他一些有差距的立法，针对我们的法律空白制定一些单行法。但是通过最近研究，我发现，比如刚才提到的问题，实际上是国家或者是政府将一些权利仅仅通过行政手段让渡出去了。那么从法治角度来讲的话，这样的权利让渡在国内是不是要有合法的依据？

谢：你提出了一个更深入、也更尖锐的话题，也是一个很好的话题。因为过去我没系统地思考过这个问题，经过你刚才的这一提醒，我在思考，其实不仅仅加入国际体育组织时存在这样的问题，其实加入所有的国际组织都存在这一问题。一个主权国家在它加入国际组织时，应当遵循什么规则和程序，有没有内国法上的依据，要不要这种依据？

姜：我认为应有法律上的根据。

谢：实际上，这样的要求是应当要的，甚至是必须要的。一个主权国家参与国际组织的行动不仅仅是政府的行为，而且会对民众产生巨大的影响。

姜：谢老师，实际上当一个国家加入国际组织，无论是政府间组织还是非政府组织，都应有一个比较完备的条约或者协议，即条约缔结法，这样比较上位的一个法律统一地规制加入这个政府间组织或者非政府间组织的程序和一些权利的让步。在我们的国内立法法上，如果有这样一个法律规定，凡是涉及奥林匹克的我们就服从奥林匹克规则，它就是合法化的，之前所签订的协议就是有法律依据的。但是现在我们去转让这些权益的时候，反而找不到法律了……

谢：当然，这个问题还可以从另一个角度来理解。自从进入20世纪以后，随着国际社会的迅猛发展，主权这个概念已被大大弱化了。有些人认为完全的主权国家已经不存在了，现在存在的只是半主权国家。特别是随着跨国企业的发展，政府已经不能再纯粹行使经济主权了，很多主权因为一些跨国的托拉斯而被分散了。在其他领域中，如文化交流领域中，这样的主权观念也大大地弱化了。但尽管这样，我以为，我们今天仍然处于国家主权的时代。微软公司在世界范围内影响这么大，在世界上有着如此重要的经济领先地位，但是微软公司毕竟还是美国的公司，在中国的微软只是其分支机构。从这个角度看，它虽行使了一部分的经济主权，但它不能代表一个国家的经济主权。国家为了经济上的安全，必须有自己独享的主权。所以托拉斯们、国际垄断企业们所分享的主权和国家意义上的主权，还是有着重大区别的。因此，国家主权是非常有必要的，是需要认真维护的。从这个角度看，你刚才提到的这个话题，越探讨越有味，越思考也越重要。

姜：现在您谈到跨国公司，其实我们回到体育领域还可以谈国际奥委会，它和跨国公司是一个性质的，应当说它是一个私人主体而不是国家主体。就是这样一个主体，在西方国家它是非政府组织，但是因为它一开始发起成立的时候，或者说它的总部位于西方国家，所以它产生的约束力，就是这样一个强大的非政府组织力量使得其他主权国家，在和这样一个非政府组织打交道的时候，要遵守它的规则，发生争议之后就要到它那里去解决而且还要适用它所在国家的法律。现在所有的体育争端，只要诉诸国际体育仲裁院，最后就由瑞士联邦法去审查，审查各个体育组织作出的裁决是否合理，审查各国制定的国内法限制运动员的权利、限制体育组织的权利是否合理。这样，实际上等于把一个国家的国内法律通过非政府组织的强大力量适用于世界了。这个可能很值得我们去思考，尤其像我们这样大的一个国家。

谢：你这个问题，涉及我最近几年一直思考的一个问题，即规范主权问题。我想迂回地探讨你这个问题。我们目前面临的紧要问题是，中美这样两个国家，在当今世界舞台上的冲突和竞争，其核心不仅仅是在军事上的争执，主权利益上的争执，更重要的是在规则上，或规则的制定上、规则倡导上进行竞争。前几年，我提出了一个概念——规范主权。我们现在都讲领土主权、文化主权、经济主权、政治主权、司法主权、人民主权等，其实讲的都是以地理领土为核心的主权，但我们都忽视，或者未关注一种主权，这就是规范主权。有人认为，实际上，美国就是借助对全球规则制定的影响，形成了它的全球领导地位的。通过其主导的规则的落实，美国把它的意志、规则主权，投向了世界各地。因此，现在中美竞争的核心，实质上是利益的竞争，但在利益的表达和实现方式上讲就是规则竞争。强调规则主权，就是强调在未来的国际竞争也好，国际合作也罢，新型大国关系的构造，就是要强调规则的重新布置和重新安排问题。似乎扯远了。这种情形体现在体育领域中，也照例适用。你谈到瑞士联邦法成为国际体育仲裁的通用法，一方面，表明内国法律国际化的事实；另一方面，也表明规范主权的巨大作用。当一个国家还不是一个真正的体育强国之前，其只能服从既有的国际体育规则秩序，不得已“让渡”其主权。但只要一个国家真正强大起来了，拥有国际话语权——不仅在经济上，在国际政治合作上，而且在体育事业上，真正在国际上占有一席之地，那么，就既要接受成熟的，全天下人都接受的好的规则，同时，对于不符合潮流，不符合时代、有悖于国际公平的规则，提出挑战，并参与、倡导一种新规则。我认为，这必须被我们提上议事日程。

姜：谢老师，在体育法学界对于体育法的渊源有两种不同的认识，一种认识是，对于体育法的这个“法”的理解主要限于正式的规则，比如说国家规范，体育规则实际上在这其中只起辅助性作用。另一种认识是，认为二者是同等重要的，也就是看到了体育规则在体育领域中的重要作用，更进一步说，体育规则就是体育界的法律。因为只要有一项体育运动项目举行，它就有参赛规则，有裁判，有运动员的参赛资格等众多要求。这些规则实际上构成了整个一项体育活动完整的规则体系，包括纠纷的处理，它都有一些规则。在这些体育规则里，我们往往只是看到那些正式的、成文的规则。但是现在在体育赛事执法过程当中，实际上裁判还得执行一些不成文的规则，比如普拉蒂尼规则，比如体育道德风范。关于体育道德风范中的消极比赛在我们讨论的主题中有两个案例，一个是有规则的——羽毛球比赛，还有一个就是自行车比赛，它是没有明确规则的，这两个是不一样的。在裁判的执法过程中，对于这些非成文规则存有争议。如果我们把裁判看成一个法院的法官的话，他在执行这个法律的司法过程中，运用这样一些规则和规范，我们应如何理解它在体育法体系当中的作用，就是体育规则本身是不是可以构成体育法的主体性规范？我本人赞同这样，但是也有人反对，认为体育法首先是法律，法律就是国家制定的规范，那么体育规则本身怎么能成为体育法的主体渊源呢？从法理学上法律渊源的理论方面，您能不能给出一个比较准确的解读？

谢：在日常生活中，我曾认真思考过这个问题。人人都会参与体育活动，我也参与一些体育活动，比如羽毛球赛、竞走、快速散步等。我们刚刚说到人是游戏的动物，体育就是人游戏的一种方式。体育精神是人人都有的一种精神，即使好静的人也会通过打坐来运动。每个人都有自己独特的运动方式。从这个角度来说，既然你参与运动，你就应该考虑它的规则。但是将它作为一项认真严肃的研究活动，我过去确实没有关注过。经你的提醒，我认可你的初步思考。我认为，体育法，至少由以下三大块构成：一是主权国家或者有关的国际组织制定的适用于体育运动、体育管理的规则，可以称为官方法；二是体育机构内部对自身的管理规则，如俱乐部管理、运动员管理、教练员管理……的规则等；三是比赛和裁判规则。这三种规则应当构成我们所讲的体育法的完整内容，当然，将第一种规则看作法律自是必然，将第二种规则看作法律也不难理解，但是要把第三种比赛规则，包括你刚才说的普拉蒂尼规则等，这样一种纯粹自发地形成的一种惯例，归为体育法的内容，或许令人难以理解。

问题的关键在哪里？我觉得法律在很大程度上与司法相关，如果一种规则能在司法之中作为裁判的参照、根据和援引，那么，这样的规则哪怕不是国家制定的，也应该作为法律的渊源。如果一种规则在司法裁判中，人们不能根据它进行裁判，那么它即使是国家制定的，严格说来，也不能称之为法律。它可能仅仅是一个宣告、一种指令。这种情况确实存在，我们在此不讨论这样的规定是否具有法的效果的问题。在这里，可以借用内部规则与外部规则的概念——尽管我在此只是借用而不是谈论法理学上所讲的内部规则与外部规则，不是运用本来的概念——可以把国家制定的有关体育管理的规则称之为外部规则，把体育界内部，不论是体育管理还是体育比赛、竞赛的规则称之为内部规则。如果再分层来分析的话，可以把体育竞赛规则称为内核规则，体育管理规则称为中层规则，国家体育管理规则或者国家制定的体育规则是外层的规则。这样一来，则只要上述三种规则中的任何一种在体育竞赛、体育管理中发生纠纷，并诉诸司法或准司法时（司法就是我们刚才提到的国家正式司法，准司法包括你说的瑞士洛桑仲裁机构创造的判例），它实际上做的是裁判工作。这些裁判活动（包括正式的国家裁判活动和国际体育组织的有关裁判活动）能够被援用作为裁判的根据，那它就具有法源的效力。所以，如果一种规则在司法裁判过程中被引用或参照时，即使它不是国家制定的，即使它是纯粹的竞赛规则，也应被当作法律来看待。同理，如果一项国家制定的规则在司法中根本没法用，那这个规则就是一个“死规则”，它无法律效力，也非真正意义上的法律渊源。

姜：不能用于裁判、司法的规则是吧？

谢：对。如果你要研究体育法的体系，我个人觉得，应该从这三个方面——国家法、体育机构内部的管理法和竞赛规则入手，对三者皆要涉猎。竞赛规则有时完全是一种技术性规则，但是它恰恰对司法裁判具有极大的参照价值。你也可以认为，这种参照是一种事实参照，它不是法律或规则意义上的参照。但我想说，有时事实本身就构成规则。我在法律方法中把这种规则称为事实性规则——事实本身就构成规则，事实就是法官据以裁判的根据，事实和规则本身在这里达成完美和谐的统一。所以我在法律方法中曾提出过一个概念，叫事实替代。

姜：是的，我读过，在您的《法律哲学》一书里。

谢：事实替代是什么意思？当事实本身表达了一种规则，而法定的用来调整这一事实的规则与事实本身凿枘不投时，就用事实替代法律，来裁判案件。我不知道这样的解释有没有效力或说服力，如果有的话，那么，关于是否为法律的衡量标准，就要以司法为准——只要一种规则能够进入司法之中，哪怕这种规则仅仅是事实，它也构成法律或者法律的渊源。我印象中在国际体育竞赛的纠纷解决中，不论是国际体育机构的裁判，还是诉诸国家司法的裁判，出现过多次。虽然我了解的不是很多，但也知道有些裁判是根据事实性规则、习惯性做法进行裁判的。比如涉及身体接触性比赛中的一些伤害及其纠纷的解决就是如此。

姜：事实确实如此。

谢：这种事实性规则实际上既是事实也是规则，是事实与规则的有机统一。它不仅是裁判的参照，甚至是裁判的根据。

姜：谢老师，我有一个学术研究上的困惑。我的背景是研究国际法领域，从 2011 年着手体育法领域的研究至今，一直在思考一个问题——如果要真正证实体育法的价值，特别是对法学的价值，应该着眼于体育规则能否为法理学或各个部门法作出自己独特的贡献。在思考这个问题的同时，我在观察体育规则时也发现，在体育法学界中，我就应该研究体育规则本身。国外有学者确实在做这方面努力，比如我之前邀请的一位研究体育法的瑞典学者，他也是国际法背景出身。他研究了体育法多年，现在专门研究足球规则，包括我刚才提到的普拉蒂尼规则。他认为体育实践创造了习惯法。足球的比赛规则是成文法，但是裁判在执行足球规则时就被发现和法官一样，在“执法”的过程中，其实很多行为和法官是一样的。比如他在用到刚才我提到的渊源时认为无论体育规则的渊源是否成文，裁判工作都得那样完成，所以对体育法的研究是不是应该回归研究体育规则本身呢？不能把主要精力放在研究国家法层面，这样做可能恰恰给法学贡献一些独特的东西。您怎么理解这一点？

谢：学术研究本身应当是开放的。学术研究在对象上是没禁区的。即使法学研究要以规范尤其是法律作为对象，但是当我们对这种规范背后的因素和支持性因素进行考量时，仅仅研究规则或规则论规则，可能给人的启发意义就很有限了。这也是很多人对规范分析法学抱有诟病的原因所在。价值法学者或社会法学者对分析法学不太满意的重要原因是，一个国家的法律规范不可能是完美无缺、逻辑自足的。在这样的背景之下，法学家还要研究自然法、上帝法甚至是“自然的法”——人与自然，与动、植物关系的法，动物之间的竞争规则等，法学家都可能涉足。你可能看过赞恩的《法律故事》那本书。从名称上看，这似乎是一本很简单的书，但实际上他写得非常深奥。他的研究就是从蜜蜂、蚂蚁的社会结构、社会组织与交往方式开始的，然后渐渐引申到人类社会的组织、结构和交往。他从蚂蚁、蜜蜂的社会结构中得到了启示。当然，我们在此基础上，还可以进一步研究狼群、狮群的社会规则，以及这些规则对人类交往行为的意义。现代生物学对我们社会科学领域的影响非常大，达尔文的进化论本身也是先研究动物规则，然后进而上升到对人类社会规则的研究的。

姜：对。

谢：社会达尔文主义就是从达尔文主义发展来的，它通过自然进化的规律来反映人类社会的进化。法律是人类社会进化中非常重要的内容，它是人类一种显性的进化成果。所以，研究法学的人应该有开放意识。尽管法学以规范作为研究对象，但这种规范绝不应限定在国家制定的法律规范，法理学的研究更是如此。部门法学的研究局限于某种具体的既定的国家规则，如果可以这样理解的话，那么，法理学也完全就规则而论规则，这种法理学在外部视角上就没有延展的空间——尽管我认为法理学内部视角深入挖掘是更重要的。

因此，我完全赞同你刚才提出的问题。我们刚才说到研究体育内部规则对法理学的贡献可能比研究体育外部规则对法学的贡献还要大，因为体育外部规则是规定性的东西，对法学界而言，至少对专门研究者而言，是非常熟悉的规则。但是法学界对体育内部的一些规则，无论是竞赛规则还是管理规则，并不十分清楚。这样的规则对国家的发展而言影响甚大，其启发性也不可小觑。人类交往中不仅有体育竞赛，还有劳动竞赛、生产竞赛、文化竞赛……在这些竞赛中，人们在规则上都会有所尊崇，有所摒弃。体育竞赛规则对整个社会的竞争而言起着更大的作用。中国古人在研究法律时强调“刑起于兵”。如果说“刑起于兵”的话，那么我们也可以说“法起于争”。这个“争”包括两个方面：一是物质利益之争，二是精神利益之争。如体育竞赛的名次主要指向精神利益，当然也附带地产生些物质利益。所有的法都产生于竞争。只要有竞争的地方，必然会有规则。所以我们整个人类社会秩序都是在竞争过程中构建的。人免不了竞争，为了使我们的竞争更加有序、有效、有意义，我们必须划定一个规则。在这样的“群己权界”的规则边界内，我们才能更好地进行竞争。

事实上，体育竞赛规则毫无疑问因为体育竞争而产生。体育竞赛的参与者、管理者构成一个群体，他们需要“群己权界”。在此意义上，体育和体育竞赛都是社会的组成部分，体育竞赛与其他相似的竞争完全可以进行比较。所以只要有竞争就要有规则，既然体育竞争已经给我们提供了这么多仔细的、系统的、完善的、可操作性的规则，那我们在其他竞赛当中为何不参照其中的原理？我们现在强调建设法治国家，不仅仅是政府、领导人要遵循法律做事，社会的各行各业都要有规范可循，比如说产品标准、施工标准、质量检验标准等。什么样的生产标准才更有利于消费者，什么样的产品质量才更有利于生产者，这是个博弈过程，也是个生产者和消费者的竞争过程。哪怕是“规范生产”，也是个竞争过程。什么样的环境保护规则有利于厂家，什么样的环境保护规则有利于普通民众，什么样的环境保护规则既有利于厂家也有利于普通民众，这时就产生了“规范生产”的竞争。所谓“规范生产”的竞争，我觉得它和体育竞争没什么区别，都需要不同的利益阶层不断要求、不断主张、不断呼吁，甚至不断抗争。当然，斗争不能不断延续，还需要妥协，需要有权机构出来作出决策。可见，由体育竞争所推而广之的所有的我们人类交往活动，都存在一个竞争的问题，利益博弈的问题。只要有竞争、有博弈，就要有规则，没有规则不成方圆。所以体育竞赛、体育管理的规则对国家建设的方方面面都有巨大的启示。不难发现，研究体育内部的规则——无论在法理学、国际法、国际习惯法上研究它，对国家治理而言，其作用和启示都应是全方位的，而绝不只是一个点的，一条线上的，或一个片断的。

姜：我非常欣赏您刚才说的“法产生于争”这个观点。把它应用于体育比赛而导致体育规则的产生。我有个问题想要问，事实上您刚才的解释已经回答了这个问题，就是说体育是一个规则的事业，凡是参加体育活动的人、体育游戏的人，都要遵守体育的游戏规则，都要遵守体育比赛规则。因此我想到，在这种情况下大力发展体育运动，人人参与体育特别是这种有规则的、有竞争性的体育活动，对于形成人们的规则意识肯定是有意义的。大而化之，这样一种体育运动发展对于我们的法治建设，具有什么意义，您能不能再阐述一下这个问题？

谢：你的问题，让我想到哈贝马斯。他作为一位伟大的社会哲学家，提出了著名的交往行为理论，或者交往进化论。我粗浅地理解，他的这个理论就是要通过交往行为或商谈，把整个人类交往行为的精神本质结构在商谈的社会关系中，结构在一种交往行为的构造体系中。人类是需要交往行为的动物，是需要商谈沟通的动物。用黑格尔的说法人类是一种精神现象学。人类所追求的就是这样一个境界。所以，对一个国家的管理和治理而言，在什么情况下才需要治理，在什么情况下根本不需要治理？你知道，老子是这样主张的：“鸡犬之声相闻，民之老死不相往来。”这种主张强调人们要遵循自然的规定性，遵循自然秩序。根本不需要进入那种大规模的相互交往状态。庄子则走得更远，强调规则虚无主义、文化虚无主义，写下了著名的《马蹄》那样的篇章。我看有些西方的学者把庄子看作人类历史上法律虚无主义的鼻祖。道家追求的法律虚无也罢，小国寡民也罢，其实就是追求一种我的自然状态。当我不进入社会领域的时候，我自然可以不遵循社会规则，因为我不与他人竞争。但这种情形，只有在一人状态下才可能实现。哪怕两人在一起，也会竞争，自然也会有竞争的规则。

比如一对夫妻，只有两个人，但必须有规则——在家里面，究竟丈夫做主还是妻子做主，还是谁也不做主？为此可能产生三种不同的规则，丈夫做主是一种规则，妻子做主是一种规则，然后谁也不做主这是另一种规则。在这种关系当中或许又有新的内容，如究竟是丈夫主外、妻子主内，还是里外都由丈夫（或妻子）管？显然，这又是一种规则。所以只要有两人社会，就有两人社会的利益矛盾和利益冲突，就有两人之间的竞争，所以必须有规则。

家庭是如此，国家更是如此。只有一个国家存在一人的情况下才不需要规则，人才可以放任自流，但这可能吗？一个国家必定是多人社会、群体社会、群体交往的社会，这是其一。其二，一个国家的人们在交往的时候不可能人人都能永远自觉地遵守一种规则，因此必然会产生竞争，甚至冲突。这时，就需要国家治理出场了。需要国家制定统一的规则，以帮助人们公平竞争，并解决竞争中可能出现的冲突。体育规则，恰恰如此。尤其是竞技性体育规则，它不仅服务于私人事业，因为体育竞赛不仅是私人间的竞赛。它其实也服务于公共事业，因为体育竞赛本身就是公共事业。例如，下围棋，既可以是两个人在那儿消遣、游戏，也可以是为了一种公共事业，从而往往是有组织化的比赛。如围棋协会出面组织的比赛，就是非常正式的，往往不仅代表棋手自身的利益，有时还代表国家的重要利益。当年我们中国的棋圣战败了韩国的一些棋手，在东亚坐头把交椅时，国人是多么狂热、多么自豪！类似情况，在韩国也一样，日本也一样。这是个民族自豪感的问题。

总之，有竞争的地方就应当有规则。在国际上，存在国与国之间的竞争和争端，在国内，存在族群与族群、地方与地方、企业与企业、个人与个人、家庭与家庭、家庭内部等的竞争、争端和纠纷。对于一个国家的管理者而言，社会只要有竞争，就一定要准备好调控和治理竞争的规则。如果说体育事业是规则治理的事业，那么国家也可以同类相比——它也是一种必须通过规则治理的事业。富勒有一句名言：法治就是人们服从规则治理的事业。大家都能遵从规则的治理，这能实现法治。这不是和体育治理追求的效果完全一样吗？所以，毫无疑问，一个国家的治理，它可以从体育治理的规则机制中，从其有具体的、可操作的、而且具有很强执行力的体制中，得到极大的启示。如果一个国家的治理能像体育竞赛的治理那样完善，那么，这个国家一定是十分发达的法治国家。这正是今天法学者所要追求的，也是我们的国家所追求的。我在 1998 年出版的《价值重建与规范选择》那本书当中，曾提出过一个命题，即法治是中华民族在国家治理上的目的追求。可能有些人当时看了这个结论，会很诧异，法治怎能是一个国家转型的目的追求？诚然，法治可能会随着时代而变，但是法治所代表的价值、技术、治理方式，以及它对社会竞争的管理效用，是其他任何机制都无法取代的。尽管它是一种工具理性，但“工欲善其事，必先利其器”。在人们追求的无限多的目的面前，能保障实现这些目标的手段反倒成了最重要的目的。一个国家要实现良好的治理效果，没有法律是不能想象的。这一点也和体育活动是一样的。尽管在一种规则保障下，人们会追求完全不同的目的，会追求各自大相径庭的利益，但是如果没有规则保障，这些所有的利益追求就都会泡汤的。我们经常讲，市场经济就是法治经济，民主政治就是法治政治，多元文化一定是法治文化，缘由何在？就在于只有把这些人类的追求置于法律的框架内，他们才是可欲的、现实的。不知道我这样阐述你认为合适不合适？

姜：实际上，体育活动本身人们参与多了以后，如果你在这里面长期地遵守这个规则，一样也会对你树立这种规则意识有帮助，能建立起遵循游戏规则这种意识。好！谢老师，跟您一席谈收获不少，受益匪浅，那今天这个学术对话就到此为止，非常感谢您！

谢：好，也非常感谢你邀请我做这个学术对话，实际上你这几年的研究也对我有很多的启发，再见。

就法学教育诸问题答《教育与出版》记者问

记者：随着依法治国方针的贯彻实施，法治观念也逐渐深入人心，民众对法律的需求使得法律专业一度成为极热门的专业。您如何评价目前我国高等法学教育的现状？您认为我国高等法学教育存在哪些问题？

谢晖：谢谢您对我的采访！确如您所言，我国的法学教育是我国法治实践的产物，也是民众和社会法律需求的产物。我以为，我国法学教育确实存在着严重的危机，但这种危机并不是，或主要不是很多人所忧心忡忡的办学泛滥、专业设置鱼龙混杂、培养学生过多过杂、教学科研质量参差不齐等，因为只要走市场的路向，有些问题必然会被市场所淘汰。我所关心的，是我国目前的政治体制和依法执政、依法立法、依法行政的法治要求还存在一系列不相适应之处。因为这才是法学教育千个万个问题中的最大、最根本的问题。可以说，法治所包含的一系列价值，譬如自由、民主、平等、正义、人权、博爱等，还没有真正进入我国的政治议程。这样一来，法学院给学生们教授的法治理念和实践中对这些法治基本理念的态度就形同陌路，甚至法学院培养的人才往往在既有体制看来是“破坏性人才”。正是这种情形，让法学教育不知所从，左右不得，也让法科学生很难在现行体制中获得成就感。因此，只有政治体制朝法治化方向的改革，才会繁荣并深化法学教育的制度环境基础。当然，法学院系也应未雨绸缪，既为政治体制改革积极出谋划策，也为法学教育自身的发展积累实力。因此，尽管我国的法学教育取得了长足的进步，并为法治建设源源不断地提供智力支持，但如果依法建制的政治体制不能确立，终究是法学教育能否百尺竿头更进一步的重大隐忧。

记者：随着国家经济的日渐繁荣，社会对于法学专业人才的需要也呈日益增长态势。那么目前法学人才培养模式是否符合市场需求？贵校进行过哪些改革尝试？

谢：现代法治是陌生人秩序的产物，陌生人秩序则是随着人的流动性，特别是随着经济市场化导致的人的流动性的产物。陌生人秩序是对熟人秩序的超越。陌生人秩序的形成和治理主要不是靠温情脉脉的道德情感，而是靠体现了正义精神的法律来维系。这正是以陌生人交往为特征的市场经济更需要法律专业人才的原因。至于目前法学人才培养模式是否符合市场要求，这涉及对市场的多重界定。在我看来，市场至少可分为经济市场、文化市场和政治市场。您这里所讲的或许主要是经济市场。法学专业培养的人才应输送到上述各类市场中，而不仅是经济市场。仅就法学专业教育对经济市场的适应情况来说，我认为已经取得了很大成绩，因为毕竟我国改革开放以来制定的民商事和经济管理方面的主要法律，还是围绕经济的市场化而展开的。但这并不意味着我们业已完成了法学教育和市场化的接轨，反之，法学和经济学的普遍隔膜、相互隔膜，以及市场行为对法律人才的依赖度还不是很高等问题，都影响了法学教育对市场需求的关注——这既说明法学教育的问题，也说明目前我国市场经济的问题。至于法学教育与文化市场等的呼应，更尚未提上我国法学教育的日程。您问到我所在的单位对法学教育适应市场化改革的尝试，可谓一言难尽，因为近年来，我供职过多所大学法学院，当然也注意到这些法学院在教学科研方面向市场化的努力，如山东大学法学院在全国率先开办的英法双学位、日法双学位班，山东大学威海分校法学院率先在国内开讲法律方法课，并关注民间法研究，以适应司法体制改革的要求，北京理工大学法学院的模拟法庭实训，中南大学法学院的“嵌入式法学实践教学”等，都取得了一定的效果。

记者：在人才培养中，学校应该注重对学生哪些方面的能力培养？

谢：您这是个复杂的问题，或许不同的学者有完全不同的看法。在我看来，法学高等教育中的能力，既包含其他一切学科都应关注的日常行为和交往能力，也包含法学专业自身应具有的独特能力。对前一点，我就不加解释，尽管对一位法科学生而言，这尤为重要，因为法科学生必须把自己所学的知识投放到社会实践中去。而法学专业自身应具有的能力培养，我以为至少要体现出从理念、制度到技术的三个面向：在理念上，应关注专业意识和法律思维的培养。法治就是把社会交往的方方面面结构到法律中的治理方式，从而法律思维秉有了和日常思维不同的面向，即法律思维须以法律作为思考问题的“前见”。在本质上，它不是一种批判性思维，而是一种建设性和守成性思维，这也不同于法律学术思维的批判性。在制度上，应关注法案阅读和理解能力的培养。这一点尽管有人也强调，但强调得还很不够，教学实践中做得更是不够。我国法学教育宁可引导学生阅读经典，也不愿关注学生如何阅读法律、如何阅读案例，并在阅读法律和案例中发现知识。这是我国法学教育亟需解决的问题。在技术上，应关注法律专业技能的培养。和其他学科相比，法学更是一门实践性很强的学科，因此，对诸如调查取证、辩护和辩论、法庭控制、文书制作等实践技能的培养就尤显重要。

记者：我国法学教材作为法学教育的重要组成部分，您认为还存在哪些问题？

谢：谈到这一问题，我觉得还需要结合我国目前的科研体制。因为真正好的教材既要体现教学实践的需要，更要反映教师学术和科研的结晶。但我国目前的法学科研体制，和其他学科一样，深受“项目引导型”的工科思维的严重且不当的影响。尽管法学和工科对实践技能的要求具有可比性，但对于科研形式和内容的要求不具可比性。“项目引导型”的基本特征是高校及研究机构以获得经费支持为使命，而不是以取得学术成果为目的，研究内容也多取向对策性，而非学术性。您问我法学教材中的问题，我觉得关键的问题是有些教材过于千篇一律，缺乏学术含量和学术研究的个性。理论法学教材的内容和应用法学教材的内容衔接不够，理论法学缺乏制度和技能培养，过于关注理念，但应用法学教材除了刑法学、民法学等有较为深厚学科传统的学科以外，又过于注重规范，忽视法律理念和法律技能。

记者：法学是一门实践性很强的专业，它要求教师不仅具有深厚的理论知识，同时还应具有一定的法律实务经验。目前我国法学教师的整体水平是否达到了这种要求？

谢：确实，高等教育的关键在于教师，法学教育也不例外。不过就我国而言，不同类型法学院教师的水平也会大相径庭。尽管在很差的大学法学院，也有水平很高的法学教师，甚至在一些尚未设立法学学科的大学，也有学术水平、实务能力一流的法学教师，如贵州的凯里学院。但毕竟我国的法律院系如此多，各法律院系的实力差距也不能同日而语。法学教师的整体实力，事实上也是一个动态发展的过程。根据我了解到的情形，这些年来法学教师无论从学缘结构，还是从学术水平上讲，都有大幅度的提高。特别是一批留学海外著名法学院和国内著名法学院的高材生充实到各高校，明显提高了法学教师的整体水平。但是，目前各高校缺乏透明度的人事制度、高校教师待遇过低的工资制度以及大学行政本位的内部管理制度，都在影响更优秀的法学人才进入大学法学院，即便已经进入大学法学院的优秀毕业生，也会因此耗散精力，影响其才华的发挥。例如，在北京，除了那些个创收能力很强的法学院以外，绝大多数基本没有创收能力的法学院新进入的博士月收入目前就4000元多一点，且一般不提供住房。这样，除去房租、日常花销，就基本没有结余。所以，如何关注法学院青年学者的待遇问题，使其专心致志地投入教学科研，是比关注法学教师的整体水平更重要的问题。因为这一问题不解决，水平再高的教师，也会因无恒产而无恒业。

就法（律）哲学诸问题答《中国社会科学报》记者明海英问

明：有学者提出，法哲学存在的合理性问题迄今远没有得到解决。英美法系的法学家较多地倾向于法哲学即法理学；大陆法系的法学家较多地倾向于法哲学不同于法理学。受实证主义特别是分析法学派影响较深的法学家，倾向于法哲学即法理学；受哲理法学派影响较重的法学家则倾向于法哲学不同于法理学。持前述第一种理解的则主张法哲学是法学的一个分支学科，持前述第二种理解的主张法哲学是哲学的一个部门。

关于法哲学上的合理性问题，您怎么看？在您看来，法哲学和法律哲学有区别吗？您如何看待二者的区别。

谢：在法学界，确实存在您所讲的这两种不同的看法。在英美法系国家，法学，不论是法律哲学，还是部门法学，核心问题围绕着司法而展开。司法通过遵循先例原则直接把先例代入具体的案件事实中，但也通过法官与陪审团的“现例创造”技术，把诸如自然正义、其他社会规范等代入当下的具体案件事实中，作为解决当下案件的论证理由。这样，法律的合理性问题往往直接被法官或陪审团代入司法活动中。故法学、包括法律哲学的关注，就不仅是司法的合法性问题，而且连带地由“司法造法”进而关注法律本身的合理性问题。但大陆法系国家有所不同，立法和司法基本是两套系统，即使在今天，“法官造法”在大陆法系国家也只是一种例外，而不是常态。因此，合理性问题的处理只能由立法来实现。这样，以司法为核心的法学，更关注司法的合法性问题，而对法的合理性问题关注不够。于是，由不同于法理学（法律哲学）的法哲学出面解决法律合理性问题，就不难理解。

我以为法律的合理性问题，毫无疑问主要是立法的问题，因此是一个“关于法律”的思考。在立法与司法严格两分的大陆法系国家，特别是我国，法律合理性问题主要靠立法解决，因此，它主要是一个立法学的问题。但它的哲学表达，属于法哲学范畴。我把法哲学和法律哲学是分开对待的，这在国内法学界并不多见。我主张法哲学的主要关注，是法律的合理性问题，即处理立法和“事物的法的规定性”的关系问题。而法律哲学则主要关注司法等法律实践的合法性问题，关注人们行为和法律的关联问题，因此是“根据法律”的思考。法哲学与法律哲学的这种分野，本质上取决于“法”和“法律”的二分。至于您提到的法哲学上的合理性问题，是法律合理性问题在法哲学研究中的必然体现和重要内容。

明：目前在我国法律哲学研究中，有没有什么争议性的问题？或者在研究中，有没有遇到什么难点与挑战？

谢：在我国，无论是法哲学研究，还是法律哲学研究，都属于起步阶段。但学界对相关问题的研究还是取得了一些令人瞩目的成果。特别是随着法律在社会生活中的地位越来越重要，公民、社会组织、国家机关的日常行为与法律的内在关联越来越紧密，导致不仅法学界在关注法律的合理性、合法性等问题，即使在哲学界（如南京大学的顾肃）、社会学界（如人民大学的郭兴华、周孝正）、人类学界（如人民大学的赵旭东、北京大学的朱晓阳）、经济学界（如北京大学的张维迎、社科院的盛洪、山东大学的魏建、浙江大学的史晋川）等都开始热烈地关注相关问题。可以说，我国法哲学研究正在全方位地拓展。

我想您说的法律哲学概念，可能不像我一样严格地区分了法哲学和法律哲学，因此，问题领域可能跨越了法的合理性和合法性。那我们在下面的对话中不妨统一用法律哲学吧。

我国法律哲学在合理性领域的主要争点是中国法治究竟要以取法中国性为主还是世界性为主的问题上。这个问题自从 20 世纪 80 年代以来就一直存在，但随着梁治平的“法律文化论”、苏力“本土资源说”、邓正来“法律理想图景说”等的不断推出，在法律合理性问题上，法哲学讨论的关键即中国法治的价值和道路选择问题。当然，更多的学者所关注的，是中国法治如何与世界、特别是西方具有普适性的法律接轨的问题。我本人更关注的是法律的民族性（中国性）与世界性（国际性、全球性）的沟通问题，权且谓之“法治的沟通理性说”吧。

我国法律哲学在合法性领域的主要争点在于所谓规范法学（法教义学）和社科法学的争论上。表面看来，规范法学讨论的主要是法律的合法性问题，而社科法学研究者却主要以法律的合理性问题为志趣。但两者的研究针对的都是司法中的疑难案件或影响性案件。是提炼总结司法面对疑难案件或影响性案件时的解决方案，并借此进一步升华对法律合法性的认识标准问题。在我看来，法教义学者的研究理所当然以探讨司法以及其他社会行为的合法性为宗旨；即使专注社科法学研究的学者，大多数也把其关注点置于司法和社会主体行为合法性问题的探讨上。可以说，这是在我国立法的任务相对减轻之后，法律哲学（无论采取教义学立场，还是采取社科法学立场）研究必然要面对的问题。

明：能否谈谈您对我国法律哲学目前研究现状和热点的看法？目前我国学界关于法律哲学的研究取得了哪些成果，在哪些问题、哪些议题的研究上取得了突破？在哪些方面的研究还有待进一步地拓展和深入？

谢：您这个提问的内容比较多，我把它大体上归纳为三个方面，即我国法律哲学研究的现状、热点和问题。

我国法律哲学研究的现状，能否把它概括为如下几个点？第一点，从研究主体讲，既有法学界的研究，也有哲学界、社会学界、人类学界，甚至经济学界的研究。第二点，从研究方法讲，上述法律哲学研究主体的多元性就决定了其研究方法的多样性。举凡规范分析法、思辨方法、社会实证法、经济分析法、历史分析法、文化分析法以及系统分析法等都可因研究者知识前见的不同，而在不同学者的研究中得以展现。第三点，就研究内容而言，如前所述，既有对法律合理性问题探究的法哲学研究，也有对法律合法性问题探究的法律哲学研究。第四点，就研究进度而言，如果说二十年前我国的法律哲学研究主要是以法理学为名的综合性研究的话，那么，近二十年来，我国法律哲学的研究明显深入至对于法律专题性问题的研究上，如法律价值、法律文化、法律（制）现代化、民间法、法律方法、司法制度等，也是在这些领域，我国法律哲学的研究有了一定的创新和突破，或者至少开始“出发”。

我国法律哲学研究的热点，既有传统的热点问题，如法治以及与之相关的法制现代化问题；权利、义务、权力以及与之相关的人权和主权问题；法律的民族性与国际性的关系问题、法律的传统性（继承性）与变革性的关系问题以及法律合理性、合情性与合法性的关系问题等。也有全新的热点问题，如立法、司法的法律方法问题；法律方法与法学方法的关系问题；民间法在司法中的运用方式和限度问题；民间法、地方性与普适性的关系问题；法律论辩、法律修辞及其方法问题；法规范（教义）学的原理问题；法规范（教义）学与社科法学的关系问题；法律语言结构问题；法律全球化问题、法治的本土资源（文化）问题；法治的系统性、回应性和历史性问题等。

至于我国法律哲学研究中的问题，一言难尽。举其大者如第一，法律哲学研究的范式过分依赖于西方法学家的既有成果，因此，我国法学家自身的范式创新还不明朗。第二，法律哲学研究者与部门法学研究者的相关性没有突出。在现实中，法律哲学研究者和部门法学研究者俨然属于完全不同的两个学术领域的学者。第三，有效的学术批评和学术论辩还没展开，虽然法律哲学的研究已经迈向了专题化，但越是专题化研究，越显得有些单打独斗、“孤家寡人”、自说自话的特征，从而学术合作远远不够。学术争鸣是学术合作的重要方式，没有学术争鸣的学术合作，只能是学术互捧，不可能提升法律哲学研究的品位。第四，法律哲学回应中国社会和法治需要的自觉性还远远不够，造成社会、法治与法律哲学研究的分治状态。

明：关于我国法律哲学的未来发展，能否谈谈您的建议或看法？要使法律哲学的相关研究取得新的突破，其理论研究或方法论上应该如何创新？

谢：我认为，如上法律哲学研究的不足，也是我国未来法律哲学研究应当努力的方向。这里想重点谈谈我对未来我国法律哲学发展的几点看法：第一，持续不断的法律哲学的引进工作仍然是我国法律哲学发展不可或缺的方面，因为作为法治和法学“双料”后发达国家，不关注和瞄准国外法治和法学发展的前沿，意味着我们可能会在探索中耗费更多的心力、精力和财力，也意味着我们永远跟在人后、裹足不前。第二，中国法律哲学研究者必须着眼于全球，着手于中国的文化和传统（包括古旧传统和新传统），以全球眼光探究中国法制现代化的独特道路、价值、技术和法理问题。第三，倡导认真严谨扎实的学术争鸣、学术论辩，在学术自由基础上调动学者探究法律哲学问题的自觉性和积极性。第四，应力所能及地推进法律哲学研究的多元化、流派化工作。如果在十多年前说中国法律哲学的流派化还嫌根据不足的话，那么，目前在我国这一趋势可以说正在明显地推动。第五，要进一步促进并保障法律哲学探讨的自由，在学界内部不因某一法律哲学探讨的问题偏狭而受排挤。

至于法律哲学研究在内容和方法上的创新，我觉得前者相对容易，后者则十分困难。前者容易是因为毕竟中国法制现代化所面对的是中国问题，所回应的是中国人的需要或要求。在这个古老的文化大国、蓬勃的经济大国、复杂的多族群大国以及庞大的人口大国，说没有自身的问题，或者说中国所面对的是与世间所有国家完全相同的共时性问题，那是浅薄的看法。即便我们和发达国家一样面临着共时性问题，也必须把中国自身的问题代入共时性中。这一代入本身就充满了种种难题，也提供了法律哲学创造的无限可能。但在研究方法上，西方法律哲学家们经过长年累月地探索，已经做了足够多的阐述和创造。我们可能的创造，一方面，在跨学科的交叉研究中，把其他学科的研究方法引入并熟练运用于法律哲学的研究和分析上；另一方面，在于对法学固有的研究方法——规范分析方法的拓展、深化和运用上。

明：法律哲学具有本土化和国际化两个方面，请您谈谈如何实现法律哲学的本土化，如何实现法律哲学的国际化。

谢：我不主张用本土化和国际化这样的词，因为这些词汇本身表达了一种极端，也容易引导人们走向极端。尤其在学术研究领域，更不能这样讲。但我主张运用本土性和国际性这样的词。法律哲学的本土性和国际性，是个必须和法律的本土性与国际性相勾连的问题。本土性表明，一个国家的法律哲学不可避免地要和这个国家法律、法治的本土性、地方性相联系，如萨维尼的

"法律民族精神学说"，事实上强调的是德意志民族精神与外来民族，特别是法兰西民族精神的不同，因此，德国民法典不能照抄照搬法国民法典的规定，而应充分体现出德意志民族精神的要求，要体现出普鲁士法的"本土性"。再如韦伯的法社会学，尽管其考察对象面向世界、面向人类不同的法律文明，但其仍站在德国法的立场上，强调大陆法、特别是普鲁士法的形式合理性。这一结论是不是个普遍被人所接受的观念？如果有人并不接受，能否说明韦伯本身也持有一种"地方情怀"或"本土立场"？可见，正是法律哲学对本土性法律和法治的关注，让其不可避免地具有本土性。

然而，世界性市场经济的发展，导致人类的法律越来越具有趋同特征，这就是法律的国际性。法律的国际性曾经是高层次的法律文化对低层次的法律文化征服和压制的结果。但随着主权国家的产生，法律的国际性不可能仅仅靠征服和压制形成，反而它的形成越来越具有国家间、文化间交涉性的特征，即法律的国际性是不同国家间交涉的结果，是以普世价值为前提，以不同国家的利益需要为导向，以国家间的对话、交涉和谈判为手段而形成的。在这里，已经意味着法律的本土性和国际性之间的内在关联。可以说，法律的国际性是不同本土性间对话的结果，而不是本土性间对抗的结果，也不是对本土性的解构。这种情形，我称之为"地方性的普遍适用性"，也可以表达为法律的"本土性基础上的国际性"。

明白了这层道理，就清楚法律哲学的国际性，其实就是其对法律国际性的自觉把握、接受和探究。中国的法律哲学和其法律一样，既是用来探究和解决中国问题的，也是被结构在国际性的框架中来探究和解决中国问题的。因此，在一定意义上讲，对中国问题、本土情状的关注，才是中国法律哲学参与国际对话的一个前提（但仅仅是一个前提）。反之，否定法律和法治的本土性，否定法治进程中的中国问题、中国意识，那我们的法律哲学家就只能人云亦云地进入别人的言说语境和言说内容中，其结果是此邦的法律哲学也只能鹦鹉学舌、步人后尘、拾人牙慧。可见，法律哲学的本土性和国际性之间的内在勾连：只有依据充分的本土性——本土利益、本土意识和本土精神，才能通过对话、交涉、妥协而融入法律哲学的国际语境中，才会融入法律哲学的国际性中。当然，我刚才说过，强调本土性仅仅是我国法律哲学融入国际性的前提之一。我们的法律哲学要把本土内容代入国际的言说语境中，毫无疑问还应掌握法律哲学所公认的研究方法、价值基础、学术范畴以及提问、追问和解答方式等。

就我国法律人类学研究答《中国社会科学报》记者问

记者：谢教授，您好！我是《中国社会科学报》湖北站的记者郝日虹。非常感谢您对我工作的支持与帮助。近期，本报将就“法律人类学”采写一篇综合报道。得知您近年来在该领域开展了一系列卓有成效的研究，特别想采访您。

谢晖：谢谢！请您讲讲拟采访的具体内容。

记者：从英国人类学家马林诺夫斯基在1926年发表《原始社会的犯罪与习俗》一书始，现代法律人类学诞生已近百年。请您谈一谈，与法学单一学科研究相比，具有交叉学科性质的法律人类学，在研究人类法律问题上给出了哪些不同的研究视域？其研究成果对于我们认识不同文明的人类法律生活有什么助益？您能举例说明一下吗？

谢：谢谢您的问题！您说得很对，马林诺夫斯基及其人类学研究，为我们重新认识人类的法律生活提供了一例全新的视角。您所说的法学单一学科，我把它理解为以法律教义学相标榜的规范研究。尽管它为法学研究的“科学化”框定了基本对象和范围，同时我完全认同它应居于法学主体地位的说法，但法律教义学所关注的法律，是所谓“主权者意志”的产物。虽然凯尔森等纯粹法学家把意志界定为包含了自由的实在，但实践中“主权者意志”却往往背离法律自由的属性，而呈现为“善法亦法”“恶法亦法”的强权意志。法律本身的良莠不齐，必然导致社会交往秩序的鱼龙混杂。和这种法学对法律生活之国家化、意志化、命令化、齐一化的追求相比，作为交叉学科的法律人类学，更关注人们实际的法律（规范）生活是怎样的，从而摆脱貌似法律“先进理念”的束缚，开发出人类法律（规范）生活的多种面目、多个面向。譬如藏区对杀人案犯更愿意接受以“赔命价”的方式处理，而不愿意接受类似同态复仇“杀人者死”的法律规定。再譬如在国人普遍的观念中，家庭纠纷（“家丑”）最好在家内或族内消化，对簿公堂只能让家庭生活走向对立，无法保持家庭生活的圆融与和谐。

法律人类学提供的这样一种认识和研究思路，是在正式制度之外，把非正式制度也结构在其思考的范围。因此，它不仅适用于对“异文化”中人类规范生活的了解和把握，从而发现人类制度生活的多样性，同时，即使对业已采取了某种正式制度的国家或族群，也能发现其日常生活中所贯彻的与正式法大相径庭的规范生活和秩序类型。譬如尽管在我国实行以国家法为正式制度的法制建制，但不同地方、不同行业、不同族群还通过非正式制度组织其内部秩序。法律人类学的研究必然表明：人类复杂的交往行为、规范生活和秩序建构，不仅要靠正式制度维系，也要靠非正式制度调整。并且非正式制度在事实上是正式制度得以不断健全和完善的活水源头。“问渠那得清如许？为有源头活水来。”只有在法律人类学视角关注这种活水源头，国家正式法及其运行才可能实现“流水不腐、户枢不蠹”的效果。

记者：能不能结合您本人具有代表性的研究案例，介绍一下法律人类学的独特研究方法。

谢：不瞒您说，尽管我很关注法律人类学的研究，以及它可能对中国法治和法学的贡献，但我个人除做了些微的田野调查外，把这些调查成果形之于笔端的工作尚没有认真展开。几篇探讨法律人类学学科属性问题的议论文字，只是较为空泛的一般论述，远没有深入法律人类学本身。所以，您要说我的“研究案例”，实在惭愧得很！不过在一般理论上，我倾向于说法律人类学最基本的方法是对人们的规范生活进行事实的白描。那么，事实白描是不是就不重视理论提升？当然不是！事实白描绝不是没有理论脉络的现象陈述，而是在现象陈述中自然地呈现出作者的所思所想和理论取向。可以肯定地说，这是一种更加独特、且需要对理论和实践有娴熟把握和高度自觉才可能实现的表达方式。目前我正在青海一个山村做重点调研，给自己的任务是在若干年后，写出一部较为纯粹的法律人类学作品。但设想归设想，自己已经习以为常的写作习惯和致思方式，使这项工作真做起来不是那么容易胜任愉快的。不过再困难，我也会竭力争取，倘有具体收获，届时可以与您分享。

在青海这个调研点上的研究，我目前主要采取观察、访谈、录音和对比的方法。我所调研的村庄是一个明末清初即由甘肃、青海等地迁来的藏、汉、回和撒拉四个族群杂居的西部大村庄，如今，该村通行的语言是藏语，但供奉的信仰却是伊斯兰教。通过口耳相传，至今历史上四个不同族群成分的成员都能各自道出其祖先的来龙去脉，但通过清初著名的穆斯林传教士马来迟艰苦卓绝的教育和点化，全村人都接受了伊斯兰教，并且近十多年来伊斯兰化的程度在加速推进。尽管迄今为止，历史上四个不同族群的某些生活习惯、建筑风习仍各有保留，但共同的信仰和语言，使其成为持两种文化（宗教文化的伊斯兰属性和语言文化的藏族群属性）的族群共同体。那么，这种多族群的共融过程具体是如何实现的呢？他们的规范生活方式又是如何维系的？这对一个多族群国家的和谐、团结与健康发展有什么启示？这些正是我在研究中特别关注的问题所在。虽然目前采取的基本研究手法是观察、访谈、录音和对比，但相关工作进行得特别吃力，尤其涉及语言问题、信仰问题以及与信仰相关的规范生活问题，尤为吃力。但即使如此，这一研究我还要坚持进行。我定的目标是在未来六年到八年内对研究对象有个清晰的了解，再经过对研究资料的分类整理后下笔成书。

记者：据了解，与国外相比，中国的法律人类学起步较晚。请您介绍一下与国外法律人类学研究相比，中国学者更关注哪些具体问题（比如习惯法研究等）。近年来，体现在研究成果上，中国学者开辟了哪些独特的中国问题的研究？并请您谈一谈，在您本人的研究过程中有哪些研究收获？

谢：诚如您所说，中国的法律人类学起步较晚。虽然在民国时期费孝通、瞿同祖、严景耀等先生的研究在广义上讲，都与法律人类—文化学相关，但毕竟还不是今天所讲的严格意义上的法律人类学研究。新中国成立以来，人类学与社会学、政治学、法学等一样，都被斥之为伪科学之列，相关教学研究机构撤销、研究人员改行。这些往事，真叫人扼腕而叹！直到如今，以民族学取代人类学，还是一项具有政策倾向的主张。人类学的境况大抵如此，法律人类学在彼时就更无从谈起。好在改革开放以来，以法律文化学为代表的学术研究，为法律人类学的研究打开了一扇窗口，此后法律社会学、法律人类学等学科才得以借台出戏。反观当下的学术研究团队和成果，既有在人类学路向上研究法律人类学的，如北京大学的王铭铭、朱晓阳，中国人民大学的赵旭东以及厦门大学的董建辉等，也有在法学面向上研究法律人类学的，如贵州凯里学院的徐晓光、中南财经政法大学的陈柏峰、中国社科院的张冠梓、清华大学的高其才等。值得注意的是，在法律史学界，也有一些学者对小传统的研究颇有心得，尽管其分析进路未必是法律人类学的，但其学术成果对法律人类学颇有助益。从研究成果看，目前我国法律人类学的研究领域主要集中在对乡村习惯法、民族习惯法的实证研究以及和此相关的法律文化的理论研究上。由此引发的更深层次的探讨是中国的法治之路，究竟如何对待“本土资源”问题。在如上几个方面，都已经产生了数量不菲的学术成果，尤其是一大批严谨认真的相关博士论文的出版，更值得关注。

与此同时，中国人类学会下设了法律人类学专业委员会，中国社会学会下设了法律社会学专业委员会，中国法学会下设了中国民族法学研究会等，这些学术团体都在一定程度上组织并促进了我国法律人类学研究的发展。而由我倡导的基本上属于民间活动的全国“民间法/民族习惯法”系列学术研讨会，每年一届地在全国十数个城市举办了十届，其成果受到海内外相关研究领域专家一定程度的关注。由梁治平主持的“法律文化研究中心文丛”和我主持的“民间法研究文丛”、由我和陈金钊主持的《民间法》集刊等，是展示相关研究成果的主要学术平台。透过相关研究，对我触动最深的是对法律多元有了更进一步的领会和理解，也对法学理论坚持在“法内论法”的原则和基础上，如何转变视角或立场，在外部视角寻求“法外论法”有了更深的体会。甚至经由相关研究，对基本上属于法律内部视角的法律方法研究如何在法律外部视角汲取材料和营养，也有了较深的体识。在如上相关领域，我都有一些作品问世。

记者：据了解，目前不仅在国内学术界，而且也在国际学术界对法律人类学的一些问题，诸如学科分属不明、缺乏科学明晰的研究方法等有分歧。那么，据您观察，法律人类学现在亟需应对哪些研究“瓶颈”？您认为，中国学者在法律人类学领域还可以在哪些问题上拓深研究？

谢：您说的这个问题是个困难的问题。确实，法律人类学与法律社会学、法律民族学以及法律文化学等如何界分，换言之，如何界定法律人类学的学科属性，这在学术界是有分歧的。但是，对这样的问题，是先入为主地以学科的性质界定为前提，而后进行“科学研究”为好，还是根据每位学者的研究偏好，自己拟定主题和问题，进行“经验研究”为好？这是值得特别仔细打量的问题。诚然，对上述不同学科的分界有个系统、清晰的界定，那再好不过，它可以引领研究者、特别是初学者少走弯路，直奔阳光大道，并且在一定程度上实现学者们对问题“片面深刻”的研究。但问题是这样的界定，也会自觉不自觉地画地为牢，容易使研究者固守所谓的“一亩三分地”，除了其所研究的界域，便“不知秦汉，无论魏晋”了。它的固步自封不难想见。而失却了学科分界的经验研究，虽然可以打破学科壁垒的限制，但毕竟对学术研究及其方法的深化、细化而言，并不是什么好的征兆。其结果不可避免会导致“什么都是，但什么也不是”的情形。这样的研究结果，可以称为“学者的产品”，而不是“专家的产品”。在现代学术分工背景下，没有“专家的产品”，研究成果也容易失却专家的权威。因此，我主张应对这些学科有基本的分界。但所谓分界是人们深入研究后的结果，而不是以某种预设和想象为前提的编排。

至于您提到的我国法律人类学面临的“瓶颈”，我认为既有内部的，也有外部的。所谓内部的，主要是研究者（特别是法学界）对人类学方法，包括观察、田野调查、访谈、录音录像、调查归类整理以及白描等写作手法的掌握远远不够。所谓外部的，则是指法律人类学研究的保障条件严重不足。可以说，无论人类学还是法律人类学研究，都应是“有闲有钱”者的事业，甚至在所有人文—社会科学的研究中，包括法律人类学在内的人类学或许是最需要“有闲有钱”者去完成的事业。而目前法律人类学的研究成果，多是研究者走马观花的心得，扎实的调查、长久的观察、深入的问询、认真的描述并不多见。相关研究者、爱好者往往既无闲，也无钱，要做深入、扎实且有创意的法律人类学研究其困难所在，不难想见。因此，如何保障法律人类学者的研究在有闲有钱的基础上推开，既需要相关研究者竭力争取，也需要官方在项目上、人力上予以支持。至于中国法律人类学研究领域的拓展，因为事实上我们才刚刚起步，因此，相关拓展工作应是全方位的。在我看来，除了对我国乡村地区、民族地区的法律人类学研究以外，拟尽快对都市的规范生活进行法律人类学的研究，也亟须对和我国经贸联系紧密的国家、特别是那些发展中国家和欠发达国家人民的规范生活进行严肃认真的法律人类学研究，以便更好地“入国问禁、入乡随俗”。此外，还应配合国际民商事习惯规则的研究，在法律人类学视角深入探讨现代国际社会运行的规范问题。

记者：谢谢您接受我的采访，今天是中秋节，也祝您节日愉快！

谢：谢谢，期常联系并祝节日好！

图书在版编目（CIP）数据

徘徊的思想 / 谢晖著. —北京：中国法制出版社，2020.9
（星空）
ISBN 978 - 7 - 5216 - 1019 - 2

Ⅰ. ①徘… Ⅱ. ①谢… Ⅲ. ①法学 - 文集 Ⅳ. ①D90 - 53

中国版本图书馆 CIP 数据核字（2020）第 172699 号

责任编辑 陈兴 孙静 封面设计 杨泽江

徘徊的思想
PAIHUAI DE SIXIANG

著者/谢晖
经销/新华书店
印刷/北京京华虎彩印刷有限公司
开本/880 毫米×1230 毫米 32 开 印张/ 12 字数/ 212 千
版次/2020 年 9 月第 1 版 2020 年 9 月第 1 次印刷

中国法制出版社出版
书号 ISBN 978 - 7 - 5216 - 1019 - 2 定价：69.00 元

北京西单横二条 2 号
邮政编码 100031 传真：010 - 66031119
网址：http：//www.zgfzs.com **编辑部电话：010 - 66070046**
市场营销部电话：010 - 66033393 **邮购部电话：010 - 66033288**

（如有印装质量问题，请与本社印务部联系调换。电话：010 - 66032926）